高等教育“十三五”规划教材
立信会计专业系列
总主编　张世体

U0958258

管理会计实务

主　编◎王　倩　赵德艳
副主编◎李晓丹　赵红学

立信会计出版社
LIXIN ACCOUNTING PUBLISHING HOUSE

图书在版编目(CIP)数据

管理会计实务 / 王倩主编. 一上海：立信会计出版社，2020.5

高等教育“十三五”规划教材. 立信会计专业系列

ISBN 978-7-5429-6345-1

Ⅰ. ①管… Ⅱ. ①王… Ⅲ. ①管理会计一高等职业教育一教材 Ⅳ. ①F234.3

中国版本图书馆 CIP 数据核字(2020)第 088925 号

策划编辑　陈　旻
责任编辑　陈　旻
封面设计　南房间

管理会计实务

Guanli Kuaiji Shiwu

出版发行	立信会计出版社		
地　　址	上海市中山西路 2230 号	邮政编码	200235
电　　话	(021)64411389	传　　真	(021)64411325
网　　址	www.lixinaph.com	电子邮箱	lixinaph2019@126.com
网上书店	http://lixin.jd.com		http://lxkjcbs.tmall.com
经　　销	各地新华书店		

印　　刷	上海天地海设计印刷有限公司		
开　　本	787 毫米×1092 毫米	1/16	
印　　张	14		
字　　数	377 千字		
版　　次	2020 年 5 月第 1 版		
印　　次	2020 年 5 月第 1 次		
印　　数	1—2 100		
书　　号	ISBN 978-7-5429-6345-1/F		
定　　价	38.00 元		

总　序

当今世界，科学技术突飞猛进，知识经济已见端倪，国际竞争日趋激烈。教育在综合国力的形成中处于基础地位，国力的强弱越来越取决于劳动者的素质，取决于各类人才的质量和数量，这对于培养和造就我国21世纪的一代新人提出了更加迫切的要求。新时代新形势，改革开放和现代化建设，要求我们抓住机遇、超前布局，以更高远的历史站位、更宽广的国际视野、更深邃的战略眼光，对加快推进教育现代化、建设教育强国作出总体部署和战略设计。要在增强学生综合素质上下功夫，教育引导学生，培养综合能力和创新思维。

作为高等教育体系中的一个重要组成部分，高等职业教育近几年来进入了高速发展时期，其中财经专业学生占有相当大的比例。围绕培养财经专业高技能人才这个根本目标，加强财经专业的教材建设是实现教学计划，达到培养目标的重要保证，是加强教学管理、提高教学质量的重要措施，是深化教学改革，提高人才培养质量的根本途径。教材建设重在提高质量，培育特色。

经过多方努力，高等教育“十三五”规划教材，立信会计专业系列教材已正式出版发行。这是十几所院校几十位既具有扎实的理论基础，又具有丰富的实践经验的“双师型”教师倾注了大量的人力、物力和财力共同努力的结果。

本系列教材在编写上充分体现了培养高素质应用型、技能型人才的教育理念，在注重培养学生掌握基本理论知识和基本技能的同时，还能够帮助学生顺利获得相应的专业技能等级证书，加快学生由学习型向实践型角色转换的速度。同时为学生未来走向工作岗位奠定认识和能力基础。

本系列教材在力争正确阐述会计专业学科的科学理论和概念的同时，还注意理论联系实际，以案例阐述理论；符合认知规律，富有启发性，便于学生自主学习，所选理论教学内容完全可以满足学生未来从事会计工作所需的最基本、最常用的理论知识；能完整地表达本课程所包含的学生未来职业活动所需的最基本、最常用的理论知识，同时也包括学生未来可持续性发展所必须深化和拓展的知识；让学生能自然地做到由基础理论到专业基础理论、由专业课到实践课的从容转换；正文、训练与实务操作齐全且著录准确；符合人才培养目标及本课程教学的要求，所选会计理论内容的广度和深度能够满足实践教学和未来从事会计岗位工作的需要。

本系列教材在编写中，力求做到理论与实际相结合，既保持理论体系的系统性和方法的科学性，更注重教材的实用性和针对性。每本教材的编写，注意吸收国内外优秀教材的成果，教材力求深入浅出，突出重点和通俗易懂。在广泛调查研究的基础上，经过多所高等职业院校一批有着丰富教学和实践经验的专家学者的论证和推荐，优化选题，优选编者。

与已出版的同类教材比较，本系列教材突出的特点如下：

(1) 理论够用。理论上，突出会计专业基本理论与核算方法阐释，强调实践业务的处理。

(2) 学做一体。在设计上按照能力点出现的先后顺序编排内容，在语言上力求精炼、简洁，尽量避免高深化、学术化的表达方式，让学生易懂、易做，增强学生在学习过程中的感性认识，提高教学效果；改变“先理论，后实践”的时间分板块模式，体现“从理论，到实践，再应用”的结构特点，使理实相融，更接近人们的认知规律。

(3) 知识定位。在编写过程中均按照“以具体化工作内容的需要确定目标、选取单元内容、设定学习知识要点”的思路，搭建“是什么、为什么、做什么、怎样做”的框架，以“是什么”和“为什么”为教学核心内容，来教会学生“做什么”和“怎样做”，真正体现了“以教师为引导，学生为主体，循序渐进地提高学生职业技能”的教学培养目标。

(4) 结合实践。本系列教材不但介绍了会计专业的基本概念、基本原理和经常性业务的处理方法，还相应添加了会计工作的扩展知识和最新的案例，增强了教材的实用性。

值此出版之际，我们谨向所有支持本套教材出版的各校领导和参编老师表示诚挚的谢意。感谢立信会计出版社陈旻女士对本套教材的热情帮助。

本系列10本教材出版后，我们将继续努力，在现有基础上不断修订、锤炼，同时，我们也热忱欢迎各使用院校对本系列教材提出宝贵的意见和建议，力争经过二三年的努力，使本系列教材成为国家级精品教材。

张世体

2020年5月

前 言

管理会计是一门将现代管理与会计理论相结合的新兴学科，是现代会计学的一个重要分支，它有着自身独立的理论和方法体系。管理会计不仅是会计专业的主干专业课，也是经济与管理类各专业的主干课程，其相关知识也是企业会计人员和其他管理人员必须理解并掌握的。

在当前高校应用型转型的大背景下，院校在课程的设置上除了保持课程系统的理论体系外，更加注重技能培养，更加注重课程的实践性、实用性和创新性。本书由课题组的任课教师在深入研究讨论的基础上编写而成。本书更加侧重实践教学方法的应用，注重理论联系实际，结合"教学内容模块化"编写，每个单元按照"导学目标——导学案例——知识要点——单元测试——实务训练"的体例编写，层次清晰，逻辑严谨，主线突出，以学生为中心，突出基本技能学习。

本书的主要特色如下：

(1) 在内容编排上，注重基础理论的实用性、时代性，重点突出，层次分明，语言简洁明快，强调学生对基本理论和基本方法的理解。

(2) 在相关理论知识之后设置相应的例题，帮助学生理解，并且使学生能够学以致用，缩小与实际工作的差距。

(3) 体例丰富，图文并茂，版式精美，生动形象，既丰富了学生的阅读体验，也能够提高学生学习的兴趣，更能够开拓学生视野，帮助其了解学科相关知识。

本书由王倩(第一至第四单元)和赵德艳(第五和第六单元)任主编，李晓丹(第七和第八单元)和赵红学(第九和第十单元)任副主编。在编写过程中，我们参考了大量的文献资料，在此，向这些文献资料的作者表示诚挚的谢意。

由于编写时间仓促，编者水平有限，书中难免存在疏漏与不当之处，敬请广大读者批评指正。

本书配有精美的教学课件和课后习题答案，读者可到立信会计出版社网站下载使用。

编　者

2020 年 6 月

目　录

第一单元　导　入

导学目标

通过本单元教学，学生应该了解管理会计的形成和发展过程；理解管理会计的概念及其本质；掌握管理会计的基本内容；掌握管理会计与财务会计的区别与联系；了解管理会计师应遵循的职业道德规范；了解管理会计的实践应用。

导学案例

中国经济呈现出新常态，从高速增长转为中高速增长，经济结构优化升级，从要素驱动、投资驱动转向创新驱动。中国企业必须适应经济新常态，如人口红利不再、资源要素成本上升等挑战。企业转型成为企业应对新常态的关键。企业转型有两个方向：一是从原来的粗放式低成本转向精益管理的低成本；二是从原来的低成本企业转向差异化企业。而精益管理和差异化竞争策略的实施，离不开管理会计的作业成本管理、价值分析、平衡计分卡等工具和方法。

因此，经济新常态倒逼中国企业必须持续运用管理会计改善管理，成为我国管理会计发展的驱动力。

同学们，看到这里，你是不是已经清楚管理会计的重要意义了？下面就让我们进入学习吧！

第一讲　管理会计概述

【知识要点】

一、管理会计的形成与发展

管理会计是社会化大生产和科学管理的必然产物，其形成和发展是同现代企业的内外环境及与之相应的管理学理论和实践的发展相联系的。与财务会计相比，管理会计的历史较短，它萌芽于20世纪初。20世纪50年代，管理会计体系及内容基本形成，并得到了较为迅速的发展。管理会计从传统的、单一的会计系统中分离出来，成为与财务会计并列的独立领域，经历了一个逐步发展的过程，大致可分为以下三个阶段。

（一）管理会计的萌芽阶段

管理会计的形成可以追溯到19世纪末20世纪初。英国在产业革命的影响下，经济快速发展。由于企业所有权与经营管理权分离，所以，企业对簿记提出更高的要求，即不仅能记账、算账和报账，而且要能审核账目、查错防弊；不仅能解释经济信息、说明问题，还要研究对资产的估价方法及有关理论。当时，英国成为全世界会计理论研究的中心。

第一次世界大战后，美国在经济实力、科学技术和企业经营管理等方面取代了英国的位置，会计理论研究中心由英国转移到美国。1911年，美国人泰罗发表了著名的《科学管理原理》（泰罗制），开辟了企业管理的新纪元，也为管理会计带来了空前的变化和发展。企业通过制定标准成本，进行预算控制和差异分析，参与成本控制，使会计由单纯的记账、算账和报账，发展到事前预算、事中控制和事后分析相结合，并参与企业内部管理，为提高经济效益服务。以后各种数学的、技术的数理统计方法逐渐与会计学科结合起来，使会计的管理职能不断扩大和延伸，逐步形成侧重于企业内部管理的会计方法体系。这是管理会计从会计中分离出来的经济基础和历史原因。

在西方会计发展史上，第一次提出"管理会计"术语是在1922年，当时称"管理的会计"（Managerial Accounting）是美国会计学者奎因斯坦在其专著《管理的会计：财务管理入门》中首次提出的，主张把会计服务重心放在强化企业内部管理上。1924年，另一学者美金西出版了名为《管理的会计》的专著。由此可见，西方管理会计萌芽于19世纪末20世纪初的美国，是企业管理和会计发展到一定阶段的必然产物。这一时期的管理会计以成本控制为特征，关注如何提高劳动生产效率。

（二）管理会计的形成阶段

20世纪40年代，特别是第二次世界大战后，资本主义生产力迅速发展，企业规模不断扩大，跨国公司大量涌现，国内、国际市场竞争加剧。这种形势迫使企业家将管理的重心转向企业内部，转向改进经营管理和对市场的开发上。企业为增强竞争力，不得不推广职能管理、行为科学管理，想方设法调动员工的积极性，同时注重市场调研，加强科学的预测和决策，逐步形成了一个能与市场竞争环境相适应的责任会计、成本—业务量—利润分析和各种预测分析、决策分析模型（见图1-1）。于是，现代管理科学也就产生了。1952年，国际会计师联合会正式通过了"管理会计"（Management Accounting）这一专有名词，传统的会计部分就被称为财务会计。此时，一些国家的财务会计准则日益成熟，会计准则对于财务会计的约束性进一步加强，管理会计和财务会计逐步分离。

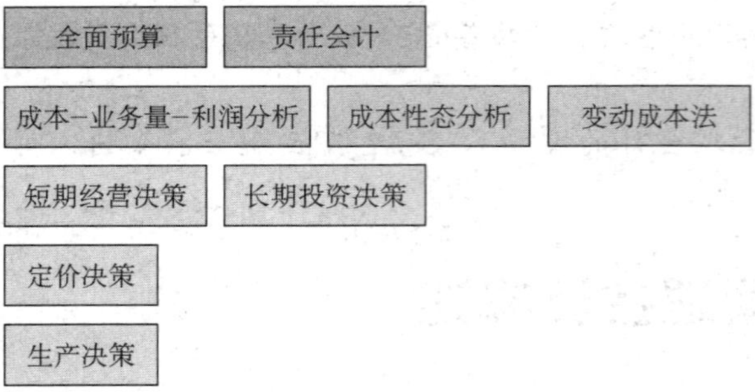

图1-1 责任会计、成本-业务量-利润分析、各种预测分析、决策分析模型

西方国家一方面把以提供财务报表为主要手段，以企业外部投资人和债权人等为主要服务对象的会计，称为财务会计，它是传统会计的继续和发展；另一方面为适应现代化管理需要，将会计中为企业内部管理人员进行正确决策及有效经营服务的内容从传统会计中分离出来，称为管理会计。它是以新的经营管理条件为基础，逐步形成和发展起来的一门新的学科，它既是企业管理的一个分支，又是与财务会计并列的一个会计分支。因此，会计的两大分支形成

(见图 1-2),一是管理会计,二是财务会计。

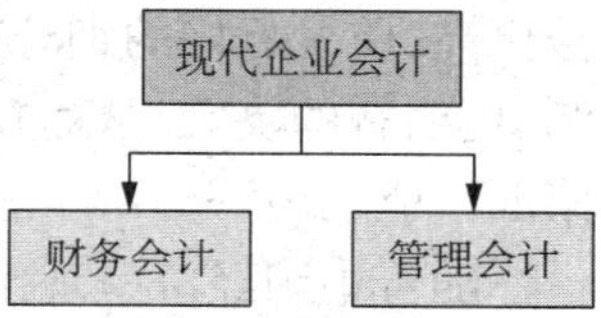

图 1-2 会计两大分支形成

(三) 管理会计的发展阶段

20 世纪 70 年代以后,管理会计师协会在美国成立,出版了专门的管理会计期刊和教科书,管理会计与财务会计的区别开始明晰。1980 年,在法国巴黎召开了世界各国管理会计人员联会,专门研究管理会计的应用和推广问题。此后,管理会计在世界各国得到广泛发展并传入我国。1979 年,机械工业部组织翻译出版了我国第一部《管理会计》,厦门大学是我国第一个将“管理会计”引入课堂的高等学府,使其逐步成为会计专业的主要课程。

20 世纪 80 年代以后,由于世界经济一体化和国际性竞争的日趋激烈,为适应社会经济和科学技术的重大变革,基于学科的交叉渗透,管理会计进入了一个新的大发展阶段(如图 1-3),从一般性的企业预测、决策、控制、考核和评价转移到企业化和行为化问题,形成了许多新的领域,如作业成本会计、环境管理会计、战略管理会计等。这一阶段,以重视环境适应性为基本特征的战略管理会计发展迅速。著名管理学家西蒙于 1981 年首次提出了“战略管理会计”一词。他认为,战略管理会计应该侧重于本企业与竞争对手关于市场份额、定价、成本和产量等方面的信息,研究内容为成本管理、投资决策和业绩评价等。新领域的拓展,要求现代管理会计学理论研究方法不断丰富,数量经济分析、风险分析、数理统计推断、运筹学、管理工程学、现代决策论、控制论、信息论、系统论、现代心理学、行为科学以及电脑应用技术被广泛应用,极大地推动了管理会计的发展。

图 1-3 管理会计进入一个新的大发展阶段

(四) 我国管理会计的未来

整体来说,我们认为,有五个方面的驱动力在推动着我国管理会计的发展。它们分别是价值量、信息化、智能化、全球化和新常态。价值量是管理会计的发展原始动力,信息化和智能化是助动力,全球化和新常态是促动力。

首先,在管理会计产生和发展的每一阶段中,我们都可以看出,管理会计自产生之日起,其核心就是围绕如何进行价值创造,只是不同的阶段,其表现形式有所不同,离开了价值创造,管理会计就失去了其产生和发展的土壤。可以说,人类孜孜以求的价值创造是一切管理会计的理论、方法、技术和应用的原始动力。

信息技术的兴起、信息化的发展以及信息化的应用,极大地推动了会计核算基础信息、会计经营管理支持、会计商业智能决策、企业战略财务和战略会计等管理会计工具、方法和技术在企业的应用和发展,并成为管理会计发展的第二股驱动力。

智能化是指由现代通信与信息技术、计算机网络技术、行业技术和智能控制技术汇集而成的针对某一方面的应用。智能化的好处是可以将会计人员从最基础的标准化程序性工作中解放出来,从事人工智能无法胜任的战略规划、经营决策、执行控制和绩效评价等工作。上述工作就是管理会计的核心职能。因此,智能化成为管理会计发展的第三股驱动力。

在全球化大背景下,世界已经相互连接在一起,全球贸易提供了新市场和新机会,但也让企业面临的竞争更加激烈,形势更加复杂。这就需要企业应用管理会计不断将资源集中于回报更高、前景更好的细分市场、产品或渠道;需要更好地管理风险;需要做出更敏捷的分析和预测,更明智的决策,从而在全球化的竞争中获得优势。因此,全球化成为推动管理会计发展的第四股驱动力。

随着中国经济呈现出新常态,中国企业将面临两个方向的转型,一是从原来的粗放式低成本转向精益管理的低成本,二是从原来的低成本企业转向差异化企业。而精益管理和差异化竞争策略的实施,离不开管理会计的作业成本管理,价值分析、平衡计分卡等工具和方法。因此,经济新常态倒逼中国企业必须持续运用管理会计改善管理,成为我国管理会计发展的第五股驱动力。

在上面五股驱动力的推动下,我国未来管理会计的发展趋势将呈现五大特点:从关注结果到重视过程,从书写历史到塑造未来,从依赖人工到依靠技术,从聚焦内部到统筹内外,从规范制度到注重发现。在政府部门、企业界和学术界的推动下,我国管理会计必将为国民经济的发展提供强大的驱动力。

二、管理会计的相关理论

(一) 管理会计的概念

关于管理会计的概念,可以从很多方面来下定义,但并没有一个合理简明的表述可以概括它所有的方面。因此,我们仅结合管理会计的形成发展过程,给"管理会计"做一个基本的界定:管理会计以提高企业经济效益为最终目的,通过一系列的专门方法,利用财务会计提供的信息及其他相关信息进行加工、整理和报告,使企业各级管理人员能据以对日常发生的各项经济活动进行预测、规划和控制,帮助企业管理者做出各种专门决策。

实际上,就"管理会计"这一术语而言,它是由"管理"和"会计"两个词构成的。我们认为,其重心在于"管理",即如何用会计的信息、技术、工具和方法来进行管理。就会计师而言,具体来说就是两个方面:一是会计师为企业的管理服务,为各级管理部门提供管理所需的会计信息;二是会计师直接参与到企业的管理过程中,对企业的经济活动做出引导和干预。

所以,其本质就是企业管理的一部分,是一种功能,一个器官。离开了管理,管理会计也就不是管理会计了。

(二) 管理会计的职能

管理会计的职能是管理会计本质的体现,是管理会计本身固有的功能。管理会计的职能可以概括为以下几个方面。

1. 预测经济前景

按照企业未来的总目标和经营方针,充分考虑经济规律的作用和经济条件的约束,选择合理的量化模型,有目的地预计和推测未来企业销售、利润、成本及资金的变动趋势和水平,为企业经营决策提供最及时的信息。

2. 参与经济决策

管理会计提供的是决策方案及对这些方案的分析,企业管理当局根据管理会计提出决策方案及相关的分析资料,选出最合理的方案。由此可见,决策是由最高管理当局做出的,而不是由管理会计人员做出的。管理会计在企业整个决策过程中,发挥的是决策分析或咨询的职能,而不是决策职能。管理会计的短期经营决策分析和长期投资决策分析等内容都是管理会计决策分析职能的具体体现。

3. 规划经营目标

管理会计的规划职能是通过编制各种计划和预算实现的，它要求在最终决策的基础上，将事先确定的有关经济目标分解落实到各有关预算中去，从而合理有效地利用各项资源，并为控制和责任考核创造条件。管理会计的全面预算等内容，应当是管理会计规划职能的体现。

4. 控制经济过程

管理会计要求将经济过程的事前控制同事中控制有机地结合起来，即事前确定科学可靠的各种标准，并根据执行过程中的实际与计划发生的偏差进行原因分析，以便及时采取措施进行调整，改进工作，确保经济活动按计划进行。管理会计中的标准成本系统和责任会计等，可以被认为是管理会计控制职能的体现。

5. 考核评价经营业绩

考核评价是指通过实际与预算的比较，确定差异，分析差异形成的原因，并据以对责任者的业绩进行评价和对生产经营进行调整的过程，这一过程往往在标准成本法和责任会计的实施中表现出来。

管理会计通过预测、决策、规划、控制和考核等职能活动参与管理，形成了一个可循环往复的体系，如图 1-4 所示。

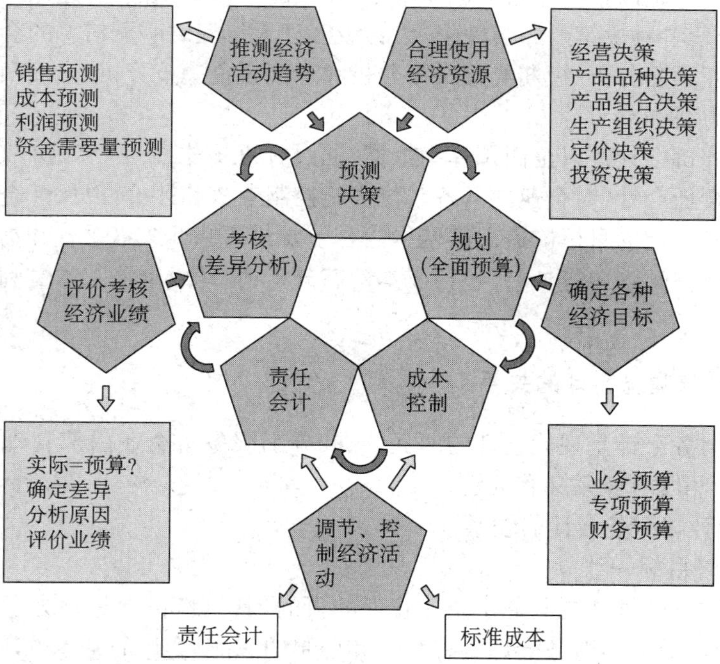

图 1-4　管理会计循环体系

（三）管理会计的目标

管理会计是适应企业加强内部经营管理，提高企业竞争力的需要而产生和发展起来的，因此，管理会计的最终目标是提高企业的经济效益。为实现提高经济效益的最终目标，管理会计应实现以下两个分目标。

1. 为管理和决策提供信息

管理会计应向各级管理人员提供以下经过选择和加工的信息：

（1）与计划、评价和控制企业经营活动有关的各类信息，包括历史的信息和未来的信息。这些信息有利于各级管理者加强对经营过程的控制，实现最佳化经营。

（2）与维护企业资产安全、完整及资源有效利用有关的各类信息。

（3）与股东、债权人及其他企业外部利益关系者的决策有关的信息，这些信息将有利于投资、借贷及有关法规的实施。

2. 参与企业的经营管理

在现代管理理论的指导下，管理会计正在以各种方式积极参与企业的经营管理，并将会计核算推向会计管理。从实践角度看，管理会计以制定各种战略、战术及经营决策，帮助协调组织企业工作等方式参与管理，不仅有利于各项决策方案的落实，而且有利于企业在总体上兼顾长期、中期和短期利益的最佳化运行。

（四）管理会计的内容

管理会计主要服务于企业内部经营管理，其内容非常广泛。关于管理会计的内容到底应该包括什么，说法也不统一，并且随着管理会计的不断发展、完善，其内容还会不断地发展变化。就目前来看，管理会计的基本内容主要包括以下几方面。

1. 规划与决策会计

规划与决策会计是以企业经营目标为依据，在预测分析的基础上，运用一系列现代管理技术和方法，分析评价各种决策的经济效果，为各级管理人员提供所需信息的会计方法。其基本内容主要包括经营预测分析、短期经营决策分析和长期投资决策分析、全面预算。

2. 控制与业绩评价会计

控制与业绩评价会计是以全面预算为依据，通过标准成本制度，实施有效的成本控制；通过划分责任建立责任会计，对企业内部各单位实施控制考核和评价，以保证企业的各个环节和各项经营活动朝着既定的目标前进。其基本内容主要包括标准成本系统和责任会计。

管理会计除以上基本内容外，还包括成本性态分析、变动成本法和本量利分析等基本理论和基础知识。

三、管理会计与财务会计的关系

管理会计与财务会计是现代会计的两大分支，分别服务于企业内部管理的需要和外部决策的需要，两者之间既有联系又有区别。

（一）管理会计与财务会计的联系

1. 两者的最终目标一致

管理会计和财务会计共同服务于企业管理的目的，其最终目标都是为了改善企业经营管理，提高企业的经济效益。财务会计具有反映和控制的职能，会计的基本方法同时也是内部控制的方法；管理会计直接为企业的管理服务。

2. 两者的资料来源基本相同

管理会计所需的许多资料来源于财务会计系统，它的主要工作内容是对财务会计信息进行深加工与再利用，因而受到财务会计工作质量的约束；而财务会计的发展与改革，要充分考虑管理会计的要求，以扩大信息交换处理能力和兼容能力，避免不必要的重复和浪费。

3. 两者的主要指标相互渗透

财务会计提供的历史性资金、成本和利润等有关指标，是管理会计进行长、短期决策分析的重要依据；而管理会计所确定的计划，又是财务会计进行日常核算的目标。它们的主要指标体系和内容是一致的，尤其是企业内部的会计指标体系更应该同步实施才能实现有效的控制和管理。

4. 两者在方法上相互补充

管理会计的方法主要是预测、决策、预算、控制和考核；财务会计的方法主要是核算分析和检查。管理会计利用财务会计核算、分析方面的优势去收集和处理资料；财务会计则利用管理会计的先进方法简化会计核算，强化会计分析和检查，提供会计信息。

5. 两者提供的信息具有共同的特征

相关性和可靠性是管理会计与财务会计信息的共同特征。信息是决策的基础，无论是企业内部管理者，还是企业外部的投资者和债权人，对所需的信息都要求具备相关性和可靠性。

（二）管理会计与财务会计的区别

管理会计与财务会计的区别，如表1-1所示。

表1-1　管理会计与财务会计的区别表

项目	管　理　会　计	财　务　会　计
服务对象	为企业内部各级管理人员提供有效经营和最优化决策的管理信息，是为强化企业内部管理，提高经济效益服务的，故称为“内部会计”或“对内报告会计”	侧重于对企业外界有经济利害关系的团体或个人服务，故称为“外部会计”或“对外报告会计”
工作重点	属于“经营管理型”会计，工作重点在于面向未来，不仅要反映过去，更侧重于利用历史资料来预测前景、参与决策和规划未来，控制和评价企业的一切经济活动	属于“报账型”会计，可以看成是“后视镜”。工作重点主要是面向过去，单纯地提供历史信息和解释信息
约束依据	不受“公认会计原则”或统一会计制度的约束，只服从管理者的需要及企业内部控制制度、系统理论和成本效益分析原理的约束	必须严格遵守“公认会计原则”以及政府有关法规的约束
时间跨度	编制内部报告的时间跨度有较大的弹性，短到1小时、半天、1天，长到10年或15年，完全根据管理者的需要	很少有弹性，对外编制基本财务报表通常是1月、1季或1年
会计主体	主要以企业内部各个责任单位为会计主体，并对它们的日常经济活动的实绩和成果进行控制、评价与考核；同时也从整个企业的全局出发，认真考虑各项决策与预算之间的协调、配合和综合平衡	主要以整个企业为会计主体，提供集中、概括的财务成本信息，用来对企业的财务状况和经营成果做出综合的评价与考核
会计程序	具体业务处理程序一般不固定，有较大的选择自由，通常也不涉及填制凭证和算式记账的问题，报表不定期编制，无一定格式，可根据管理者的需要自行设计	具体业务处理程序则比较固定，并具有强制性；凭证、账簿和报表有规定格式，报表定期编制
会计方法	在对未来的生产活动进行规划和控制时，可根据需要，采用实物、金额、指数和比率等多种计量单位形式以及会计、统计和数字等多种技术方法	以货币为统一计量单位，按照固定的核算程序，主要采用会计的普通算术方法对企业的经济活动进行记录、汇总、整理和报告，其方法比较单一
精确程度	着眼于未来，不确定因素多，一般能算出近似值即可	工作重点是反映过去，通常都是确定的经济业务，数据力求准确，一般要计算到小数点后两位
信息特征	一般通过编制内部报告来提供有选择的、部分的、特定的管理信息；内部报告不对外公开发表，不负有法律责任	通过编制基本财务报表来提供系统的、连续的、综合的财务成本信息；上市公司的财务报表需对外公开发表，负法律责任

总之，管理会计是参与过程帮助企业赚钱的会计，而财务会计是数钱的会计，前面的过程赚了多少钱，后面数出来的结果就是多少钱，过程决定结果，过程和结果要保持一致，如不一致，那就是做假账了。要让企业有好的财务结果，就必须有好的过程。过程和结果的关系不言自明，两者之间应该是融合和统一的关系，因此，管理会计和财务会计也是融合与统一的关系。只是管理会计具有灵活性和个性特征，而财务会计必须遵守会计准则，因此，管理会计和财务会计的数据本质上是融合和统一的，只是财务会计按照会计准则来列示而已。

四、管理会计的实践应用

管理会计不拘于理论概念，重在应用实践。说到管理会计的实践，我们认为表现在三个方面，一是管理会计的问题源自实践，二是管理会计的思考高于实践，三是管理会计的方法指导实践。在组织运用管理会计的过程中，如果可以做到这“三个实践”，管理会计就可真正“落地”，并发挥发现问题、分析问题和解决问题的强大功能，协同各职能为组织创造价值。

随着中国经济进入转型期，摆在企业经营者面前的不仅是经营成功的问题，更是要考虑如何使基业长青，可持续地发展下去的问题。在国家经济转型的大背景下，以及国内劳动力成本上升、原材料价格上涨的大趋势下，如何降本增效，为企业创造价值，同时严控风险，以最优化的解决方案实现最大的经营效益，并兼顾社会价值，是摆在企业经营者和管理会计师面前的重要课题，也印证了这是管理会计实践大放异彩，发挥价值的最好时代。

企业需要大量的管理会计人才帮助企业转型。优秀的管理会计人才能够为企业提供更好的经营理念、更好的信息质量、更好的管理体系，从而帮助企业实施战略，在精细化管理的同时提升经管绩效。财政部在 2016 年印发的《会计改革与发展“十三五”规划纲要》中明确指出，加强管理会计指引体系建设，推进管理会计广泛应用，提升会计工作管理效能。加快推进管理会计人才培养，力争到 2020 年培养 3 万名精于理财、善于管理和决策的管理会计人才。

作为将来的会计师，我们应如何通过沟通有价值的信息，参与到企业管理过程中去，帮助企业提高经济绩效呢？我们认为应遵循以下几条法则：

第一条是影响力法则。管理会计要求会计师必须学会用接地气的语言与领导者、业务人员进行沟通，并影响他们的行为。因此，会计师要跳出会计看会计，用换位思维来思考各类问题，并提出切实可行的解决方案。会计师要学会在企业内部推销财务部门的意见和建议。

第二条是过程法则。管理会计在企业的实践不是一天两天的事情，它是个连续的过程。会计师要学会以问题为导向，按照界定问题、分析问题、制定方案和实施行动的步骤，应遵循先易后难、先急后缓的原则，循序渐进地在企业中推进管理会计工作的落地。

第三条是增值法则。检验管理会计的唯一标准就是能否帮助企业提升经济绩效。只有帮助企业或业务部门增值，管理会计才能最终在企业中得到认可，并且生根发芽，具备生命力。

第二讲　管理会计师的职业道德

【知识要点】

管理会计师在现代企业的发展中充当着非常重要的角色，在企业中有不可或缺的重要地位，管理会计师职业道德的好坏直接关系到相关企业目前的经济发展，对管理会计师个人和企业的发展也有着至关重要的作用。

一、职业道德的具体内容

管理会计师在为企业管理者提供经营决策信息实现企业价值最大化的同时，必须遵守法律和职业道德规范。

2005年，美国管理会计师协会发表的最新“管理会计师职业道德准则”包括以下内容。

（一）业务技能

业务技能，即管理会计师有义务：

（1）通过不断提高自身的知识和技能，保持适当的专业技术水平。

（2）按照各有关法律、法规和技术标准，履行其职责。

（3）提供准确、清晰、简明和及时的决策支持信息和建议。

（4）识别并沟通有可能影响职业判断或职能履行的职业局限或限制。

（二）保密责任

保密责任，即管理会计师有义务：

（1）除法律规定外，非经授权，不得泄露工作过程中所获得的机密信息。

（2）告诉下属要适应并注意工作中所得到信息的机密性并监督其行为，以确保严守机密。

（3）禁止将工作中所获得的机密信息用于非理论或非法行为。

（三）廉政

廉政，即管理会计师有义务：

（1）避免介入实际或明显的利益冲突并向任何可能的利害冲突方提出忠告。

（2）避免从事任何有害于其正确履行职责的活动。

（3）禁止从事或支持任何有损职业声誉的活动。

（四）客观性

客观性，即管理会计师有义务：

（1）公正而客观地传送信息。

（2）披露所有预期将影响使用者对管理会计师所提供的报告、评论和建议的理解和相关信息。

（3）披露在与企业政策或适用的法律的一致性方面出现的关于内部控制、及时性、信息处理的延误或不足信息。

二、职业道德冲突的解决办法

在应用各项道德行为准则时，管理会计师会遇到怎样确认非道德行为，或者怎样解决反道德行为的问题。此时，管理会计师应遵循组织制定的有关这种问题的各种政策。如果这些政策不能解决职业道德问题，管理会计师应采取如下行动：

（1）除涉及有关上级者外，应与直接上级商讨这些问题。如果问题得不到解决，应提交更高一层的主管人员。

（2）如果直接上级是总经理或相当于总经理，那么，可取的复议当局可能是审计委员会、执行委员会、董事会和理事会。假定上级与问题无关，应在上级知情下，越级上告。

（3）与客观的顾问进行机要性讨论，澄清相关概念，以明确可能的行动方针。

（4）如果通过各层次内部的彻底检查，依然存在不符合道德准则的问题，管理会计师对此重要问题无法解决，只得向组织提出辞职，并向组织的适当代表提交其信息备忘录。

(5) 除法律另有规定外，把这些问题告知当局或非服务于组织的个人，一般认为是不合适的。

单元测试

1. 单项选择题

(1) “管理会计”这一术语是(　　)首次提出的。

A. 麦金西　　B. 奎因斯坦　　C. 布利斯　　D. 泰罗

(2) 管理会计的业绩报告(　　)。

A. 具有法律效力　　B. 不具有法律效力

C. 严格遵循会计准则　　D. 具有统一格式

(3) 对会计资料最终结果要求不太精确的是(　　)。

A. 成本会计　　B. 财务会计　　C. 管理会计　　D. 物价会计

(4) 现代会计两大分支是财务会计和(　　)。

A. 成本会计　　B. 财务管理　　C. 管理会计　　D. 物价会计

(5) (　　)年在伦敦举行世界会计师联合会上，正式通过了“管理会计”这个专用名词，这标志着管理会计的正式形成。

A. 1922　　B. 1952　　C. 1924　　D. 1972

2. 多项选择题

(1) 下列各项中，属于现代管理会计内容的有(　　)。

A. 成本会计　　B. 规划控制会计　　C. 预测决策会计　　D. 责任会计

(2) 现代管理会计应具备(　　)职能。

A. 规划与控制　　B. 预测　　C. 决策　　D. 考核评价

(3) 下列各项中，可以作为管理会计主体的有(　　)。

A. 投资中心　　B. 利润中心　　C. 生产车间　　D. 整个企业

(4) 管理会计与财务会计存在的联系有(　　)。

A. 信息来源相同　　B. 工作对象都是企业

C. 最终目的相同　　D. 其报表的报送时间

(5) 管理会计与财务会计在(　　)方面不同。

A. 会计主体　　B. 法律效力　　C. 精确程度　　D. 工作程序

3. 判断题

(1) 因为管理会计最初出现在西方社会，所以可以断定它是资本主义的产物。　(　　)

(2) 现代管理会计的特征是以预测决策会计和责任会计为主，以规划控制会计为辅。　(　　)

(3) 因为管理会计主要为加强企业内部管理服务，所以它与对外服务的财务会计有本质的区别。　(　　)

(4) 管理会计是侧重于规划未来，因而与企业过去和现在的生产经营没有关系。　(　　)

(5) 尽管管理会计在一定程度上也要考虑到企业会计准则的要求，利用一些传统的会计观念，但并不受它们的完全限制和严格约束。　(　)

实务训练

天泉公司会计人员李某从财务会计工作岗位转入管理会计工作岗位，对于管理会计知识不甚了解，以下是他对管理会计提出的个人观点：

(1) 管理会计与财务会计的职能一样，主要是核算。

(2) 管理会计和财务会计是截然分开的，无任何联系。

(3) 管理会计报告要在会计期末以报表的形式上报。

(4) 管理会计在方法上灵活多样。

(5) 管理会计服务于企业外部，受会计法规的约束。

(6) 管理会计的职能主要是满足企业各项管理的需要。

要求：对以上观点加以分析说明，指出正确与否。

第二单元　成本性态分析

导学目标

通过本单元教学，学生应该掌握成本按性态分类和混合成本的分解；掌握成本性态分析的方法。

导学案例

通常，财务部门认为，产品定价必须要能弥补产品成本，才能获得利润——这是静态的观点。但管理会计师却动态地考虑问题，认为这等于出卖了未来获得短期利润，如果我们能够先发制人地降价，先扩大生产能力，则能买到市场份额，降低相对成本，从而在初始时看来低于成本的定价在未来同样会有足够的利润空间弥补降低后的成本，并使潜在的竞争者对所处的行业兴趣大减，从而使我们的竞争地位更加稳固。

同学们你们怎么看待这两种观点呢？下面就让我们一起学习管理会计中的成本概念吧！

第一讲　成本及其分类

【知识要点】

一、管理会计中的成本概念

成本是衡量企业经营管理水平高低和经济效益好坏的一个重要指标。不同的理论和学科对成本概念的理解不尽相同。

我国财务会计对成本的定义是为生产一定数量的商品所发生的全部耗费的货币表现，突出成本的内容；西方财务会计将成本定义为企业为了获取某项资产或达到一定目的而导致的以货币测定的价值牺牲，成本的形成既可以通过直接牺牲一项资产来实现，也可以通过产生某项负债而导致未来付出价值牺牲的方式来实现，突出成本发生的必要性和目的性。

而在管理会计中，成本是指企业在生产经营过程中对象化的、以货币表现的、为达到一定目的而应当或可能发生的各种经济资源的价值牺牲或代价。管理会计中的成本时态可以是过去的、现在完成时或将来时。

二、成本的分类

管理会计又称“决策会计”，不同的决策决定了不同的信息需求，而任何与会计相关的决策都离不开相应的成本信息。也就是说，企业管理当局决策的多样化直接导致了成本信息的多样化，即所谓的“不同目标，不同成本”。按照成本多样化的概念，可选择不同的标志将成本进行多重分类，用以满足管理的不同要求。

（一）成本按经济用途分类

成本按经济用途可以分为生产成本和非生产成本，这是财务会计中广泛采用的一种成本分类方法（见图 2-1）。这种分类方法有利于企业按照收益和费用相配比的原则划分产品成本和期间成本的界限，正确计算会计利润，既反映了产品成本的构成，也适应了财务会计核算的要求，对企业的经济核算具有重要的意义。

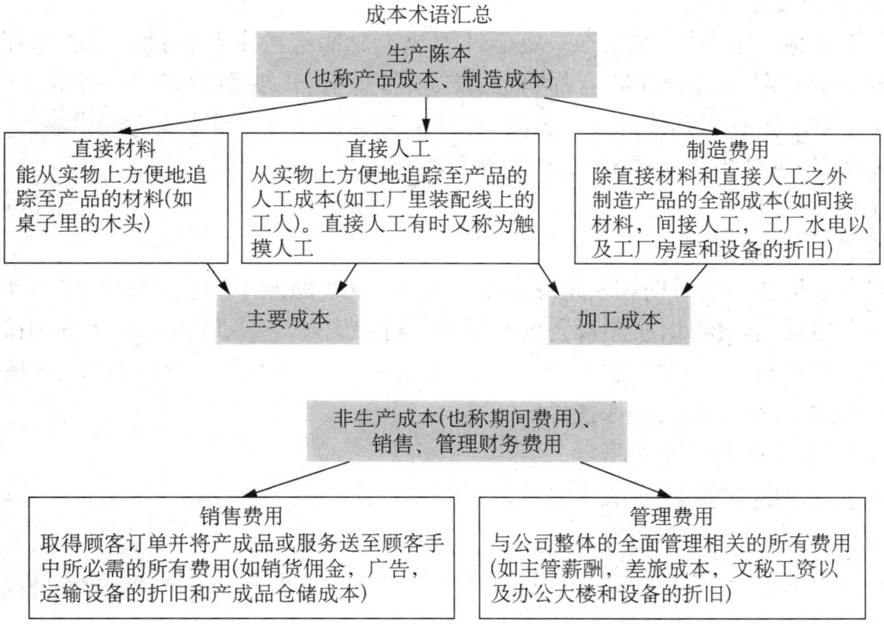

图 2-1　成本按经济用途分类

1. 生产成本

生产成本又称制造成本，是指产品在生产过程中所发生的有关耗费，包括直接材料、直接人工和制造费用三个项目。

（1）直接材料。直接材料是指直接构成产品实体的有关材料成本，一般包括产品制作过程中消耗的原材料、辅助材料、备品配件和外购半成品等。

（2）直接人工。直接人工是指直接从事产品生产工人的工资、奖金、津贴及福利费等。

（3）制造费用。制造费用又称间接制造费用，是指企业各生产车间为组织和管理生产所发生的各项间接费用，包括间接材料、间接人工和其他制造费用三部分。

间接材料是指产品生产过程中耗用的，但不属于某一特定产品的材料成本，如各类物料用品的消耗。

间接人工是指为生产过程服务而不直接参与产品生产所发生的人工，如维修人员工资。

其他制造费用是指在产品生产过程中发生除间接材料、间接人工以外的其他费用，如固定资产的折旧、设备保险费、设备维修费和不动产税金等。

2. 非生产成本

非生产成本又称非制造成本，是指不是在产品生产过程中发生的成本，即生产以后经营管理方式的成本，包括销售费用、管理费用和财务费用。

(1) 销售费用。销售费用是指企业在销售商品过程中发生的各项费用，以及专设销售机构的各项经费，如广告费、专设销售机构的人员工资、销售佣金和送货费用等。

(2) 管理费用。管理费用是指企业为管理和组织企业生产经营活动而发生的各项费用，如办公费、行政管理人员工资等。

(3) 财务费用。财务费用是指企业为筹集生产经营所需资金而发生的各项费用，如短期借款利息、金融机构手续费和商业票据汇票贴现利息等。

(二) 成本按性态分类

成本性态又称成本习性，是指在一定条件下成本总额与特定业务量之间的依存关系。成本按成本性态分类是管理会计特有的、根据该学科研究的需要而确定的一种成本分类标志。这种分类从本质上区别于其他的成本分类，有其鲜明的管理会计成本概念的内涵。

成本按性态，可分为固定成本、变动成本和混合成本。

1. 固定成本

1) 固定成本的概念

固定成本是指在一定时期和一定业务量范围内，成本总额不受业务量增减变动的影响而保持固定不变的成本。例如，房屋设备的租赁费、保险费、广告费、管理人员工资和按直线法计提的固定资产折旧费等，均属于固定成本。这类成本在企业正常经营的条件下，是必须发生的，并且在一定的业务范围内都保持稳定。

2) 固定成本的特征

根据固定成本的概念，固定成本具有以下两个特征。

第一，固定成本总额的不变性。

在平面直角坐标系中，固定成本线是一条平行于 x 轴的直线，其总成本模型为 $y=a$，如图 2-2 所示。

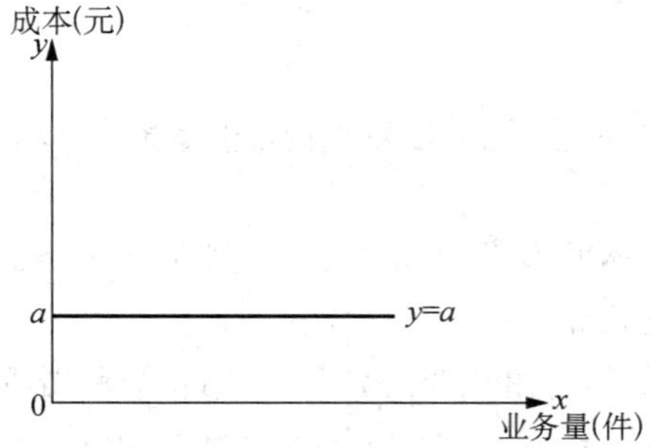

图 2-2　固定成本总额

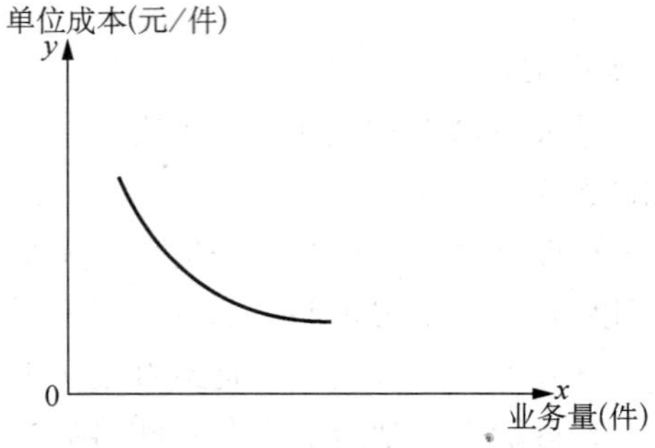

图 2-3　单位固定成本

第二，单位固定成本的反方向变动性。

单位固定成本模型为 $y=ax$，反映在平面直角坐标系中是一条反比例曲线，如图 2-3 所示。

【技能操作】

【例 2-1】 天泉公司有生产用设备一台，每年最大产力为 5 000 件，按直线法提取折旧，年折旧额为 10 000 元。产量与成本资料表，如表 2-1 所示。

表 2-1　产量和成本资料表

年生产量(件)	年总成本(折旧费)元	单位成本(元)
500	10 000	20
1 000	10 000	10
2 000	10 000	5
4 000	10 000	2.5
5 000	10 000	2

从表 2-1 中可以看出，单位固定成本与产量成反比关系，即产量的增加会导致单位产品负担的固定成本下降；反之，则上升。因此可以看出，降低固定成本的有效途径是提高产量，提高生产率。

【小提示】 同学们可以尝试着画一下例题中的成本总量、单位成本与业务量的关系图，看看其变化特征。

3）固定成本的分类

企业在一定时期内发生的固定成本按其支出数额大小是否受管理层短期决策的影响，可进一步划分为约束性固定成本和酌量性固定成本两类。

第一类，约束性固定成本。

约束性固定成本又称经营能力成本，是企业为维持正常经营所必须负担的最低固定成本，如固定资产折旧费、保险费和管理人员工资等。这类固定成本一般不受管理当局短期决策的影响，只能从合理充分地利用企业生产经营能力的角度着手，提高产品的产量，相对降低其单位成本。

第二类，酌量性固定成本。

酌量性固定成本又称可调整性固定成本，是企业根据经营方针由管理层确定的一定时期的成本，如广告费、职工培训费和新产品开发费等。这类固定成本受管理者短期决策行为影响，可从降低其绝对额的角度予以考虑，其支出额的大小由企业高层领导根据生产经营方针确定，虽然在一定的预算执行期内固定不变，但在编制下期预算时可由管理层根据未来的实际需要和财务负担能力进行调整。

2. 变动成本

1）变动成本的概念

变动成本是指在一定时期和一定业务量范围内，其成本总额随着业务量的变动而成正比例变动的有关成本，如直接材料、直接人工和制造费用等成本。

我国企业将直接用于产品制造的、与产量成正比例的原材料、燃料及动力、外部加工费、外购半成品、按产量法计提的折旧费和计件工资形式下的生产工人工资，以及与销售量成正比例的销售费用等均列入变动成本。

2）变动成本的特征

根据变动成本的概念，变动成本具有以下两个特征。

第一，变动成本总额随业务量变动成正比例变动。

在平面直角坐标系中，变动成本总额是一条通过原点的直线，变动成本总额模型为 $y=bx$，如图 2-4 所示。

第二，单位变动成本的不变性。

单位变动成本不受产量变动影响，保持固定不变，反映在坐标系中是一条平行于横轴的直线，其性态模型为 $y=b$，如图 2-5 所示。

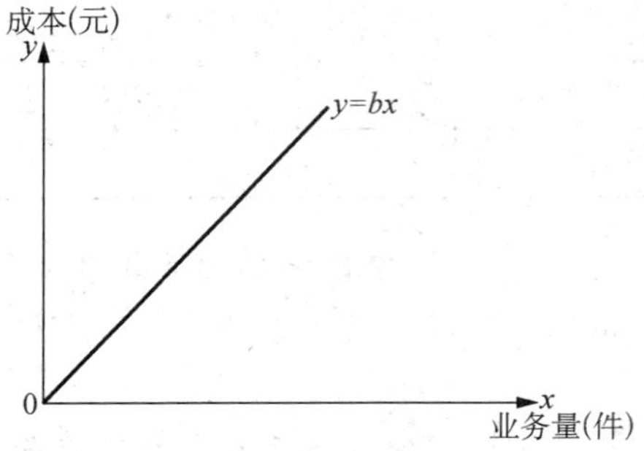

图 2-4　变动成本总额

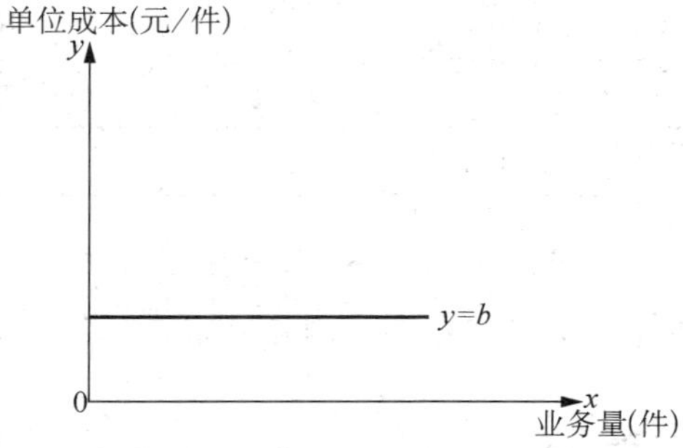

图 2-5　单位变动成本

【技能操作】

【例 2-2】 天泉公司生产 A 产品，以甲为原材料，生产 1 件 A 产品需要甲材料的价值为 100 元，该公司 A 产品的产量与成本资料表，如表 2-2 所示。

表 2-2　产量和成本资料表

A 产品年生产量(件)	单位变动成本(元)	变动成本总额(元)
500	100	50 000
1 000	100	100 000
2 000	100	200 000
4 000	100	400 000
5 000	100	500 000

从表 2-2 中可以看出，变动成本总额与产量成正比例关系，即产量的增加会导致变动成本总额上升；反之，则下降。因此可以看出，降低变动成本的有效途径是降低单位变动成本。

【小提示】 同学们可以尝试着画一下，例题中的成本总量、单位成本与业务量的关系图，看看其变化特征。

3. 混合成本

1）混合成本的概念

在现实中，有一些成本项目的成本总额会随业务量变动而成非正比例的变动。我们把这种介于固定成本和变动成本之间，即随业务量变动而变动，但不成正比例变动的那部分成本称为混合成本，如设备维修费、机械动力费和行政管理费等。因此，混合成本具有变动成本与固

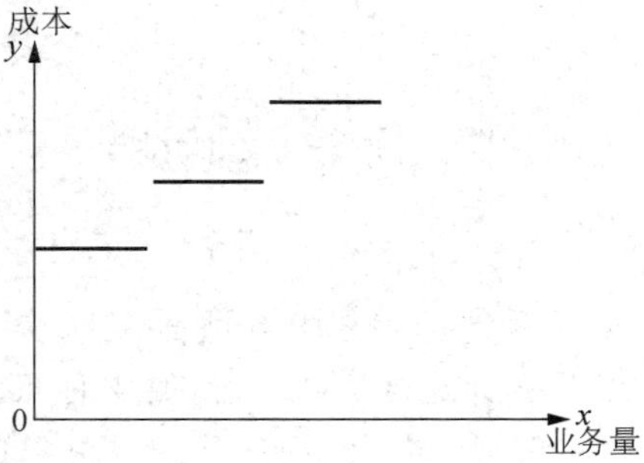

图 2-6　阶梯式混合成本

定成本双重性质。

2）混合成本的分类

混合成本与业务量的关系，按其变动形态的不同，可以进一步划分为阶梯式混合成本、标准式混合成本、低坡式混合成本和曲线式混合成本四种类型。

第一类，阶梯式混合成本。

阶梯式混合成本又称半固定成本（见图 2-6），是指其成本总额随业务量成阶梯式变动的成本。

其特点是：在一定业务量范围内，发生额是固定的，当业务量增长到一定程度时，其发生额成阶梯式跳跃增加，并在新的业务量范围内保持不变，如设备维修费、化验员及检验人员工资等。这类混合成本可写成分段函数的形式：

$$y=f(x)=\begin{cases}a_1 & (0<x\leqslant x_1)\\ a_2 & (x_1<x\leqslant x_2)\\ a_3 & (x_2<x\leqslant x_3)\end{cases}$$

【技能操作】

【例 2-3】 天泉公司生产中需用的产品化验员同产品产量有着直接的联系，根据以往经验，1 名化验员最多只能检验 500 件产品。这样，产品每增加 500 件，就需要增加 1 名化验员。假定每名化验员的工资为 3 000 元，那么化验员的工资支出在不同生产水平下成阶梯式增长。该公司第四季度产量与化验员工资资料表，如表 2-3 所示。

表 2-3　产量和化验员工资资料表

月　份	生　产　量(件)	产量范围(件)	化验员人数	化验员工资(元)
10	400	0～500	1	3 000
11	800	500～1 000	2	6 000
12	1 200	1 000～1 500	3	9 000

根据表 1-3，可以得到阶梯式混合成本的数学模型为：

$$检验员工资=\begin{cases}3\ 000 & (0<x\leqslant 500)\\ 6\ 000 & (500<x\leqslant 1\ 000)\\ 9\ 000 & (9\ 000<x\leqslant 1\ 500)\end{cases}$$

第二类，标准式混合成本。

标准式混合成本又称半变动成本（见图 2-7），是指在一定初始基数的基础上随着业务量的变动而成正比例变动的成本。

其特点是：通常都有一个初始量（基数），类似固定成本，在这个成本基础上，产量增加，成本也成正比例增加，这部分随产量增加而成正比例增加的成本类似于变动成本，如机器设备保养维护修理费和电话服务费等。

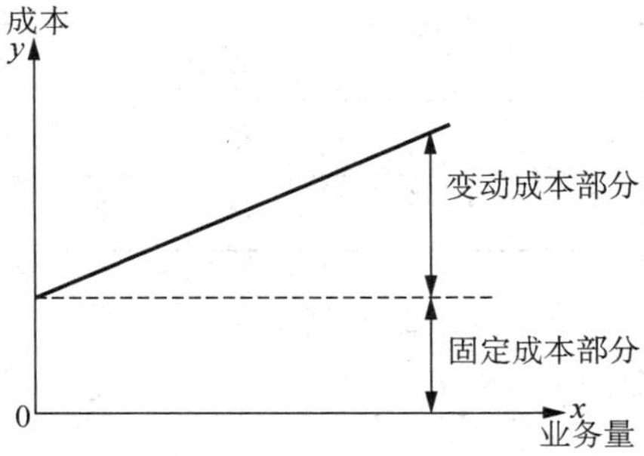

图 2-7　标准式混合成本

则这类混合成本可用代数式表示为：

$$y=a+bx$$

式中，y 为总成本；a 为固定成本；b 为单位变动成本；x 为业务量。

【技能操作】

【例 2-4】 天泉公司生产租用设备 1 台，租金支付分为两部分，按月支付固定租金 2 000 元，在此基础上每运转 1 小时支付租金 4 元。该设备 12 月累计运转 250 小时，共支付租金 3 000 元，则计算如下：

$$y=a+bx=2\ 000+4\times250=3\ 000(\text{元})$$

第三类，低坡式混合成本。

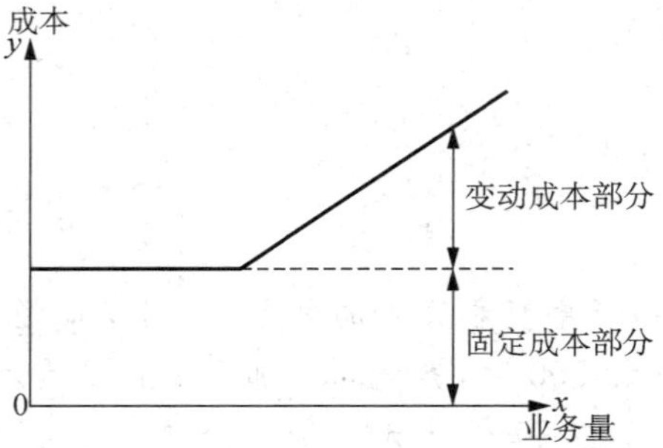

图 2-8 低坡式混合成本

低坡式混合成本又称延期变动成本（见图 2-8），是指其总额在一定业务量范围之内固定不变，一旦超过这一特定业务量范围后，便会随业务量增加而成正比例增长的成本。

其特点是：业务量在正常范围内变动时，成本总额相对稳定，类似固定成本；当业务量超过正常范围开始增加，其成本也随之成正比例增加，类似变动成本，如浮动制工资、定额超产奖励工资、定额计件工资等。则这类混合成本可用代数式表示为：

$$y=f(x)=\begin{cases}a_0 & (0\leqslant x\leqslant x_0)\\ a_0+b(x-x_0) & (x>x_0)\end{cases}$$

【技能操作】

【例 2-5】 天泉公司生产车间实行班组定额计件工资，即 2 000 件的定额任务工资为 5 000 元，超定额工资每件 2 元，企业最大生产能力 4 000 件。则该公司工人工资与产量关系表，如表 2-4 所示。

表 2-4　　天泉公司工人工资与产量关系表

生产量(件/人)	变动成本总额(元)
0	0
1 000	0
2 000	5 000
3 000	7 000
4 000	9 000

根据表 2-4，可以得到公司工人工资与产品产量之间的数学模型为：

$$\text{工人工资}=\begin{cases}0 & (x<2\ 000)\\ 5\ 000 & (x=2\ 000)\\ 5\ 000+2(x-2\ 000) & (9\ 000<x\leqslant1\ 500)\end{cases}$$

第四类，曲线式混合成本。

曲线式混合成本是指成本总额与业务量之间表现为非线性关系的成本。

其特点是：在没有业务量的情况下有一个初始量，当有业务量发生时，成本总额随业务量的变化而变化，但不成直线关系，而是成曲线关系，按照曲线斜率的不同变动趋势又有所不同。可进一步分类为递增型混合成本和递减型混合成本，分别如下：

递增型混合成本是指成本的增长幅度随着业务量的增加而成更大幅度的上升，成本的斜率是递增的。例如，各种违约金、罚金和累积计件工资等。递增型混合模型，如图 2-9 所示。

递减型曲线成本是指成本的增长幅度小于业务量的增长幅度，成本的斜率是递减的。例如，热处理使用的电炉设备的耗电成本就属于这类成本。递减型混合模型，如图 2-10 所示。

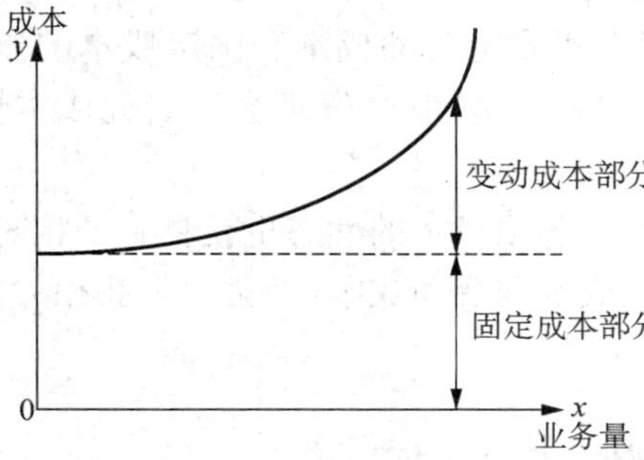

图 2-9　递增型混合模型

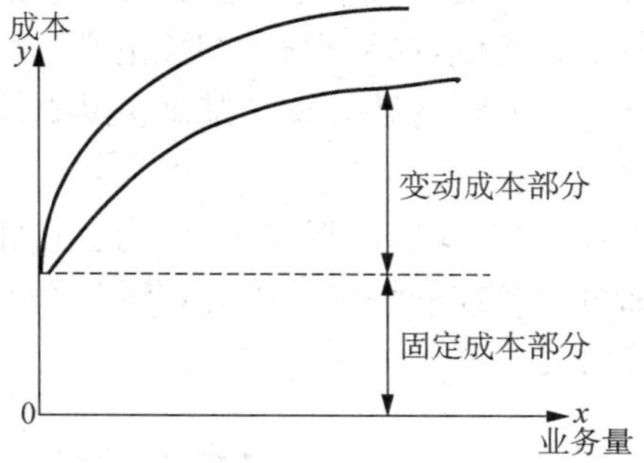

图 2-10　递减型混合模型

【思考】 同学们，学到这里大家请根据图 2-11 思考一下，每一类混合成本的特点是什么？并尝试着举例用坐标图来表示一下吧。

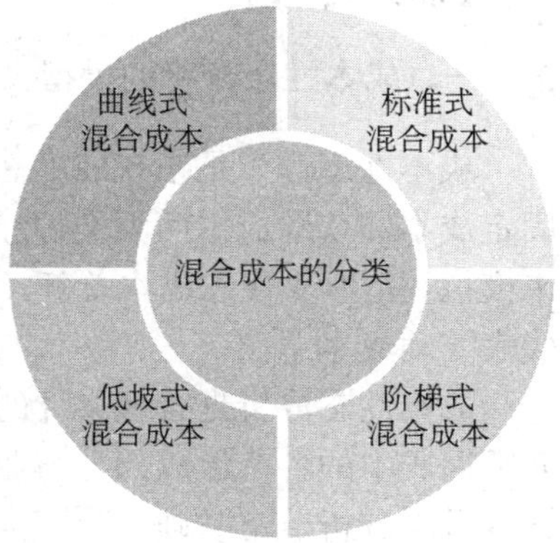

图 2-11　混合成本的分类

三、成本形态的相关范围

研究成本性态必须充分考虑相关范围的影响，前面介绍变动成本和固定成本概念时，总要加上"在一定条件"这一限定，这里所说的"一定条件"，是指一定的时间范围内和一定的业务量变动范围，称为成本性态的相关范围。

1. 固定成本的相关范围

固定成本总额保持不变不是绝对的，而是有范围的，超出相关范围，固定成本总额将会发生变化，如图 2-12 所示。

2. 变动成本的相关范围

就变动成本而言，只有单位变动成本不变时，变动成本总额才会随着业务量的变化成正比例变化。而单位变动成本只有在一定的时间范围内和一定的业务量变动范围内保持相对稳定，如图 2-13 所示。

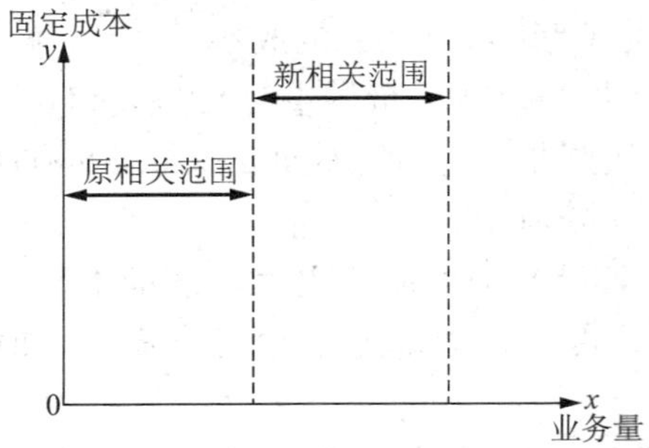

图 2-12　固定成本的相关范围

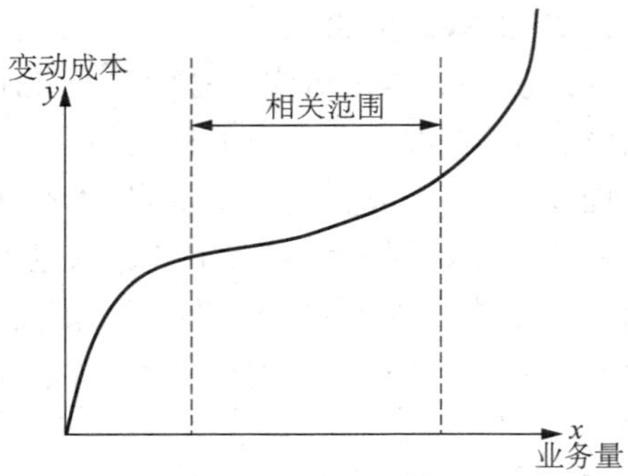

图 2-13　变动成本的相关范围

总之，通过对图 2-12 和图 2-13 的观察和分析，我们可以看出，如果超出相关范围，所有的成本就变成了混合成本，固定成本总额变成类似半固定成本，变动成本总额变成了分段曲线式混合成本。所以，如果没有“相关范围”这一概念，就无法界定变动成本和固定成本的概念，管理会计的研究也将缺乏理论基础。从这个意义上讲，“相关范围”是管理会计研究成本性态的“法宝”。

当然，需要我们注意的是，因为存在相关范围，所以各项成本的性态也就具有了相对性、暂时性和可转换性的特点。因此，我们后面讨论的固定成本和变动成本，都会限定在相关范围之内进行研究。

第二讲　成本性态分析

【知识要点】

一、成本性态分析的模型

成本性态分析是指在成本性态分类的基础上，按照一定的程序和方法，将全部成本区分为固定成本和变动成本两大类，并建立成本函数模型的过程。成本函数模型通常用 $y=a+bx$ 来模拟，其中，y 代表成本总额；a 代表固定成本总额；b 代表单位变动成本；x 代表业务量；bx 代表变动成本总额。

成本性态分析是管理会计的一项基本工作，通过成本性态分析，可以从定性和定量两个方面掌握成本的各个组成部分与业务量之间的依存关系和变动规律，从而为应用变动成本法进行本量利分析奠定基础。

二、成本性态分析(混合成本分解)的方法

成本性态分析的方法主要有定性分析法和定量分析法两种。在管理会计实践中，定量分析法运用得最为广泛。

定量分析法主要是历史资料分析法，其基本做法就是根据过去一定时期(若干月或干年)的数据，运用一定的数学方法进行计算分析，从而确定固定成本和单位变动成本数值，建立成本——业务量模型，并以此来确定决策所需要的未来成本数据。

历史资料分析法是成本性态分析中最常见的一种方法。按照资料利用的具体形式不同，历史资料分析法又可分为高低点法、散布图法和回归直线法三种具体方法。

(一) 高低点法

1. 高低点法的概念

高低点法是根据过去一定期间成本与业务量资料，通过最高点业务量和最低点业务量资料，推算出成本中固定成本和变动成本的一种简便方法。

2. 高低点法的具体步骤

(1) 确定高低点。在各期业务量与相关成本坐标点中，以业务量为准找出最高点和最低点，即($x_{高}$，$y_{高}$)和($x_{低}$，$y_{低}$)。

(2) 计算单位平均变动成本 b：

$$b=\frac{y_{高}-y_{低}}{x_{高}-x_{低}}$$

(3) 将高点或低点坐标值和 b 值代入直线方程 $y=a+bx$，计算固定成本 a：

$$a=y_{高}-bx_{高}\text{或}a=y_{低}-bx_{低}$$

(4) 将求得的 a，b 代入直线方程 $y=a+bx$ 中，得出成本性态分析模型。

【技能操作】

【例 2-6】 天泉公司是一家生产电器的公司，该公司 2020 年上半年的销量和运输费用资料表，如表 2-5 所示。请用高低点法对该公司的运输费用进行分析。

表 2-5　　销量和运输费用资料表

月　份	销售量(台)	运输费用(元)
1	6	110
2	8	115
3	4	85
4	7	105
5	9	120
6	5	100

首先，确定该企业 2020 年 1～6 月份中销售量最高和最低的月份，以及相应的混合成本。注意：要以业务量为准找出最高点和最低点。

最高点确定为 5 月份：销售量 $x_{高}=9$(台)，运输费用 $y_{高}=120$(元)

最低点确定为 3 月份：销售量 $x_{低}=4$(台)，运输费用 $y_{低}=85$(元)

其次，按公式求出单位变动成本 b：

$$b=\frac{y_{高}-y_{低}}{x_{高}-x_{低}}=\frac{120-85}{9-4}=7\text{(元)}$$

再次，将最高点的运输费用和业务量数据代入公式，求固定成本总额 a：

$$a=y_{高}-bx_{高}=120-7\times 9=57\text{(元)}$$

也可代入最低点的数据，同样求出固定成本为 57 元：

$$a=y_{低}-bx_{低}=85-7\times 4=57\text{(元)}$$

最后，写出成本性态模型：

$$y=57+7x$$

【提示】 高低点法的关键在于找准高点和低点，一定以自变量业务量的高低为标准，而不是按因变量成本的高低来确定。

3. 高低点法的优缺点

高低点法的优点在于简便易行，便于理解。其缺点是只选择了诸多历史资料中的高点和低点两组数据作为计算依据，建立起来的成本性态模型代表性较差，结果不太精确。因此，这种方法适用于生产经营活动比较正常，混合成本增减变动趋势平缓的企业。

（二）散布图法

1. 散布图法的概念

散布图法是指在坐标纸上，分别标明一定期间内业务量（x）及与之相应的混合成本（y）的坐标点，通过目测画出一条尽可能反映所有坐标点的直线，据此推算出固定成本和单位变动成本的一种方法。

2. 散布图法的具体步骤

（1）将各期业务量与相应混合成本的历史资料作为点的坐标标注在平面直角坐标图上。

（2）目测画一条直线，使其尽可能通过或接近所有坐标点，直线与纵轴相交。这条直线与纵轴的交点就是固定成本，斜率则是单位变动成本。

（3）在纵坐标上读出该直线的截距值，即固定成本总额 a。

（4）在直线上任取一点 P，假设其坐标值为（x，y）。将它们代入下式计算单位变动成本 b：

$$b=\frac{y-a}{x}$$

（5）将 a，b 的值代入直线方程 $y=a+bx$ 中，得出成本性态分析模型。

【技能操作】

【例 2-7】 承[例 2-6]，要求用散布图法进行成本性态分析。

首先，将 6 期资料相应的坐标点分别标在坐标纸上，形成散布图，如图 2-14 所示。

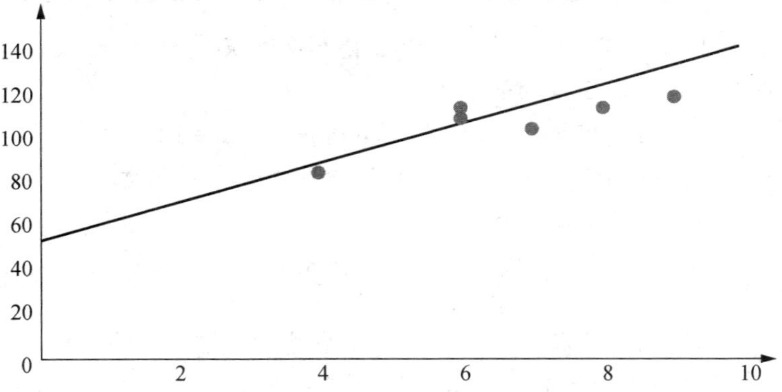

图 2-14　散布图

其次，通过目测，画一条直线，尽可能反映各坐标点。读出直线截距，即固定成本 $a=55$（元）。

再次，在直线上任取一点(7，105)，该直线的斜率为$\frac{105-55}{7}$=7.14(元)，即单位变动成本b=7.14(元)。

则该项混合成本性态模型为：

$$y=55+7.14x$$

3. 散布图法的优缺点

利用散布图法分解成本，考虑了全部观测点上成本与业务量的关系，比较形象直观，易于理解，因此，分解的结果比高低点法准确。但由于靠目测决定直线，往往因人而异，从而影响计算的客观性。运用散布图法时可根据需要与其他方法结合使用。

(三) 回归直线法

1. 回归直线法的概念

回归直线法是指根据一定期间业务量与相应混合成本之间的历史资料，利用微分极值原理计算出最能反映业务量与成本之间关系的回归直线，从而确定成本性态的一种方法。

2. 回归直线法的步骤

(1) 对已知资料进行加工，计算$\sum x$，$\sum y$，$\sum y$，$\sum x^2$，$\sum y^2$。

(2) 按下式计算相关系数r，判断业务量x与成本y之间的线性关系。

$$r=\frac{n\times\sum xy-\sum x\sum y}{\sqrt{\left[n\sum x^2-\left(\sum x\right)^2\right]\times\left[n\sum y^2-\left(\sum y\right)^2\right]}}$$

相关系数r的取值范围一般在－1至＋1之间，用来说明业务量与成本之间的相关程度。

当$r=-1$时，说明x与y之间完全负相关。

当$r=0$时，说明x与y之间不存在线性关系。

当$r=1$时，说明x与y之间完全正相关。

一般来说，只要当r接近1，就说明x与y基本正相关，只有当业务量与成本之间存在完全或基本正相关时，才可以运用线性回归方法。

(3) 通过微分极值法(过程略)，得出回归直线方程中的固定成本a和单位变动成本b的计算公式：

$$a=\frac{\sum y-b\sum x}{n}$$

$$b=\frac{n\sum xy-\sum x\sum y}{n\sum x^2-\left(\sum x\right)^2}$$

(4) 将a，b的值代入直线方程$y=a+bx$中，得出成本性态分析模型。

【技能操作】

【例 2-8】 承[例 2-6]，使用回归直线法进行成本性态分析。

首先，对已知资料进行加工，相关资料计算表，如表 2-6 所示。

表 2-6　　　　相关资料计算表

月　份	业务量 x(件)	混合成本 y(元)	xy	x^2	y^2
1	6	110	660	36	12 100
2	8	115	920	64	13 225
3	4	85	340	16	7 225
4	7	105	735	49	11 025
5	9	120	1 080	81	14 400
6	5	100	500	25	10 000
$n=6$	$\sum x=39$	$\sum y=635$	$\sum xy=4\ 235$	$\sum x^2=271$	$\sum y^2=67\ 975$

其次,计算相关系数 r:

$$r=\frac{6\times 4\ 235-39\times 635}{\sqrt{(b\times 271-39^2)\times 6\times 67\ 975-635^2}}$$

$$=\frac{25\ 410-24\ 765}{\sqrt{105\times 4\ 625}}$$

$$=0.93$$

因为 r 接近于 1,所以 x, y 具有线性关系。

再次,将加工资料代入 a, b 的计算公式得:

$$b=\frac{6\times 4\ 235-39\times 635}{6\times 271-39^2}=6.14$$

$$a=\frac{635-6.14\times 39}{6}=65.92$$

则该混合成本性态模型为:

$y=65.92+6.14x$

3. 回归直线法的优缺点

回归直线法的优点是可以使混合成本的分解建立在科学分析和精确计算的基础上,相对来说,得到的数值较为精确。但计算数据繁多,分解过程复杂。因此,这种方法适用于成本增减变动趋势较大的企业。

总之,无论是高低点法、散布图法,还是回归直线法,均包含有估计的成分,并带有一定程度的假定性,因此,分解的结果不可能绝对精确,只能求得近似值。

三、成本性态分析的程序

成本性态分析的程序是指完成成本性态分析所经过的步骤,分为单步骤分析程序和多步骤分析程序两种。

1. 单步骤分析程序

单步骤分析程序又称同步分析程序,属于定性分析与定量分析同步进行的程序。在该程序下,进行成本性态分析时,不需要按成本性态分类和进行混合成本的分解,而是将总成本一次直接分解为固定成本部分和变动成本部分，建立成本模型。前面所讲的内容中，成本性态分析方法的举例都是采用的单步骤分析程序。

2. 多步骤分析程序

多步骤分析程序是指将总成本按成本性态分为固定成本、变动成本和混合成本，然后再将混合成本分解为固定成本和变动成本，分别汇集于原固定成本和变动成本，建立总成本性态模型。

多步骤分析程序一般经过以下几个步骤：

第一，将总成本分为固定成本、变动成本和混合成本三个部分，分别用 a，bx，y_1 表示。

第二，对总成本中的混合成本进行分解，建立混合成本性态模型：

$$y_1=a_1+b_1x$$

第三，将混合成本分解出来的固定成本、变动成本汇集于原固定成本部分和变动部分，建立总成本性态模型：

$$y=(a+a_1)+(b+b_1)x$$

虽然单步骤分析法与多步骤分析法程序不同，但分析计算结果应完全一致。

单元测试

1. 单项选择题

(1) 将全部成本分为固定成本、变动成本和混合成本所采用的分类标志是成本的(　　)。

A. 可辨认性　　B. 经济用途　　C. 性态　　D. 目标

(2) 单位固定成本在相关范围内的变动规律为(　　)。

A. 随业务量的增加而减少　　B. 随业务量的减少而减少

C. 随业务量的增加而增加　　D. 不随业务量的变动而变动

(3) 在各类固定成本中，能够在不改变企业生产经营能力的前提下降低其总额的是(　　)。

A. 约束性固定成本　　B. 酌量性固定成本

C. 半固定成本　　D. 单位固定成本

(4) 在管理会计中，狭义的相关范围是(　　)的变动范围。

A. 成本　　B. 业务量　　C. 时间　　D. 市场容量

(5) 就同一企业而言，同一成本项目在不同时期可能有不同的性态。这是因为，成本在相关范围内具有(　　)。

A. 相对性　　B. 暂时性　　C. 可转化性　　D. 变动性

(6) 在应用高低点法进行成本性态分析时，选择高点坐标的依据是(　　)。

A. 最高的业务量　　B. 最高的成本

C. 最高的业务量和最高的成本　　D. 最高的业务量或最高的成本

(7) 在应用历史资料分析法进行成本性态分析时，必须首先确定 a，然后才能计算出的方法是(　　)。

A. 直接分析法　　B. 高低点法　　C. 散布图法　　D. 回归直线法

(8) 加班工资属于(　　)类型的混合成本。

A. 半固定混合成本　　B. 半变动混合成本

C. 延期性变动成本　　D. 曲线式混合成本

(9) 下列分解混合成本的方法中,(　　)是最为准确的。

A. 高低点法　　B. 散布图法　　C. 回归直线法　　D. 合同确认法

(10) 阶梯式混合成本又可称为(　　)。

A. 半固定成本　　B. 半变动成本　　C. 延期变动成本　　D. 曲线式混合成本

2. 多项选择题

(1) 固定成本的特征有(　　)。

A. 总额的不变性　　B. 总额的可变性

C. 单位固定成本反比例变动性　　D. 单位固定成本的不变性

(2) 下列项目中,属于固定成本的有(　　)。

A. 管理人员工资　　B. 定期支付的广告费

C. 房租　　D. 按产量计提的折旧

(3) 在相关范围内,变动成本的特征有(　　)。

A. 总额的不变性　　B. 总额的可变性

C. 总额的呈正比例变动性　　D. 单位变动成本额的不变性

(4) 固定成本可分为(　　)。

A. 酌量性固定成本　　B. 半变动固定成本

C. 约束性固定成本　　D. 曲线式固定成本

(5) 下列各项中,属于酌量性固定成本的有(　　)。

A. 广告费　　B. 按直线法计提的折旧费

C. 职工培训费　　D. 管理人员工资

(6) 下列各项中,不属于约束性固定成本的有(　　)。

A. 广告宣传费　　B. 新产品开发费

C. 职工技术培训费　　D. 固定资产折旧费

(7) 根据成本性态,下列说法正确的有(　　)。

A. 单位固定成本是变动的　　B. 单位变动成本是固定的

C. 变动成本总额是固定的　　D. 变动成本总额是变动的

(8) 车间维修机器用的材料属于(　　)。

A. 制造费用　　B. 直接材料　　C. 间接材料　　D. 间接人工

(9) 在实际工作中,企业的成本一般可能表现为(　　)。

A. 变动成本　　B. 固定成本

C. 混合成本　　D. 不是变动成本就是固定成本

(10) 下列各项中,属于变动成本的有(　　)。

A. 产品包装费　　B. 按产量计提的折旧

C. 计件工资　　D. 基础性工资

3. 判断题

(1) 成本性态又称成本习性,是指成本总额与特定业务量之间的依存关系。 ( )

(2) 单位产品的变动成本随业务量的增减变化成正比例变化。 ( )

(3) 固定成本是指其总额在相关范围内不受业务量的影响而保持固定不变的成本。 ( )

(4) 固定成本的水平通常是以其总额来表示,而变动成本的水平则以其单位额来表示。 ( )

(5) 定期支付的广告费属于约束性固定成本。 ( )

(6) 按成本性态分类是成本性态分析的基础。 ( )

(7) 经营能力成本与企业的业务量水平无直接关系。 ( )

(8) 固定成本是指通过管理者决策不能改变其数额的成本。 ( )

(9) 酌量性固定成本从短期来看,其发生额大小与企业当期业务量水平并无直接关系,所以这种成本对企业来讲是可有可无的。 ( )

(10) 如果相关系数越高,表明业务量与成本开支关系越密切,说明混合成本固定成本份额高。 ( )

实务训练

已知天泉公司只生产单一产品,2019 年各月的电费支出与产品量的有关数据,如表 2-7 所示。

表 2-7 **2019 年各月的电费支出与产品量的有关数据**

月份	产量(件)	电费(元)
1	1 200	5 000
2	900	4 250
3	1 350	5 625
4	1 500	5 625
5	1 200	5 375
6	1 650	6 875
7	1 500	6 150
8	1 500	6 300
9	1 350	5 800
10	1 050	4 875
11	1 800	7 200
12	1 800	7 250

要求:试采用高低点法对电费这一混合成本进行分解;根据结果预测 2020 年 1 月的电费支出,假定 2020 年计划产量为 1 700 件。

第三单元　变动成本法

导学目标

通过本单元教学，学生应该掌握变动成本法和完全成本法下利润表的结构及编制方法；理解变动成本法和完全成本法的区别和优缺点。

导学案例

天泉公司专门生产净水器，原计划生产能力为每年 10 000 台，但由于市场竞争剧烈，过去 2 年，每年只能生产和销售 5 000 台，市场销售价为每台 2 500 元，而该公司的单位产品成本为 2 600 元。该公司已连续 2 年亏损，若 2020 年不能实现扭亏转盈，银行将不再贷款，公司势必要停产，形势非常严峻，该公司总经理为此特征求管理会计师的意见。

管理会计师：问题的关键在于销路没有打开、产能没有实现，每年只能生产和销售 5 000台。对策是要请推销人员千方百计地去搞促销活动，最好能每年售出 10 000 台。另外，我们编制利润表是采用完全成本法，这就为我们提供了一个扭亏为盈的“捷径”。只要能充分利用我们的生产能力，1 年生产 10 000 台，就可以把单位固定成本降低，单位产品成本自然会下降。这样，我们即使不增加销售数量，也能使利润表上数字扭亏为盈，向银行申请贷款就没有问题。

同学们，会计师的建议是否正确呢？按照他的说法，企业能够产生利润吗？现在就让我们一起来学习“变动成本法和完全成本法下利润表的结构及编制方法”吧！

第一讲　变动成本法和完全成本法概述

【知识要点】

一、变动成本法和完全成本法的概念

（一）变动成本法的概念

变动成本法是指在计算产品成本时，只包括产品在生产过程中所消耗的直接材料、直接人工和变动制造费用，而把固定制造费用及非生产成本视为期间成本处理的产品成本计算方法。

（二）完全成本法的概念

完全成本法是指在计算产品成本时，不仅包括产品生产过程中所消耗的直接材料和直接人工，还包括全部的制造费用，即变动制造费用和固定制造费用的产品成本计算方法。

因此，对比两种方法的定义，其关键问题就在于固定制造费用的划分归属上，变动成本法将固定制造费用归属为期间费用，而完全成本法将其认定为产品成本。下面我们通过图 3-1 对比一下两种成本法的构成差异。

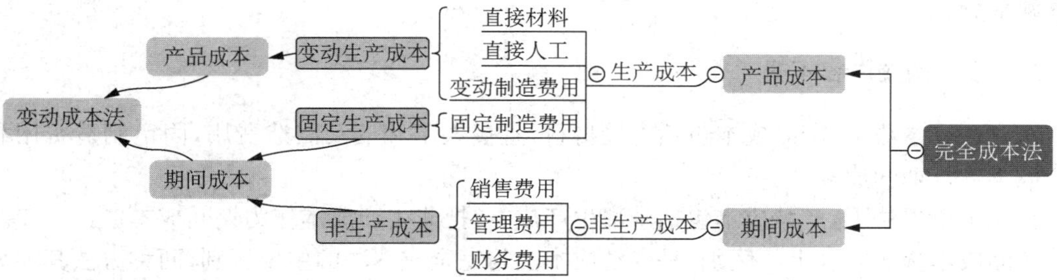

图 3-1　变动成本法和完全成本法概念对比

二、变动成本法和完全成本法的特点

（一）变动成本法的特点

1. 以成本性态分析为基础计算产品成本

产品的制造成本按成本性态划分为变动制造费用和固定制造费用两部分。变动成本法认为只有变动制造费用才构成产品成本，而固定制造费用应作为期间成本处理。

2. 强调不同的制造成本在补偿方式上存在着差异性

变动成本法认为，产品的成本是在产品生产过程中发生的，与产品产量密切相关，并随产量变动而变动，应该在销售收入中获得补偿的成本。而固定制造费用是为企业提供一定的生产经营条件，以便保持生产能力，并使它处于准备状态而发生的成本。它们同产品的实际产量没有直接联系，而是与会计期间相联系所发生的费用，并随着时间的消逝而逐渐丧失，所以应在费用发生的当期扣除。

（二）全部成本法的特点

1. 以成本按照经济用途分类为基础计算产品成本

完全成本法以成本按照经济用途分类为前提，将全部生产成本作为产品成本的构成内容，而将非生产成本作为期间成本。

2. 强调成本补偿上的一致性

完全成本法认为，只要是与产品生产有关的耗费均应从产品销售收入中得到补偿，固定制造费用也不例外。因为，从成本补偿的角度讲，用于直接材料的成本与用于固定制造费用的支出并无区别。

第二讲　变动成本法和完全成本法的区别

【知识要点】

为了深刻认识变动成本法的特点，并与完全成本法加以区别。下面我们将其与传统的完全成本法加以比较，发现主要有以下几个方面的不同。

一、应用的前提不同

应用变动成本法的前提是将成本按照成本性态分类，把全部成本分为固定成本和变动成本两部分。

应用完全成本法的前提是将成本按照经济职能分类，把全部成本分为生产成本和非生产成本两部分。

二、成本构成内容不同

在变动成本法下，产品成本包括直接材料、直接人工和变动制造费用，固定制造费用和非生产成本计入期间成本。

在完全成本法下，产品成本包括全部生产成本，把非生产成本作为期间成本。

产品成本构成内容上的区别，是变动成本法与完全成本法的主要区别，两种方法其他方面的区别均由此而生。

三、期末存货成本和销货成本的水平不同

采用变动成本法，产品成本只包括制造费用中的变动部分，期末存货计价也只是这一部分。

采用完全成本法，产品成本中均包括了一定的固定性制造费用，期末存货计价当然也包括了这一份额。

因此，变动成本法下的期末存货计价必然小于完全成本法下的期末存货计价。

四、销货成本的计算公式不同

两种成本计算法均可采用下列公式计算本期销货成本：

本期销货成本＝期初存货成本＋本期生产产品成本－期末存货成本

在变动成本法下，产品成本全部由变动生产成本构成。当期初存货量为零时，本期单位产品成本、本期单位销货成本和期末单位存货成本三项指标完全相等，或者前后期成本水平不变。这时，期初单位存货成本、本期单位产品成本、本期单位销货成本和期末单位存货成本可以用统一的单位变动生产成本来表示。因此，本期销货成本的计算公式可推导为简化公式：

本期销货成本＝单位产品成本×本期销售量

在完全成本法下，产品成本不仅包括变动生产成本，还包括固定生产成本。当期初存货量为零时，本期单位产品成本、本期单位销货成本和期末单位存货成本相等，可以采用简化公式。若期初存货量不为零，即使前后期成本水平不变，由于单位产品分担的固定生产成本与产量成反比例变动，期初单位存货成本、本期单位产品成本和期末单位存货成本也不可能完全相等。因此，在一般情况下，本期销货成本不可按简化公式计算。

也就是说，当期初存货量为零时，不论何种方法，均可采用简化公式进行计算，但是如果期初存货量不为零，在完全成本法下，则需要用标准公式计算。

五、税前利润的计算公式不同

（一）变动成本法计算公式

变动成本法计算税前利润的公式为：

贡献边际＝销售收入－变动成本

税前利润＝边际贡献－固定成本

式中，变动成本是指已销产品变动成本，包括销货中的变动生产成本和变动非生产成本。

变动成本＝变动生产成本＋变动非生产成本

假定前后各期单位变动生产成本不变，则：

变动生产成本＝单位变动生产成本×销量

变动非生产成本＝单位变动非生产成本×销量

固定成本是指固定生产成本和固定非生产成本，即固定制造费用、固定管理费用、固定财务费用和固定销售费用。

固定成本＝固定生产成本＋固定销售费用＋固定管理费用＋固定财务费用

(二) 完全成本法计算公式

完全成本法计算税前利润的公式为：

销售毛利＝销售收入－销售成本

税前利润＝销售毛利－期间费用

式中，销售成本是指销货中的全部生产成本。

销售成本＝期初存货成本＋本期生产产品成本－期末存货成本

期间费用是指当期发生的管理费用、财务费用和销售费用。

期间费用＝销售费用＋管理费用＋财务费用

(三) 两种方法下的利润差异

通过以上分析可知，在两种成本计算法下，对相同经营情况进行计算得到的税前利润有可能不同。

其根本原因在于两种成本计算法计入当期损益的固定生产成本水平出现了差异。这种差异又具体表现为完全成本法下期末存货吸收的固定生产成本与期初存货释放的固定生产成本之间的差异。在变动成本法下，计入当期损益的只是当期的固定生产成本；而在完全成本法下，计入当期损益的固定生产成本不仅要受当期发生的固定生产成本水平的影响，还要受期初、期末存货水平的影响。用公式表示为：

$$\begin{array}{c}\text{两种方法当期}\\\text{营业利润差额}\end{array}=\begin{array}{c}\text{完全成本法}\\\text{营业利润}\end{array}-\begin{array}{c}\text{变动成本法}\\\text{营业利润}\end{array}$$

$$=\begin{array}{c}\text{完全成本法期末存货}\\\text{吸收的固定生产成本}\end{array}-\begin{array}{c}\text{完全成本法期初存货}\\\text{释放的固定生产成本}\end{array}$$

假定各期变动生产成本不变，上式可用以下方法证明：

$$\begin{array}{c}\text{完全成本法}\\\text{的营业利润}\end{array}-\begin{array}{c}\text{变动成本法}\\\text{的营业利润}\end{array}=\left[\begin{array}{c}\text{销售}\\\text{收入}\end{array}-\left(\begin{array}{c}\text{期初存}\\\text{货成本}\end{array}+\begin{array}{c}\text{本期生产}\\\text{产品成本}\end{array}-\begin{array}{c}\text{期末存}\\\text{货成本}\end{array}\right)-\begin{array}{c}\text{销售}\\\text{费用}\end{array}-\begin{array}{c}\text{财务}\\\text{费用}\end{array}-\begin{array}{c}\text{管理}\\\text{费用}\end{array}\right]$$

$$-\left(\begin{array}{c}\text{销售}\\\text{收入}\end{array}-\begin{array}{c}\text{已销产品变}\\\text{动生产成本}\end{array}-\begin{array}{c}\text{固定生}\\\text{产成本}\end{array}-\begin{array}{c}\text{销售}\\\text{费用}\end{array}-\begin{array}{c}\text{财务}\\\text{费用}\end{array}-\begin{array}{c}\text{管理}\\\text{费用}\end{array}\right)$$

$$=\begin{array}{c}\text{已销产品变}\\\text{动生产成本}\end{array}+\begin{array}{c}\text{固定生}\\\text{产成本}\end{array}-\left(\begin{array}{c}\text{期初存}\\\text{货成本}\end{array}+\begin{array}{c}\text{本期生产}\\\text{成品成本}\end{array}-\begin{array}{c}\text{期末存}\\\text{货成本}\end{array}\right)$$

$$=\begin{array}{c}\text{已销产品变}\\\text{动生产成本}\end{array}+\begin{array}{c}\text{固定生}\\\text{产成本}\end{array}-\begin{array}{c}\text{完全成本法下已}\\\text{销产品生产成本}\end{array}$$

$$=\begin{array}{c}\text{已销产品变}\\\text{动生产成本}\end{array}+\begin{array}{c}\text{固定生}\\\text{产成本}\end{array}-\left(\begin{array}{c}\text{已销产品变}\\\text{动生产成本}\end{array}+\begin{array}{c}\text{已销产品固}\\\text{定生产成本}\end{array}\right)$$

$$=\text{固定生产成本}-\left(\text{期初存货释放的固定生产成本}+\text{固定生产成本}-\text{期末存货吸收的固定生产成本}\right)$$

$$=\text{期末存货吸收的固定生产成本}-\text{期初存货释放的固定生产成本}$$

同时,可以归纳出三条规律:

(1) 当期末存货吸收的固定生产成本等于期初存货释放的固定生产成本时,两种成本法下计算的税前利润完全相等。

(2) 当期末存货吸收的固定生产成本大于期初存货释放的固定生产成本时,采用完全成本法所计算的税前利润大于采用变动成本法计算的税前利润。

(3) 当期末存货吸收的固定生产成本小于期初存货释放的固定生产成本时,采用完全成本法计算的税前利润小于采用变动成本法计算的税前利润。

六、提供的信息用途不同

变动成本法是为适应企业加强内部经营管理的需要,对成本进行规划和日常控制,以及改善经营决策而产生的。因而,变动成本法主要适用于管理会计系统,用来编制企业的内部管理报表,为企业内部管理提供有用的信息。

完全成本法是传统的成本计算方法,它主要遵循企业会计准则,汇总和分配企业一定期间所发生的生产费用,计算和确定产品成本和存货成本。因而,完全成本法主要适用于财务会计系统,用来编制对外的财务会计报表。

下面我们通过一个案例来整体对比两种成本计算方法之间的区别。

七、计算案例分析

【技能操作】

【例 3-1】 天泉公司只生产销售一种产品,2019 年年初产品存货量为零,全年产量 2 000件,销售 1 600 件,期末存货量为 400 件,每件售价 100 元。当期成本资料表,如表 3-1所示。

表 3-1　　2019 年天泉公司成本资料表

费用项目	金　额(元)	费用项目	金　额(元)
直接材料	60 000	变动销售费用	2 400
直接人工	30 000	固定销售费用	3 000
变动制造费用	10 000	变动管理费用	800
固定制造费用	40 000	固定管理费用	1 800

(一) 产品成本和期间成本计算差异

先对比两种成本计算法下的产品成本和期间费用计算,如表 3-2 所示。

1. 变动成本法下

当期产品总成本=60 000+30 000+10 000=100 000(元)

单位产品成本=100 000÷2 000=50(元/件)

期间成本＝40 000＋2 400＋3 000＋800＋1 800＝48 000(元)

表 3-2 产品成本和期间费用计算表 单位:元

类 别	项 目	变动成本法		完全成本法	
		总成本	单位成本	总成本	单位成本
产品成本	直接材料	60 000	30	60 000	30
	直接人工	30 000	15	30 000	15
	变动制造费用	10 000	5	10 000	5
	固定制造费用			40 000	20
	合计	100 000	50	140 000	70
期间成本	固定制造费用	40 000			
	销售费用	5 400		5 400	
	管理费用	2 600		2 600	
	合计	48 000		8 000	

2. 完全成本法下

当期产品总成本＝60 000＋30 000＋10 000＋40 000＝140 000(元)

单位产品成本＝140 000÷2 000＝70(元/件)

期间成本＝2 400＋3 000＋800＋1 800＝8 000(元)

从计算结果可以看出,变动成本法计算的产品成本低于完全成本法计算的相应数值,而期间成本则高于完全成本法计算的相应数值。差异的原因就在于两种成本计算法对固定生产成本(固定制造费用)的处理不同,两种成本计算法的其他区别都是在此基础上派生出来的。

(二) 销货成本和存货成本计算差异

因为销售 1 600 件,期末存货量为 400 件,且年初产品存货量为零,故均可采用简化公式进行计算。利用已得到的单位产品成本,计算如下所述。

1. 变动成本法下

销货成本＝1 600×50＝80 000(元)

存货成本＝400×50＝20 000(元)

2. 完全成本法下

销货成本＝1 600×70＝112 000(元)

存货成本＝400×70＝28 000(元)

从计算结果可以看出,采用变动成本法,产品销货成本和存货成本只包括变动生产成本,不包括固定生产成本。而采用完全成本法,产品成本则包括固定生产成本在内的全部生产成本。因此,变动成本法下的销货成本和存货成本必然低于完全成本法下的销货成本和存货成本。

(三) 税前利润计算差异

已知每件售价 100 元,则计算过程如下所述。

1. 变动成本法下

贡献边际＝销售收入－变动成本

=销售收入－(变动生产成本＋变动非生产成本)

=售价×本期销售量－(单位产品成本×本期销售量＋变动销售费用＋变动管理费用)

=100×1 600－(50×1 600＋2 400＋800)

=76 800(元)

税前利润=贡献边际－固定成本

=贡献边际－(固定制造费用＋固定销售费用＋固定管理费用)

=76 800－(40 000＋3 000＋1 800)

=32 000(元)

2. 完全成本法下

销售毛利=销售收入－销售成本

=售价×本期销售量－单位产品成本×本期销售量

=100×1 600－70×1 600

=48 000(元)

注:完全成本法下,当期初存货量为零时,可以采用简化公式:

本期销货成本=单位产品成本×本期销售量

税前利润=销售毛利－期间费用

=销售毛利－(销售费用＋管理费用)

=48 000－(2 400＋3 000＋800＋1 800)

=40 000(元)

从以上计算结果可以看出,两种成本计算法下的税前利润是不相等的,其原因就在于两种成本计算法对期末存货的计价不同。变动成本法下,固定制造费用全部计入当期损益;完全成本法下,固定制造费用一部分作为销货成本在计算销售毛利前被扣除,一部分作为存货成本递延到下期。

即在[例 3-1]中,完全成本法计算出的税前利润为 40 000 元,变动成本法计算出的税前利润为 32 000 元,两者相差 8 000 元。之所以产生 8 000 元的差异,是由于完全成本法下的存货成本比变动成本法下的存货成本多出 8 000 元[(70－50)×400]的固定生产成本,从而也就使完全成本法计算出的税前利润比变动成本法计算出的税前利润多出 8 000 元。

最后,将两种成本计算方法下的区别归纳,如表 3-3 所示。

表 3-3　　变动成本法和完全成本法的区别归纳

项　　目	变动成本法	完全成本法
前提条件	以成本形态分析为基础	以成本按经济用途分类为基础
产品成本构成内容	直接材料 直接人工 变动制造费用	直接材料 直接人工 制造费用(变动＋固定)
期间成本构成内容	固定制造费用 销售费用 管理费用 财务费用	销售费用 管理费用 财务费用

（续表）

项　目	变动成本法	完全成本法
销售成本计算	本期销货成本＝单位产品成本×本期销售量	当期初存货量为零时： 本期销货成本＝单位产品成本×本期销售量 当期初存货量不为零时： 本期销货成本＝期初存货成本＋本期生产产品成本－期末存货成本
税前利润计算	贡献边际＝销售收入－变动成本 税前利润＝边际贡献－固定成本	销售毛利＝销售收入－销售成本 税前利润＝销售毛利－期间费用
信息用途	加强内部经营管理的需要	用来编制对外的财务会计报表

第三讲　变动成本法和完全成本法的优缺点

【知识要点】

在企业经营管理过程中，科学、正确地理解两种成本计算方法的优缺点，有利于企业实现其经营管理的目标。

一、变动成本法的优缺点

(一) 变动成本法的优点

1. 变动成本法更符合“收入费用配比原则”的要求

变动成本法把当期确认的费用按照成本性态分为变动生产成本和固定生产成本。变动生产成本中由已销售产品负担的部分（即当期销售成本）与销售收入（即当期收益）相配比；未销售产品负担的相应部分（即期末存货成本）则需要与未来收益相配比。固定生产成本全部列为期间费用与当期的收益相配比。

2. 能促进企业管理当局重视销售，以销定产，防止盲目生产

在变动成本法下，产量的高低与存货量的增减对利润都没有影响。在销售价格、成本水平和销售组合不变的情况下，利润将随销售量同步增长。这样就会促使管理当局研究市场动态，重视销售情况，防止生产的盲目扩大。

3. 有利于成本控制分析，促进成本降低

在变动成本法下，产品成本取决于各项变动生产成本发生额的多少，而变动生产成本的高低，直接反映出生产部门和供应部门的工作成绩，同时，成本超额的责任也归于这些部门。固定生产成本的高低，其责任主要归于企业各级管理部门。所以，采用变动成本法，能够分清各部门责任，调动各部门降低成本的积极性。

4. 可以简化成本核算，便于增强日常管理

在变动成本法下，把固定生产成本作为期间成本从边际贡献中扣除，可以节省许多间接费用分配的手续。这样，不仅可以减少产品成本计算的工作量，而且可以避免间接费用分配过程中的主观随意性，提高成本核算的准确性。

5. 增强成本信息的有用性，有利于企业进行科学预测和短期经营决策

采用变动成本法能提供单位变动成本、固定成本总额和边际贡献总额等信息，这些信息对

管理人员十分有用，揭示了业务量与成本变动之间的内在规律，可以明确生产、销售、成本和利润之间的关系，为开展本量利分析奠定了基础，还可以帮助企业管理当局进行预测，如预测销售量或销售额、预测成本和预测利润等，进行短期经营决策。

（二）变动成本法的缺点

1. 不适应准确性的需要

在变动成本法下，需要将生产成本按照成本性态划分为变动成本和固定成本，而企业的大部分成本都是混合成本，对混合成本的划分很大程度上是假设的结果，是一种粗糙的计算，并不是精确的计算，计算出来的产品成本自然是不准确的。

2. 不适应对外报告的需要

财务会计要求所反映的财务状况和经营成果保持公正、真实。变动成本法下固定制造费用不计入产品成本而作为期间成本。这样，一方面，期末存货的成本构成中不负担固定制造费用，会使资产负债表上的资产价值偏低；另一方面，期间成本偏高，又会造成利润表上的净收益偏低。所以，变动成本法的这种处理方法，将影响到股东等投资者的利益。

3. 不适应长期决策的需要

单位变动成本和固定成本总额只是在相关业务量范围内保持稳定不变，但从长期来看，企业的外部环境和内在因素都在不断变化，成本水平也必然发生变化，因此，不适应长期决策。

二、完全成本法的优缺点

（一）完全成本法的优点

完全成本法是指将变动生产成本和固定生产成本均计入产品成本的一种产品成本计算方法。其优点主要有以下两点。

1. 刺激企业加速发展生产的积极性

在完全成本法下，单位产品成本由单位变动生产成本和单位固定生产成本构成，而单位固定生产成本等于本期固定生产成本总额除以当期产量。所以，在单位变动生产成本和固定生产成本总额不变的情况下，单位产品成本由当期的产量决定。通过提高产量就可以降低单位产品成本，从而可以降低当期从收入中扣减的销货成本，增加税前利润。因此，采用完全成本法可以刺激企业加速发展生产的积极性。

2. 有利于企业编制对外财务报表

完全成本法下产品成本的概念符合传统成本的概念，完全成本计算法得到公认会计原则的认可和支持，更有利于企业编制对外财务报表。

（二）完全成本法的缺点

1. 难以反映真实业绩

完全成本法的单位产品成本不仅不能反映生产部门的真实业绩，而且会掩盖或夸大其生产业绩。在完全成本法下，生产部门只需增加产量，就可以降低单位产品成本。这就充分说明完全成本法下计算出来的单位产品成本并不能反映生产部门的真实成绩。

2. 容易造成积压浪费

采用完全成本法所确定的分期损益，其结果往往难于被管理部门所理解，甚至会促使企业片面追求高产量，盲目生产社会不需要的产品，造成产品积压和浪费。

3. 成本计算不够精确

采用完全成本法，产品成本中包含固定制造费用，在成本计算过程中必须要对固定成本进行分配，而对固定成本的分配往往需要经过繁杂的分配手续，而且受会计主管人员的主观影响，所以，对成本的计算不够精确。

综上所述，两种成本法都有各自的优缺点，在企业的经营管理中都起着非常重要的作用，完全成本法主要满足对外提供会计信息的需要，而变动成本法主要满足内部加强管理的需要，两者的作用是不能相互替代的，要兼顾两者。企业在运用时，可以采用最佳的结合使用方式，以满足未来企业发展的需求。

单元测试

1. 单项选择题

(1) 变动成本法下的产品成本是指(　　)。

A. 固定生产成本　　B. 变动生产成本

C. 固定非生产成本　　D. 变动非生产成本

(2) 完全成本法下的期间成本是指(　　)。

A. 直接材料　　B. 直接人工　　C. 制造费用　　D. 非生产成本

(3) 在变动成本法下，销售收入减去已销产品变动成本总额等于(　　)。

A. 毛利　　B. 税后利润　　C. 税前利润　　D. 贡献边际

(4) 完全成本法与变动成本法在确定产品生产成本时的主要区别在于如何处理(　　)。

A. 变动制造费用　　B. 固定制造费用

C. 变动销售、管理及财务费用　　D. 固定销售、管理及财务费用

(5) 在一般情况下，若销售量不变，期末存货量等于期初存货量，完全成本法计算的税前利润(　　)变动成本法计算的税前利润(假定期初和期末存货单位固定制造费用均相同)。

A. 小于　　B. 等于　　C. 大于　　D. 都有可能

(6) 若无期初存货，只要存在期末存货，采用变动成本法计算的税前利润(　　)完全成本法确定的税前利润(假定期初和期末存货单位固定制造费用均相同)。

A. 不等于　　B. 等于　　C. 小于　　D. 大于

(7) 在完全成本法下，期末存货成本的构成项目应为(　　)。

A. 直接材料、直接人工、固定成本

B. 直接材料、直接人工、制造费用

C. 直接材料、直接人工、变动制造费用

D. 直接材料、直接人工、固定制造费用

(8) 某产品本期按完全成本法计算的单位产品成本是 14 元，本期产量 500 件，销量 400 件，本期固定生产成本 2 000 元，则按变动成本法计算的本期产品单位成本为(　　)元。

A. 14　　B. 10　　C. 9　　D. 18

(9) 在变动成本法下，固定性制造费用应列作(　　)。

A. 非生产成本　　B. 期间成本　　C. 产品成本　　D. 变动成本

(10) 某产品本期按变动成本法计算的已销产品的变动成本是 50 000 元，期初无存货，本期产销量相等，本期发生的固定生产成本为 15 000 元，变动非生产成本 13 000 元，则按完全成本法计算的销售成本为(　　)元。

A. 35 000　　B. 65 000　　C. 52 000　　D. 37 000

2. 多项选择题

(1) 在管理会计中，变动成本法又称(　　)。

A. 直接成本法　　B. 边际成本法　　C. 全部成本法　　D. 吸收成本法

(2) 完全成本法计算的税前利润与变动成本法计算的税前利润之间的关系包括(　　)。

A. 可能大于　　B. 可能小于　　C. 可能等于　　D. 无规律可循

(3) 在变动成本法下，变动生产成本可包括(　　)。

A. 变动制造费用　　B. 直接材料

C. 直接人工　　D. 变动销售、管理及财务费用

(4) 下列各项中，属于变动成本法特征的有(　　)。

A. 产品成本只包括变动生产成本　　B. 产品成本是指完全生产成本

C. 固定制造费用应作为期间成本处理　　D. 制造费用应作为期间成本处理

(5) 变动成本法和完全成本法的主要区别有(　　)不同。

A. 前提条件　　B. 税前利润确定方式

C. 期间成本构成　　D. 存货成本估价

(6) 完全成本法计算的税前利润与变动成本法计算的税前利润的差异由(　　)因素造成。

A. 期末存货量　　B. 期初存货量

C. 单位固定制造费用　　D. 单位变动制造费用

(7) 在下列情况中，会导致完全成本法和变动成本法所确定的分期税前利润不同的有(　　)。

A. 完全成本法下期末存货固定制造费用等于期初存货固定制造费用

B. 完全成本法下期末存货固定制造费用大于期初存货固定制造费用

C. 完全成本法下期末存货固定制造费用大于或等于期初存货固定制造费用

D. 完全成本法下期末存货固定制造费用小于期初存货固定制造费用

(8) 在变动成本法下，税前利润的计算公式可以有(　　)。

A. 销售收入－变动成本－固定成本

B. 边际贡献－固定成本

C. 边际贡献－变动成本

D. 销售收入－变动生产成本－变动非生产成本

(9) 在变动成本法下，要依据(　　)项目编制利润表。

A. 销售收入　　B. 销售毛利

C. 期间成本　　D. 已销产品的变动成本

(10) 完全成本法和变动成本法共同的产品成本包括(　　)。

A. 直接材料　　B. 直接人工　　C. 变动制造费用　　D. 制造费用

3. 判断题

(1) 变动成本法下产品成本只包括变动生产成本；而完全成本法下产品成本既包括变动生产成本，又包括固定生产成本。　　(　　)

（2）产品的贡献边际是指该种产品的销售收入扣除相关变动成本后的余额。 （ ）

（3）加果某产品的单位边际贡献大于零，该产品一定会为企业带来利润。 （ ）

（4）变动成本法能促进以销定产，与销售量联系紧密。 （ ）

（5）当期初存货量与期末存货量均为零时，两种成本计算法确定的税前利润相等。 （ ）

（6）在期末存货量和期初存货量均不为零时，即使单位固定生产成本相等，完全成本法和变动成本法所确定的税前利润也可能不相同。 （ ）

（7）某产品单位变动成本为 10 元、单位固定成本为 5 元；单位售价为 20 元，产销量均为 1 000 件，这种产品的边际贡献应为 10 000 元。 （ ）

（8）在完全成本法下，期末存货成本中固定生产成本的高低与本期产量直接相关。 （ ）

（9）变动成本法的优点之一就是符合“收入与费用相配比”的会计原则。 （ ）

（10）完全成本法与变动成本法各具有适用性和局限性，目前两者是不可以相互取代的，但可以相互结合，相互补充。 （ ）

实务训练

1. 天泉公司只生产一种产品，且产销平衡，其某年度单位成本资料如下：

直接材料 10 元、直接人工 12 人、变动制造费用 8 元、变动销售费用 9 元、变动管理费用 14 元、固定销售费用 24 元、固定制造费用 20 元、固定管理费用 15 元。

要求：采用变动成本法、完全成本法，计算该公司单位产品成本。

2. 表 3-4 是 4 个企业分别在 2019 年中的产销情况（若每个企业都产销平衡，同时只产销一种产品）。

表 3-4　　产销情况资料　　单位：元

企　业	销量单位元	销售收入	变动成本	单位贡献边际	固定成本	税前利润
A		50 000		4	10 000	10 000
B	8 000		40 000	3		9 000
C	9 000	81 000	45 000		20 000	
D	3 000	45 000			18 000	−3 000

要求：计算有关数据填制表格，并写出计算过程。

3. 天泉公司本期有关资料如下：单位直接材料成本 10 元，单位直接人工成本 5 元，单位变动制造费用 7 元，固定制造费用总额 4 000 元，单位变动性销售与管理费用 4 元，固定性销售与管理费用 1 000 元。期初存货为零，本期生产量 1 000 件，销售量 600 件，单位售价 40 元。

要求：分别按两种成本法的有关公式计算下列指标：

（1）单位产品成本。

（2）期间成本。

（3）销货成本。

（4）营业利润。

第四单元　本量利分析

导学目标

通过本单元教学，学生应该掌握本量利分析的基本模型；掌握边际贡献、边际贡献率和变动成本率的计算公式及其应用；掌握保本分析和保利分析及其应用；掌握企业经营安全程度评价指标。

导学案例

eToys公司在网上销售玩具，1999年公司亏损1.9亿美元，销售额是1.51亿美元。最大的成本就是广告，每100美元的销售额eToys需要花费37美元的广告费（其他的网络零售商支付的广告费更多——在有些情况下，每100美元的销售额需要花费46美元的广告费）。

eToys相对于其他实体企业，如玩具反斗城（Toys"R"Us）有一些优势。eToys的存货成本很低，因为它只需要保留一两个滞销品，然而传统商店需要大量的存货。并且，实体零售商店无论商品是在超市还是在其他地方都需要租金——平均为销售额的7%。然而，网络零售店也有缺点。例如，顾客在实体店里自己拣配出货，但网络零售商为了实现销售需要支付雇员这部分工作的工资。这些成本为每100美元销售额支付33美元。网络上销售商品的技术也不是免费的，每100美元销售额eToys需要支付的网络和相关技术费用为29美元。然而，很多网络的销售费用是固定的。eToys的首席执行官Toby Lenk原本预计会突破保本点，大概销售额在7.5亿美元和9亿美元之间——少于玩具市场销售额的1%。但是，eToys没能实现这个目标，最终eToys被收购。

同学们，看完这个案例，你是不是会奇怪，为什么eToys没有突破保本点，就会导致亏损呢？下面就让我们一起来学习"本量利分析"这一部分。

第一讲　本量利分析概述

【知识要点】

本量利分析是在成本性态分析和变动成本法基础上的进一步扩展。本量利分析所提供的基本原理和方法在企业经营中有着广泛的用途，同时，又是企业决策、规划和控制的重要工具。

一、本量利分析的概念

本量利分析又称 CVP 分析，是“成本—业务量—利润分析”的简称，它是以成本性态分析为基础，研究企业在一定期间内的成本、业务量和利润三者之间内在联系而进行的一种分析。

本量利分析以数学模型揭示固定成本、变动成本、业务量、单价和利润等变量之间的内在联系。但在现实经济生活中，成本、业务量、单价和利润之间的关系非常复杂。例如，成本与业务量之间可能成线性关系，也可能成非线性关系；销售收入与销量之间也不一定是线性关系，因为销售价格可能会发生变动。因此，为了便于揭示成本、业务量及利润三者之间的数量关系，在建立本量利分析理论时，必须对上述复杂的关系做一些基本假设，由此来严格限定本量利分析的范围。

二、本量利分析的基本假设

本量利分析假设是进行本量利分析的一系列前提条件，是本量利分析的基础，它实际上是在一定程度上为简化研究而提出来的，实践中往往很难完全满足这些基本假设。但是，如果忽视了这一点，特别是当假设不成立时，就会造成本量利分析错误的预测和决策。因此，我们必须通过假设限定本量利分析的应用范围。其主要包括以下几个方面。

(一) 成本性态分析假设

成本性态分析假设是假定成本性态分析工作已经完成，全部成本费用已经按照成本性态划分为固定成本和变动成本两部分。成本性态分析假设是本量利分析的基础，也是本量利分析的出发点。

(二) 相关范围假设

由于本量利分析是在成本性态分析基础上发展起来的，所以，成本性态分析的基本假设也就成了本量利分析的基本假设，即相关范围假设。该假设包括期间假设和业务量假设两层含义。

1. 期间假设

无论是固定成本或是变动成本，其固定性和变动性均表现在特定的期间内，其金额的大小也是在特定的期间内加以计量得到的。随着时间的推移，固定成本的金额及其内容会发生变化，变动成本的金额及其内容也会发生变化。

2. 业务量假设

固定成本和变动成本是在一定业务量范围内分析计量的结果，业务量发生变化，特别是变化较大时，即使成本的性态不发生变化(也有可能发生变化)，也需要重新加以计量。

(三) 模型线性假设

模型线性假设包含三个方面：

(1) 固定成本不变假设，即在企业经营能力一定的前提下，固定成本是固定不变的，表示在平面直角坐标系中，就是一条与横轴平行的直线。

可以用数学模型 $y=a$ 来表示。

(2) 变动成本与业务量成完全的线性关系假设，即变动成本总额随业务量变化成正比例变化，在平面直角坐标系中，就是一条过原点的直线，该直线的斜率就是单位变动成本。

可以用数学模型 $y=bx$ 表示。

(3) 销售收入与销售数量成完全的线性关系假设，在平面直角坐标系中，也是一条通过原点的直线，只不过该直线的斜率是销售单价(p)。

可以用数学模型 $y=px$ 表示。

这样，在相关范围内，总成本与业务量成线性关系 $y=a+bx$。成本与收入均分别表现为直线。

(四) 产销平衡假设

如果企业只生产一种产品，假定生产出来的产品总是可以实现销售，达到产销平衡。在这一假设下，本量利中的量，是指销售量而不是生产量，再进一步，当销售价格不变时，这个量就是指销售收入。

(五) 品种结构不变假设

品种结构不变是指各种产品的销售额占全部销售额的比重不变。如果企业生产多种产品，由于它们的获利能力一般不尽相同，若企业产销的品种结构发生较大的变动，势必导致预计利润和实际利润之间发生差异，因此，必须假定品种结构不变。

(六) 利润假设

除特别说明外，本量利分析中的"利润"，一般假设为不考虑投资收益和营业外收支的"营业利润"，也就是假设投资收益和营业外收支为零时的利润总额。

(七) 变动成本法假设

假定产品的成本只包括变动生产成本(直接材料、直接人工和变动制造费用)，而所有的固定成本(包括固定性制造费用在内)做期间费用处理，并且按贡献式损益程序确定营业利润。

另外，需要说明的是，正因为本量利分析是建立在上述假设基础上的，所以一般只适用于短期分析。

三、本量利分析的基本模型

本量利分析的目标是利润。下面计算利润的基本公式也是本量利分析的基本数学模型：

利润＝销售收入总额－成本总额
＝销售收入总额－(变动成本总额＋固定成本总额)
＝销售量×销售单价 － 销售量×单位变动成本－固定成本总额
＝销售量×(销售单价－单位变动成本)－固定成本总额

若用 $EBIT$ 表示利润，p 表示销售单价，b 表示单位变动成本，x 表示销售量，a 表示固定成本总额，则基本公式可以表示为：

$$EBIT=px-(bx+a)=px-bx-a=(p-b)x-a$$

本量利分析也就是围绕上述公式，对各因素之间变动导致的影响进行系统的分析，从而为预测和决策提供有用的信息。上述公式中的利润在我国通常是指营业利润，在西方管理会计中通常是指息税前利润。

【提示】 上述基本公式的变换形式有：

$$销售量=\frac{固定成本+利润}{单价-单位变动成本}$$

$$单价=\frac{固定成本+利润}{销售量}+单位变动成本$$

$$单位变动成本=单价-\frac{固定成本+利润}{销售量}$$

固定成本＝单价×销售量－单位变动成本×销售量－利润

四、本量利分析的作用

本量利分析是管理会计的基本方法之一。它在规划企业经济活动、正确进行经营决策和成本控制等方面具有广泛的作用，主要表现在以下几个方面。

1. 进行保本分析

将本量利分析和预测技术结合起来，可以进行保本预测，确定保本销售量和保本销售额，进而预测利润，编制利润计划。

2. 进行目标控制

将本量利分析用于目标控制，可以确定实现目标利润所需要控制的目标销售量、目标销售额以及目标成本水平，从而有效地进行目标管理。

3. 进行风险分析

将本量利分析和风险分析结合起来，可以分析企业的经营安全指标，确定企量的安全状况；还可以促使企业重视经营杠杆作用，努力降低风险。

4. 进行生产决策

通过本量利分析，可以进行生产工艺选择的决策、产品品种和生产数量的决策、产品竞争决策以及定价决策等。

本量利分析除了上述作用之外，还为标准成本制度和责任会计的应用等提供了理论准备。

五、本量利分析的相关概念

下面我们来学习单一产品下，本量利分析中涉及的一些相关基本概念及计算公式。

(一) 贡献边际

贡献边际又称边际贡献，是反映企业产品盈利能力的绝对指标，其表现形式有单位贡献边际和贡献边际总额两种。单位贡献边际(cm)是指产品的销售单价减去单位变动成本后的差额。贡献边际总额(Tcm)是指产品销售收入总额减去相应变动成本总额后的差额。计算公式如下：

(1) 单位贡献边际＝销售单价－单位变动成本

$$cm=p-b=\frac{Tcm}{x}$$

(2) 贡献边际总额＝销售收入总额－变动成本总额

$$Tcm=px-bx=(p-b)x=cmx$$

(3) 将贡献边际总额放入本量利分析的基本数学模型中，则得到：

利润＝贡献边际总额－固定成本总额

即

$$EBIT=Tcm-a$$

可见，贡献边际的大小直接影响企业利润的水平，产品销售能否保本以及产品销售利润的高低都取决于贡献边际总额能否“吸收”固定成本总额，是否有余额及余额的大小。在固定成本不变的情况下，贡献边际的增减意味着利润的增减，只有当产品的贡献边际总额大于固定成本时，才能给企业创造利润；反之，企业将会亏损。

(二) 贡献边际率

贡献边际率(cmR)是指产品贡献边际占产品销售收入的百分比。这是反映企业产品盈利能力的相对指标，它表明每增加 1 元销售收入能为企业带来的贡献。该比率越大，说明产品为企业获得利润所做的贡献越大。其计算公式如下：

$$贡献边际率=\frac{贡献边际}{销售收入}\times 100\%$$
$$=\frac{单位贡献边际\times 销售量}{单价\times 销售量}\times 100\%$$
$$=\frac{单位贡献边际}{单价}\times 100\%$$

即
$$cmR=\frac{Tcm}{px}=\frac{cmx}{px}=\frac{cm}{p}$$

(三) 变动成本率

变动成本率(bR)是指产品变动成本占产品销售收入的百分比。它表明每增加 1 元销售收入所增加的变动成本。其计算公式如下：

$$变动成本率=\frac{变动成本}{销售收入}\times 100\%$$
$$=\frac{单位变动成本\times 销售量}{单价\times 销售量}\times 100\%$$
$$=\frac{单位变动成本}{单价}\times 100\%$$

即
$$bR=\frac{bx}{px}=\frac{b}{p}$$

(四) 贡献边际率与变动成本率的关系

贡献边际率与变动成本率是互补关系。变动成本率低的企业，贡献边际率高，获利能力强；反之，则反是。

$$贡献边际率=贡献边际\div 销售收入$$
$$变动成本率=变动成本\div 销售收入$$
$$贡献边际+变动成本=销售收入$$

可得
$$变动成本率+贡献边际率=1$$

即
$$cmR+bR=1$$

或
$$cmR=1-bR \quad bR=1-cmR$$

【技能操作】

【例 4-1】 天泉公司只生产一种产品，单价 10 元，单位变动成本 6 元，全年销售量 1 000 件。固定成本为 2 000 元。请计算该公司的贡献边际总额、单位贡献边际、贡献边际率、变动成本率和利润。

单位贡献边际＝10－6＝4(元)

贡献边际总额＝4×1 000＝4 000(元)

贡献边际率＝4÷10×100％＝40％

变动成本率＝6÷10×100％＝60％

利润＝4 000－2 000＝2 000(元)

第二讲 保本分析和保利分析

【知识要点】

一、保本分析

保本点又称盈亏临界点、盈亏平衡点和损益两平点等，是指企业所处的既不盈利又不亏损状态的销售量(额)。在这个点，企业收入和成本相等，边际贡献等于固定成本，企业的利润为零。当企业处于这种特殊情况时，称为企业达到保本状态。

保本分析实质上就是保本点分析。保本分析是根据销售收入、成本和利润等因素之间的函数关系，分析企业如何达到不盈不亏状态。所以说，销售单价、销售量及成本因素都会影响企业保本点。通过保本点分析，企业可以预测销售单价、销售量、成本及利润情况，并分析这些因素之间的相互影响，从而加强企业经营管理。

保本点有两种具体的表现形式：

(1) 保本销售量，是指以产品实物量表现的保本点水平。

(2) 保本销售额，是指以货币单位(产品价值单位)表现的保本点水平。

(一) 单一产品下保本点的计算

根据本量利基本公式为：

$$\begin{aligned}\text{利润}&=\text{销售收入}-\text{总成本}\\&=\text{销售收入}-(\text{变动成本}+\text{固定成本})\\&=(\text{销售单价}-\text{单位变动成本})\times\text{销售量}-\text{固定成本}\end{aligned}$$

1. 保本销售量

企业保本点下不盈不亏，利润为零，此时的销售量就是保本点的销售量。

即 $$(\text{销售单价}-\text{单位变动成本})\times\text{保本点销售量}-\text{固定成本}=0$$

则 $$\text{保本点销售量}\ x_0=\frac{\text{固定成本}}{\text{销售单价}-\text{单位变动成本}}=\frac{\text{固定成本}}{\text{单位贡献边际}}$$

$$x_0=\frac{a}{p-b}=\frac{a}{cm}$$

2. 保本销售额

保本销售额就是利润为零时的销售额。

$$\begin{aligned}\text{保本销售额}&=\text{销售单价}\times\text{保本销售量}\\&=\text{销售单价}\times\frac{\text{固定成本}}{\text{销售单价}-\text{单位变动成本}}\\&=\frac{\text{固定成本}}{1-\dfrac{\text{单位变动成本}}{\text{销售收入}}}\\&=\frac{\text{固定成本}}{\text{贡献边际率}}\end{aligned}$$

$$y_0=px_0=\frac{a}{cmR}=\frac{a}{1-bR}$$

企业的销售量(额)只要大于保本销售量(额)，企业就会获得利润；反之，就会亏损。

【技能操作】

【例 4-2】 天泉公司生产和销售一种产品，该产品售价为 10 元，单位变动成本为 6 元，固定成本为 4 000 元。试计算保本点的销售量和销售额。

保本点销售量 $x_0=\dfrac{a}{p-b}=\dfrac{4\ 000}{10-6}=1\ 000$（件）

保本点销售额 $y_0=px_0=10\times1\ 000=10\ 000$（元）

（二）多品种产品下保本点的计算

在现实经济生活中，大多数企业生产经营的产品往往不止一种，而是同时产销多种产品。在这种情况下，企业的保本点就不能用实物单位表示，因为不同产品的实物计量单位是不同的，把这些计量单位不同的产品销量加在一起是没有意义的。所以，企业在产销多种产品的情况下，只能用货币金额来表示企业的保本点，即只能计算企业的保本销售额。

计算多品种产品保本点的方法这里只介绍最常用的综合边际贡献率法。

综合边际贡献率是将各种产品的边际贡献率按照各产品的销售比重作为权数进行加权平均，反映企业多种产品的综合获利能力。其计算公式为：

$$综合保本销售额=\frac{固定成本总额}{综合贡献边际率}$$

其中：

$$综合贡献边际率=\frac{\sum 各种产品贡献边际}{\sum 各种产品销售收入}$$

$$=\sum 各种产品贡献边际率\times\frac{各种产品销售额}{全部产品销售总额}$$

$$=\sum 各种产品贡献边际率\times 该种产品的销售比重$$

各种品种保本销售额＝综合保本销售额×该种产品销售比重

【技能操作】

【例 4-3】 天泉公司在一定时期内生产甲、乙、丙三种产品，天泉公司产品资料，如表 4-1 所示。

表 4-1　　天泉公司产品资料　　单位：元

摘　要	甲产品	乙产品	丙产品
销售单价	250	200	200
单位变动成本	200	140	80
预计销售量	5 600	4 200	2 800
固定成本总额	620 000		

根据表 4-1 计算得天泉公司产销资料，如表 4-2 所示。

表 4-2　　天泉公司产销资料　　单位：元

摘　要	甲产品	乙产品	丙产品	合　计
单位贡献边际	50	60	120	—
贡献边际率	20%	30%	60%	—

（续表）

摘 要	甲产品	乙产品	丙产品	合 计
销售额	1 400 000	840 000	560 000	2 800 000
销售比重	50%	30%	20%	100%

综合贡献边际率$=\sum$(某种产品的贡献边际率×该种产品的销售比重)

$=20\%\times50\%+30\%\times30\%+60\%\times20\%=31\%$

综合保本销售额$=\dfrac{\text{固定成本总额}}{\text{综合贡献边际率}}=\dfrac{620\ 000}{31\%}=2\ 000\ 000$(元)

各种品种保本销售额=综合保本销售额×该种产品销售比重

甲产品保本销售额=2 000 000×50%=1 000 000(元)

保本销售量=1 000 000÷250=4 000(件)

乙产品保本销售额=2 000 000×30%=600 000(元)

保本销售量=600 000÷200=3 000(件)

丙产品保本销售额=2 000 000×20%=400 000(元)

保本销售量=400 000÷200=2 000(件)

【小提示】 只有3种产品同时达到保本销售量(额)时,企业才处于不盈不亏状态;企业若要提高整体盈利能力,可以通过调节产品之间的销售比重,或是提高某种产品自身的贡献边际率来实现。

二、保利分析

保利分析是在保本分析的基础上,研究企业实现目标利润时本量利关系的具体情况。保利分析先要确定保利点,即为实现目标利润而应达到的目标销售量和目标销售额。通过保利分析,以销定产,确定目标生产量和应控制的成本水平以及应达到的价格水平,为企业实现目标控制奠定基础,为企业的短期经营指明方向。

保利点是指在销售单价和成本水平确定的情况下,为确保预先设定的目标利润能够实现而应达到的业务量,包括实现目标利润销售量(保利量)和实现目标利润销售额(保利额)两项指标。

(一) 单一产品的保利点的计算

由于本量利分析基本模型中的“利润”为税前利润,所以不考虑所得税的保利点分析是最基本的本量利分析。根据本量利分析基本公式:

目标利润=销售单价×保利量－单位变动成本×保利量－固定成本

=(销售单价－单位变动成本)×保利量－固定成本

可得

$$\text{保利量}=\frac{\text{固定成本}+\text{目标利润}}{\text{销售单价}-\text{单位变动成本}}=\frac{\text{固定成本}+\text{目标利润}}{\text{单位贡献边际}}$$

$$\text{保利额}=\text{保利量}\times\text{销售单价}=\frac{\text{固定成本}+\text{目标利润}}{\text{单位贡献边际}}=\frac{\text{固定成本}+\text{目标利润}}{1-\text{变动成本率}}$$

【技能操作】

【例4-4】 天泉公司只生产销售一种产品,产品售价80元,单位变动成本50元,固定成本 40 000 元，目标利润 50 000 元。试计算保利点的销售额、销售量。

保利量＝(40 000＋50 000)÷(80－50)＝3 000(件)

保利额＝3 000×80＝240 000(元)

(二) 多品种产品下保利点的计算

当企业产销多种产品时，根据保利点的含义和本量利分析公式，运用综合贡献边际率法计算。其公式为：

$$综合保利额=\frac{固定成本+目标利润}{综合贡献边际率}$$

各种产品的保利额＝综合保利额×该产品的销售比重

【技能操作】

【例 4-5】 承[例 4-3]，假定目标利润为 310 000 元。计算三种产品的保利额和保利量。

综合保利额＝(620 000＋310 000)÷31％＝3 000 000(元)

甲产品保利销售额＝3 000 000×50％＝1 500 000(元)

保利销售量＝1 500 000÷250＝6 000(件)

乙产品保利销售额＝3 000 000×30％＝900 000(元)

保利销售量＝900 000÷200＝4 500(件)

丙产品保利销售额＝3 000 000×20％＝600 000(元)

保利销售量＝600 000÷200＝3 000(件)

第三讲　企业经营安全程度评价

【知识要点】

在激烈的市场竞争中，每个企业都非常重视自己生产经营的安全性，保本是企业安全生存的最低限度。评价企业经营安全程度的指标主要有安全边际、安全边际率、保本点作业率和经营杠杆系数等。

一、安全边际与安全边际率

(一) 安全边际

安全边际是指企业实际或预计的销售量(额)与保本量(额)之间的差量(额)，又称安全边际销售量或安全边际销售额。其计算公式为：

安全边际销量＝实际(预计)销售量－保本点销售量

安全边际销售额＝实际(预计)销售额－保本点销售额＝安全边际销售量×单价

【技能操作】

【例 4-6】 天泉公司实际销售甲产品数量 2 000 件，单价 20 元，保本点销售量 1 200 件。试计算企业安全边际销售量和安全边际销售额。

安全边际销量＝2 000－1 200＝800(件)

安全边际销售额＝2 000×20－1 200×20＝16 000(元)

安全边际表明实际（预计）销售量（额）与保本销售量（额）之间的差距，说明企业达不到预计销售目标而又不至于亏损的范围有多大。安全边际越大，企业亏损的可能性就这小，经营的安全程度就越高。同时，只有安全边际内的销售量（额）才能给企业提供利润，因为固定成本总额已被保本点所弥补，所以安全边际内的销售额减去其自身的变动成本后即为企业的利润。也就是说，安全边际范围内的边际贡献就是企业的盈利。即：

利润＝安全边际销售额×边际贡献率＝安全边际销售量×单位边际贡献

（二）安全边际率

安全边际率是指安全边际量（额）与实际（预计）销售量（额）的比率。安全边际率是相对指标，便于不同企业或不同行业之间进行比较。安全边际率越高，企业经营的安全程度就越高，发生亏损的可能性就越小；反之，安全边际率越低，企业经营的安全程度也就越低，发生亏损的可能性就越大。其计算公式为：

$$安全边际率=\frac{安全边际销售量}{实际（预计）销售量}\times100\%$$

$$=\frac{安全边际销售额}{实际（预计）销售额}\times100\%$$

根据安全边际与利润之间的关系可得：

利润率＝安全边际率×边际贡献率

利用安全边际率评价企业经营安全程度的一般标准，如表 4-3 所示。

表 4-3　企业经营安全程度安全边际率评价指标

安全边际率	10%以下	10%～20%	20%～30%	30%～40%	40%以上
安全程度	危险	警惕	比较安全	安全	很安全

【技能操作】

【例 4-7】 天泉公司对甲、乙两种产品进行安全程度分析，甲产品售价 40 元，单位变动成本 30 元，预计销售量 60 000 件，乙产品售价 50 元，单位变动成本 35 元，预计销售量50 000件，固定成本均为 300 000 元。

甲产品保本量＝300 000÷（40－30）＝30 000（件）

甲产品安全边际量＝60 000－30 000＝30 000（件）

甲产品安全边际率＝30 000÷60 000×100%＝50%

乙产品保本量＝300 000÷（50－35）＝20 000（件）

乙产品安全边际量＝50 000－20 000＝30 000（件）

乙产品安全边际率＝30 000÷50 000×100%＝60%

乙产品更安全，所以应投产于乙产品。

二、保本点作业率

安全边际率为正指标，保本点作业率为反指标。保本点作业率又称危险率，是指保本点销售量（额）占实际（预计）销售量（额）的比重。其指标数值越小，说明企业经营程度越安全；反之，则说明企业的经营程度越危险。保本点作业率的计算公式为：

$$保本点作业率=\frac{保本量}{实际（预计）销售量}\times100\%$$

$$=\frac{保本额}{实际（预计）销售额}\times100\%$$

保本点作业率表明了企业保本的业务量在正常业务量中所占的比重。在实际工作中，大多数企业生产经营能力和正常销售量基本相同，所以，这个比率还表明保本状态下的生产经营能力的利用程度。

可以看出，保本点作业率和安全边际率存在互补关系。即：

$$保本点作业率+安全边际率=1$$

【技能操作】

【例 4-8】 承[例 4-7]，分别计算甲产品和乙产品的保本点作业率。

甲产品的保本点作业率=30 000÷60 000×100%=50%

乙产品的保本点作业率=20 000÷50 000×100%=40%

结论同样是乙产品更安全，所以应投产于乙产品。

三、经营杠杆系数

（一）经营杠杆系数的概念

根据成本性态原理，在一定范围内，销售量的增减不会改变固定成本的总额，但它会使单位固定成本随之增减，从而提高或降低单位产品利润，并使利润的变化率大于业务量的变化率，这种由于固定成本存在，销售上较小幅度的变动引起利润上较大幅度变动的现象，称为经营杠杆，它可以反映经营风险程度。

经营杠杆是在某一固定成本比重的作用下，销售量变动对利润产生的作用。企业经营风险的大小常常用经营杠杆来衡量，经营杠杆的大小一般用经营杠杆系数来表示。

经营杠杆系数（DOL）是指息税前利润（$EBIT$）的变动率相对于产销量变动率的倍数。其计算公式为：

$$经营杠杆系数=\frac{息税前利润变动率}{产销量变动率}$$

$$=\frac{\Delta EBIT \div EBIT}{\Delta x \div x}$$

对上述基本公式进行变换，可得简化公式：

$$DOL=\frac{(p-b)x}{(p-b)x-a}=\frac{Tcm}{Tcm-a}=\frac{Tcm}{EBIT}$$

【技能操作】

【例 4-9】 天泉公司销售甲产品，单价为 250 元。上年度的产销量为 10 000 件，预计将产销量增长 20%。全年固定成本总额为 30 万元，单位变动成本为 200 元。试计算 DOL。

产销量变动率为 20%。

基期 $EBIT$=(250−200)×10 000−300 000=200 000(元)

计划期年度 $EBIT$=(250−200)×10 000×(1+20%)−300 000=300 000(元)

息税前利润变动率=(300 000−200 000)÷200 000=50%

DOL=50%÷20%=2.5

（二）经营杠杆系数的变动规律

（1）由于 $DOL=\frac{Tcm}{Tcm-a}$，所以只要固定成本不等于 0，经营杠杆系数恒大于 1。

在实际经营过程中,若企业对产品的市场前景看好,就应该增加固定成本的投入,从而增大经营杠杆系数,使产品的销量增长带来利润的更大增长。而在市场衰退业务不振时,公司应尽量压缩开发费用、广告费用、市场营销费和职工培训费等酌量性固定成本的开支以减少固定成本的比重,降低经营杠杆系数,从而降低经营风险。

(2) 影响杠杆系数的主要因素是成本结构和销售额水平。各因素对杠杆系数的影响,如表 4-4 所示。

表 4-4　　影响 *DOL* 的四个因素

影响 *DOL* 的四个因素	与 *DOL* 的变化方向	与 *EBIT* 变化方向
销售量	反方向	同方向
单价		
单位变动成本	同方向	反方向
固定成本		

所以,企业通常可以通过提高售价、增加销售额、降低单位变动成本和降低固定成本等方式降低经营杠杆系数,从而降低经营风险。

单元测试

1. 单项选择题

(1) (　　)是本量利分析的基础,也是本量利分析的出发点。

A. 成本性态分析假设　　B. 相关范围及线性假设

C. 产销平衡假设　　D. 品种结构不变假设

(2) 在本量利分析中,必须假定产品成本的计算基础是(　　)。

A. 完全成本法　　B. 变动成本法　　C. 吸收成本法　　D. 制造成本法

(3) 进行本量利分析时,必须把企业全部成本区分为固定成本和(　　)。

A. 税金成本　　B. 材料成本　　C. 人工成本　　D. 变动成本

(4) 计算贡献边际率,可以用单位贡献边际去除以(　　)。

A. 单位售价　　B. 总成本　　C. 销售收入　　D. 变动成本

(5) 生产单一品种产品的企业,保本销售额=(　　)。

A. 保本销售量×单位利润

B. 固定成本总额÷边际贡献率

C. 固定成本总额÷(单价-单位变动成本)

D. 固定成本总额÷综合边际贡献率

(6) 生产多品种产品的企业,综合保本销售额=固定成本总额÷(　　)。

A. 单位边际贡献　　B. 边际贡献率

C. 单价-单位变动成本　　D. 综合边际贡献率

(7) 已知某企业本年目标利润为 2 000 万元,产品单价为 800 元,变动成本率为 30%,固定成本总额为 800 万元,则企业的保利量为(　　)件。

A. 61 905　　B. 14 286　　C. 50 000　　D. 54 000

(8) 在正常销售量不变的条件下，保本点销售量越大，说明企业的（　　）。

A. 经营风险越小　　B. 经营风险越大　　C. 财务风险越小　　D. 财务风险越大

(9) 下列指标中，可据以判定企业经营安全程度的指标是（　　）。

A. 保本量　　B. 边际贡献　　C. 保本点作业率　　D. 保本额

(10) 当单价单独变动时，安全边际（　　）。

A. 不会随之变动　　B. 不一定随之变动

C. 将随之发生同方向变动　　D. 将随之发生反方向变动

(11) 已知某企业只生产一种产品，单位变动成本为每件 45 元，固定成本总额 60 000 元，产品单价为 120 元，为使安全边际率达到 60%，则该企业当期至少应销售的产品为（　　）件。

A. 2 000　　B. 1 333　　C. 800　　D. 1 280

(12) 已知某企业只生产一种产品，单价 5 元，单位变动成本 3 元，固定成本总额 600 元，则保本销售量为（　　）件。

A. 200　　B. 300　　C. 120　　D. 400

2. 多项选择题

(1) 本量利分析的基本假设包括（　　）。

A. 相关范围假设　　B. 线性假设

C. 产销平衡假设　　D. 品种结构不变假设

(2) 下列项目中，属于本量利分析研究内容的有（　　）。

A. 销售量与利润的关系　　B. 销售量、成本与利润的关系

C. 成本与利润的关系　　D. 产品质量与成本的关系

(3) 安全边际指标包括的内容有（　　）。

A. 安全边际量　　B. 安全边际额　　C. 安全边际率　　D. 保本作业率

(4) 保本点的表现形式包括（　　）。

A. 保本额　　B. 保本量　　C. 保本作业率　　D. 变动成本率

(5) 下列各项中，可据以判定企业是否处于保本状态的标志有（　　）。

A. 安全边际率为零　　B. 边际贡献等于固定成本

C. 收支相等　　D. 保本作业率为零

(6) 关于安全边际及安全边际率的说法中，正确的有（　　）。

A. 安全边际是正常销售额超过保本点销售额的部分

B. 安全边际率是安全边际量与正常销售量之比

C. 安全边际率和保本作业率之和为 1

D. 安全边际表明销售下降多少，企业仍不至于亏损

(7) 下列指标中，会随单价同方向变动的有（　　）。

A. 保本点　　B. 保利点　　C. 贡献边际率　　D. 单位边际贡献

(8) 在单一品种条件下，影响保利点的因素包括（　　）。

A. 现金净流量　　B. 单价　　C. 单位变动成本　　D. 目标利润

(9) 下列项目中，其变动可以改变保本点位置的因素包括（　　）。

A. 单价　　B. 单位变动成本　　C. 销售量　　D. 固定成本

（10）评价企业经营安全程度的指标主要有（　　）。

A. 安全边际额　　B. 安全边际量　　C. 保本点作业率　　D. 安全边际率

3. 判断题

（1）在进行本量利分析时，不需要任何假设条件。（　　）

（2）边际贡献首先用于补偿固定成本，之后若有余额，才能为企业提供利润。（　　）

（3）本量利分析的各种模型是建立在多种假设的前提条件下，因而，我们在实际应用时，不能忽视它们的局限性。（　　）

（4）所谓保本，是指企业的边际贡献等于固定成本。（　　）

（5）安全边际率和保本作业率是互补的，安全边际率高则保本作业率低，其和为 1。（　　）

（6）保本作业率能够反映保本状态下，生产经营能力的利用程度。（　　）

（7）若单价与单位变动成本发生同方向、同比例变动，则保本量点不变。（　　）

（8）超过保本点以上的安全边际所提供的边际贡献就是利润。（　　）

（9）销售利润率可通过边际贡献率乘以安全边际率求得。（　　）

（10）单价、单位变动成本及固定成本总额变动均会引起保本点、保利点同方向变动。（　　）

实务训练

1. 甲产品单位售价为 30 元，单位变动成本为 21 元，固定成本为 450 元。

要求：(1)计算保本点销售量。(2)计算若要实现目标利润 180 元的销售量。

2. 假设 A 企业只生产和销售一种产品，该产品单位售价为 80 元，单位变动成本为 50 元，固定成本总额为 60 000 元，预计正常销售量为 4 000 件。

要求：(1)计算保本点的销售量和保本点的作业率。(2)计算安全边际量及安全边际率。

3. 某企业生产甲、乙、丙 3 种产品，其固定成本总额为 19 800 元，甲产品售价 2 000 元，销售量 60 件，单位变动成本 1 600 元；乙产品售价 500 元，销售量 30 件，单位变动成本 300 元；丙产品售价 1 000 元，销售量 65 件，单位变动成本 700 元。

要求：计算综合保本额及各产品保本销售量。

4. 某公司 2020 年预计销售某种产品 50 000 件，若该产品变动成本率为 50%，安全边际率为 20%，单位贡献边际为 15 元。

要求：(1)预测 2020 年该公司的保本销售额。(2)预测 2020 年该公司的税前利润。

5. 假设甲、乙两家企业同时销售一种产品，甲公司售价 10 000 元，销售量 100 件，固定成本 700 000 元，单位变动成本 1 000 元；乙公司售价 10 000 元，销售量 100 件，固定成本 200 000 元，单位变动成本 6 000 元。

要求：计算两家公司的经营杠杆系数。

第五单元　预测分析

导学目标

通过本单元教学，学生应该了解预测分析的基本内容、程序、方法和原则；掌握销售预测、利润预测、成本预测和资金需要量的各种预测方法；理解销售预测与利润预测、成本预测、资金需要量预测的关系，着重理解销售预测的意义。

导学案例

财务会计部门按照会计准则记账、算账和报账，这种类型的财务部门在管理层眼中几乎没有价值，为什么？

按照网络流行语来说，“不管你记还是不记，企业的资产就是那么多；不管你算还是不算，企业的利润就是那么多；不管你报还是不报，企业的现金就是那么多”。企业的资产、利润和现金既不是财务部门记出来的，也不是财务部门算出来的，财务部门只是把情况汇总反映出来了。财务人员不禁要扪心自问：我们到底给企业带来了什么价值？

记账、算账和报账虽然也具备基本的价值，但附加值不高。而管理会计师就不同了，他们可以根据历史资料和现在的信息，运用一定的方法，对未来的经济可能产生的经济效益和发展趋势进行预测，这就为企业未来的决策提供了基础，也提高了企业在市场中的竞争力。

下面就让我们来学习一下，如何进行经营预测分析。

第一讲　预测分析概述

【知识要点】

所谓预测分析，是指企业根据历史资料和现在的信息，运用一定的科学预测方法，对未来经济活动可能产生的经济效益和发展趋势做出科学预计和推测的过程。预测的主要特点是根据已知推测未知，根据过去和现在预计未来。

科学的经营预测是企业做出正确决策的基础，是企业编制计划、进行科学决策的重要组成部分。

一、预测分析的内容

预测分析是进行决策的依据和出发点。不同企业、不同部门进行预测分析的目的也不同。从管理的角度讲，企业的预测分析主要包括销售预测分析、成本预测分析、利润预测分析和资金需要量预测分析等。

(一) 销售预测分析

销售预测分析，是根据企业已有的历史销售资料以及市场对该产品需求的变化情况，对未来一定时期该产品销售量和销售变化趋势所进行的预测。销售预测关系到企业目标利润的制定和实现，也是其他各项经营预测分析的前提条件。销售预测主要包括企业销售量预测和市场需求预测。

(二) 成本预测分析

成本预测分析，是根据企业已有的历史成本资料，以及已掌握的未来经济技术发展情况，对未来一定时期相关产品的成本水平以及成本变化趋势所进行的科学预测。它是成本管理的一项重要内容，是编制成本计划的依据，也是正确做出生产决策和投资决策的重要依据。成本预测分析主要包括目标成本设定等内容。

(三) 利润预测分析

利润预测分析，是按照企业经营目标的要求，根据企业已有的历史成本资料，通过对影响利润因素的综合分析对未来一定时期企业经营可能达到的利润水平所进行的预测。利润预测分析是在销售预测分析和成本预测分析的基础上进行的。

(四) 资金需要量预测分析

资金需要量预测分析，是根据企业已有的历史销售资料以及当前市场对企业产品的需求变化和企业未来投资计划等情况，对未来一定时期资金需要量变化情况所进行的预测。影响资金需要量的主要因素是产品成本和产品销售收入。因此，资金需要量的预测分析同样是在销售预测分析和成本预测分析的基础上进行的。

二、预测分析的意义

(一) 预测分析是企业进行经营决策的基础和依据

在市场经济条件下，企业的生存发展与市场息息相关，企业的经营决策离不开科学的预测分析。企业的预测分析就是要在销售预测的基础上，通过成本、利润和资金需求量的预测等，为企业的经营决策提供基础和依据。

(二) 预测分析有利于提高企业的竞争能力

企业依靠科学的预测分析，可以充分了解竞争的形式和竞争对手的情况，通过采取合理的策略，在竞争中争取主动，从而提高竞争能力。

(三) 预测分析是企业进行科学管理的基础

现代企业管理中大量采用全面预算、目标成本管理和绩效考评等科学管理手段，而这些手段都必须建立在科学的预测分析上，科学的预测分析为企业的科学管理提供了依据。

三、预测分析的程序

(一) 确定预测目标

确定目标是明确预测什么，达到什么样的目标。预测目标一般根据企业生产经营的总目标来设定，其目的在于把握整个预测工作的重心。预测目标是进行其他预测步骤的依据。所以，进行经营预测时，应先明确预测目标。

（二）收集整理资料

根据已经确定的预测目标，有针对性地收集信息资料，并对所收集的资料进行认真的核实与审查，去粗取精，去伪存真，进行归纳分类，分析整理，分门别类地编号保存，力争使之系统、完整、准确，为预测做好资料准备。

（三）选择预测方法

从预测对象的实际出发选择预测方法，根据预测对象的不同而有所不同。在预测过程中，仅仅使用一种方法进行预测不太多见，也不太可靠。通常，为保证企业预测分析的质量，应将定量预测法与定性预测法结合起来使用。或以多种预测方法互相比较印证其预测结果，这样可使预测的准确度提高。

（四）实际进行预测

运用选定的预测方法，根据建立的预测分析模型及相关信息资料，对影响预测目标的各方面进行具体的计算分析和比较，运用数学方法，或借助于电子计算机，做出相应的预测，以揭示预测分析对象的变化趋势，得出预测分析结果。

（五）验证评价结果

通过检查预测结论是否符合当前实际，分析产生差异的原因，来验证预测方法是否科学有效，以便在以后的预测过程中及时地加以改进。

（六）充修正误差

由于企业面对的市场复杂多变，存在许多不确定因素，根据数学模型计算出来的预测值可能没有将非计量因素考虑进去，这就需要结合定性分析的结论对其进行修正和补充，说明预测结果可能的变化幅度和预测误差，使其更接近于实际，为决策者在使用预测信息时留有充分的余地。

（七）编写预测报告

对预测结果进行检验、评价之后，应编写预测报告。一般要求预测结果简单明了，并要求对预测过程、预测指标和资料来源等做出简明的解释和论证。报告应及时传递给决策者，以便决策使用。

总之，预测分析是一项复杂且要求比较高的工作，其一般流程，如图 5-1 所示。

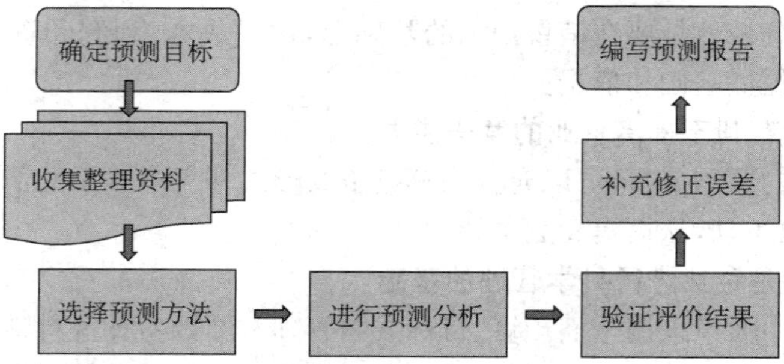

图 5-1　预测分析流程

四、预测分析的方法

预测分析方法是否科学合理，直接关系到预测结果的准确性，也就影响到决策的正确性。预测分析的具体方法有很多，但一般来讲，按其性质可以分为定量分析法和定性分析法两大类。

（一）定量分析法

定量分析法又称数量分析法，是指在加工和整理资料的基础上，利用数学方法和各种现代化计算工具对有关数据资料进行科学的加工处理，建立预测的数学模型，利用各有关变量间的规律性联系进行预测的分析方法。按照对资料数据的处理方式，定量分析法可分为趋势预测分析法和因果预测分析法。

1. 趋势预测分析法

趋势预测分析法就是把时间作为自变量，把未来作为历史的自然延续，属于按照事物自身发展趋势进行预测的一种分析法。其实质是根据事物发展的“延续性”，采用数理统计的方法，预计事物发展的趋势。趋势预测分析法具体包括算术平均法、移动加权平均法、指数平滑法和回归分析法等。

2. 因果预测分析法

因果预测分析法是根据预测对象与其他相关指标之间的相互依存和制约的规律性联系，建立相应的因果数学模型进行预测分析的方法。其实质是根据事物发展的“相关性”推测事物发展的趋势。因果预测分析法包括本量利分析法、投入产出法和回归分析法。

（二）定性分析法

定性分析法又称非数量分析法，是指依靠预测人员丰富的实践经验和知识，在考虑到政治环境、经济形势、市场变化和消费倾向等对经营影响的前提下，对事物的性质和发展趋势进行预测的分析方法。定性分析法主要有市场调查法和判断分析法。

在预测分析实践中，定性分析法与定量分析法并非相互排斥，而是相互补充、相辅相成的。定量分析法虽然较精确，但许多非计量因素无法考虑；而定性分析法虽然可以将这些非计量因素考虑进去，但估计的准确性在很大程度上受预测人员经验和素质的影响，带有一定的主观随意性。因此，定量预测往往需要采用一定的定性预测方法加以补充，定性预测的结果也需要利用一定的定量数据进行验证。企业在经营预测时，应当考虑如何实现两者的优势互补，将它们有机地结合起来，这样才能提高预测的准确性和可信度，更好地为决策服务。

五、预测分析的原则

在企业的经营活动中，各经济因素之间的相互关系存在一定的客观必然规律，而且是可以被人们认识和掌握的。这是进行预测分析的基本原则。

（一）延续性原则

延续性原则是指企业在经营管理活动中，过去和现在的某种发展规律将会延续下去并且假定过去和现在的条件同样适用于未来的原则。此项原则认为，未来是历史的延续，可以据以进行推测分析。预测未来先要了解过去和现在。

（二）相关性原则

相关性原则是指企业在经营活动中，某些经济变量之间存在着相互依存和相互制约的关系。通过研究和分析其中的某些经济变量，找出与其相互影响的其他经济变量之间的相关关系的规律性，就可以从某一变量的变化预测受其影响的相关变量的变化趋势。因果预测分析法就是由此建立的。

（三）规律性原则

规律性原则是指在企业经营管理活动中，对某个经济变量所做的一次观测结果可能是随机的，但是多次观测的结果就会出现某种统计规律性。这种规律性可以用概率论以及数理统计的方法进行经济预测。

(四) 可控性原则

在内因和外因的共同作用下，预测对象的未来发展变化仍然具有自身的发展规律。可控性原则是指在掌握其发展规律性的前提下，可以发挥人的主观能动作用，使它朝着符合人需要的方向发展。

第二讲　销售预测

【知识要点】

销售预测是指根据企业已有的销售资料和市场对产品需求的变化等情况，对未来一定时期内该产品的销售量(额)以及销售发展变化趋势进行预计和推测的一种行为。

一、销售预测的意义

通常情况下，企业生产经营的最终目的是为了获利。销售产品并取得销售收入是企业获利的首要前提，因此，销售是企业整个生产经营活动过程中的重要环节。企业所做的预测和决策，大多以销售预测为前提或基础。因此，做好销售预测工作，对于加强企业的经营管理、提高企业的经济效益具有非常重要的意义。

从短期来看，决策者常常要预测现金的回流，以便支付企业账单，销售经理要分配销售任务给区域主管和销售人员，这些都要以销售预测为基础；从长远来看，公司要根据销售预测来确定生产设备的购置、人员的招聘和培训，以及资金的筹措等。由此可知，在企业经营预测系统中，销售预测处于先导地位，它对于指导利润预测、成本预测，进行长短期决策，安排经营计划，组织生产等都有重要的作用。

二、销售预测的方法

销售预测常用的方法有趋势预测分析法、因果预测分析法、判断预测分析法和市场调查预测分析法等。其中，前两种方法属于定量分析法，后两种方法属于定性分析法。

企业在进行预测的过程中要提高准确性，就要考虑各种因素的影响，如企业的销售策略、成本和行业的需求等。并在此基础上，选择恰当的方法进行预测分析。

(一) 趋势预测分析法

趋势预测分析法又称时间序列分析法，是指将已有的历史销售资料按时间顺序排列起来，运用数理统计的理论和方法，来预计和推断未来一定时期的销售量(额)的一种方法。根据采用的具体数学方法的不同，趋势预测分析法又分为算术平均法、移动加权平均法和指数平滑法等方法。

1、算术平均法

算术平均法又称简单平均法，是指用过去若干期的销售量(额)的算术平均数作为未来预测期销售预测值的一种预测方法。其计算公式如下：

$$\text{销售预测值} = \frac{\text{各期销售量(额)合计}}{\text{期数}}$$

$$S = \frac{\sum_{i=1}^{n} S_i}{n}$$

式中，S 为销售预测值；S_i 为第 i 期销售量（额）；n 为销售资料期数。

【技能操作】

【例 5-1】 天泉公司 2020 年 1～5 月，A 产品的销售资料表，如表 5-1 所示。

表 5-1　　天泉公司销售资料表

月　份	1	2	3	4	5
销售额（万元）	120	116	141	134	129

根据上述资料，利用算术平均法预测 2020 年 6 月份的 A 产品销售额为：

$$S=\frac{\sum_{i=1}^{n}S_i}{n}=\frac{120+116+141+134+129}{5}=128(\text{万元})$$

算术平均法预测销售量计算方法比较简单，仅仅是将历史各期销售量（额）的差异平均化，没有考虑近期的变化趋势，把每个观察值看成同等重要，可能会导致预测的预计数与实际数产生较大的误差。因此，这种方法只适用于各期销售量比较稳定，没有季节性变动的食品或日常用品等的预测。

2. 移动加权平均法

移动加权平均法，是指对过去若干期的销售量或销售额，按其距离预测期的远近分别进行加权，然后计算其加权平均数，并以此作为计划期的销售预测值的一种预测方法。

所谓“移动”，是指在预测中随着时间的不断向后推移，计算的加权平均值也不断向后顺延。预测值会随时间的推移而顺延下去。

在这种预测方法下，由于距离未来预测期越近的该期实际销售量（额）对预测值的影响往往较大，所以该期权数应当较大；而距离预测期较远时期的销售量（额）一般对预测值的影响相对较小，因此，其权数也应当小些。

移动加权平均法的计算公式为：

$$\text{销售预测值}=\sum(\text{某期销售量或销售额})\times\text{该期权数}$$

即

$$S=\sum_{i=1}^{n}S_iw_i$$

式中，S 为销售预测值；S_i 为第 i 期销售量（额）；n 为销售资料期数；w_i 为第 i 期权数。通常情况下，为了简便计算，可令权数为 1。

【技能操作】

【例 5-2】 承[例 5-1]，我们设定观察期为 3 个月，权数根据近大远小的原则分别设定为 0.2，0.3，0.5。若预测 6 月份的销售额，需要使用 3～5 月份的历史资料。采用移动加权平均法，6 月份的销售预测结果如下：

$$S_6=141\times0.2+134\times0.3+129\times0.5=132.9(\text{万元})$$

移动加权平均法既考虑了近期发展趋势，又根据时期的远近分别加权，从而消除了各个月份销售差异的平均化，其预测结果较算术平均法更接近实际情况，实际中使用较多。因此，这种方法适用于对于那些各期销售量(额)波动较大的产品进行预测。

3. 指数平滑法

指数平滑法，是指利用平滑系数(加权因子)，对过去不同期间的实际销售量或销售额进行加权计算，作为计划期的销售预测值的一种预测方法。这种方法实质上也是一种加权平均法，是以平滑系数 α 和 $(1-\alpha)$ 为权数进行加权，$0\leqslant\alpha\leqslant1$，其取值一般在 0.3～0.7。其计算公式为：

销售预测值＝平滑指数×前期实际销售量(额)＋(1－平滑指数)×前期预测销售量(额)

$$S=\alpha A_{n-1}+(1-\alpha)F_{n-1}$$

式中，S 为销售预测值；A 为实际值；F 为预测值；α 为平滑系数；n 为第 n 期。

【技能操作】

【例 5-3】 承[例 5-1]，假定该公司 5 月的原销售额预测值为 128 万元，平滑系数为 0.7，请用指数平滑法预测 6 月份的销售额。

6 月销售预测值＝0.7×129＋(1－0.7)×128＝128.7(万元)

在计算中，平滑指数 α 的取值越大，则近期实际数对预测结果的影响越大；平滑指数的取值越小，则近期实际数对预测结果的影响越小。因此，在进行近期预测时，可以采用较大的平滑指数；而进行长期预测时，应当采用相对较小的平滑指数。

采用指数平滑法进行预测，不可避免地带有一定的主观性。指数平滑法的实质就是一种权数分别为 α 和 $(1-\alpha)$ 的加权平均计算法。采用这种方法进行预测的优点，首先，可以消除在实际销售中一些偶然因素的影响；其次，这种计算方法相对比较灵活，适用范围比较广。其缺点是平滑指数的确定具有一定的主观随意性。

(二) 因果预测分析法

因果预测分析法又称相关预测分析法，是指通常根据已有的历史资料，建立能够反映因果关系的数学模型，用以描述预测量与相关变量之间的依存关系，再通过对数学模型求解来确定预测期销售量(额)的方法。产品的销售情况一般与经济中的某些因素是相关的。因果预测分析法正是利用了事物发展的因果关系，来推测所预测事物发展的变化规律。采用这种预测的具体分析方法有很多，最常用的是回归分析法。这种方法的特点是比较简便，成本较低。

运用回归分析法进行销售预测时，需要建立如下数学模型：

$$y=a+bx$$

式中，y 为销售量或销售额；a 和 b 为回归系数；x 表示预测对象的相关因素变量。具体计算不再详细说明。

(三) 判断预测分析法

判断预测分析法是指根据熟悉市场变化情况的专业人员对产品未来的销售量(额)所做出的判断来进行销售预测的一种方法。参加预测判断的人员主要是具有丰富经验、熟悉本行业销售情况，对市场未来的发展变化趋势较为敏感的专家、学者以及本企业管理人员和销售人员等。判断分析法具体包括德尔菲法和综合意见判断法等多种方法。

1. 德尔菲法

德尔菲法又称专家调查法，通常采用函询调查的方式，通过多次向经验丰富的各有关专家发出预测问题调查表，收集专家们的意见，然后再由企业有关部门把各专家的意见进行综合、整理和归纳，最后做出综合预测判断的一种方法。

2. 综合意见判断法

综合意见判断法，是指将熟悉本行业市场情况及相关变化信息的经营及管理人员对市场的判断意见加以汇总、分析和整理，从而做出较为正确预测的一种方法。其中的经营管理人员一般包括企业的总经理、供销人员、生产部门负责人和财务人员等，综合这些管理人员的意见，可以对市场、生产和销售等各方面的情况有一个比较客观的了解，从而保证预测的正确性。

（四）市场调查预测分析法

市场调查预测分析法，是指根据某种商品在市场上供需情况的调查资料，以及企业本身商品的市场占有率，来预测某一时期内本企业该商品销售量的一种定性预测分析方法。

1. 市场调查的方法

1）全面调查

全面调查，是指对涉及同一商品的所有销售对象进行逐个了解，经综合整理后，探明该商品在未来一定时期内销售量的增减变动趋势的方法。该方法虽然内容详尽可靠，但成本很高，所以在实践中很少使用。

2）重点调查

重点调查，是指通过对有关商品在某些重点销售单位历史销售情况的调查，经综合分析后，基本上掌握未来一定时期内该商品销售变动的总体情况的方法。

3）典型调查

典型调查，是指有意识地选择具有代表性的销售单位，进行系统、周密的调查，经分析综合后，总结出有关商品供需变化的一般规律，借以全面了解它们的销售情况的方法。

4）抽样调查

抽样调查，是指按照随机原则，从有关商品的销售对象的总体中，抽出某个组成部分进行调查，经分析推断后，测算出有关商品的需求总量的方法。

2. 市场调查的内容

1）调查产品所处的生命周期

产品从进入市场到退出市场所经历的市场生命循环过程称为产品的生命周期，一般可分为投入期、成长期、成熟期和衰退期四个阶段（见图 5-2）。不同阶段的销售量各不相同，从而成为销售预测的一个重要内容。

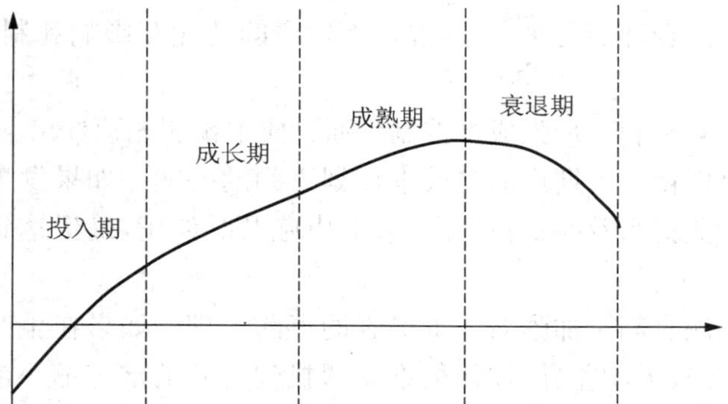

图 5-2　产品生命周期

（1）投入期，即新产品刚刚投入市场，消费者对产品还不熟悉，销售量很低，生产成本高，销售额增长缓慢。

（2）成长期，即产品被大部分消费者认识并接受，由小批量生产转为大规模生产，产品成本降低，销售量迅速增长。

（3）成熟期，即市场需求趋向饱和，竞争加剧，促销费用增加，销售额增长缓慢直至下降。

（4）衰退期，即产品老化，逐步被新产品代替，销售量急剧下降，甚至被淘汰。

2）调查消费者的情况

消费者市场是最终的产品市场，而消费者的购买行为受多种因素的影响，如文化因素、社会因素、个人因素和心理因素等。所以，需要对消费者的个人情况、消费心理、消费风俗习惯和对产品的需求等进行调查，掌握消费者的爱好和对产品的购买意图，这对销售预测非常重要。

3）调查市场竞争情况

市场经济离不开竞争，要想在激烈的竞争中求得生存和发展，既要掌握企业本身的情况，又要了解竞争对手的市场占有情况和他们采取的促销措施，分析企业在经营中的优势和劣势，正确估计本企业在竞争中的地位。

4）调查国内外和本地区的经济发展趋势

了解国民收入情况、消费动向和购买力情况等经济发展趋势对商品销售量的影响。

将上述四个方面的调查资料进行综合、整理、加工和计算，就可以对某种商品在未来一定时期内的销售情况进行预测。

第三讲 成本预测

【知识要点】

成本预测，是指根据企业现有的资料，通过对影响成本的有关因素进行分析，而对企业未来一定时期相关产品的成本水平及其变动趋势进行科学有效预测的一种方法。

一、成本预测的意义

成本是衡量企业经济效益的重要指标，如何有效地降低成本是增加企业利润的一个重要途径。成本预测和分析对企业的经营管理工作具有极为重要的意义。

首先，进行成本预测有利于制定经营决策。通过成本预测，合理地确定相关产品的品种、产量以及材料、人工等的合理消耗水平，掌握各因素之间的相互影响和制约关系，便于做出合理、有利的经营决策。

其次，进行成本预测有利于加强成本控制。通过成本预测先预计出本期产品的成本，与目标成本进行比较，就可以得出本期产品与成本计划之间的差额。如果发现预计的成本不能达到目标成本的要求，企业应当及时查找原因，采取措施及时纠正，确保达到目标成本和实现目标利润。

再次，进行成本预测有利于加强对成本控制的事前管理。如果在生产经营中发现实际生产与目标成本之间存在较大的差异，往往很难立即找到有效的措施缩小或消除差异。通过进行成本预测，企业在生产经营活动开始之前，就可以基本掌握成本的变动趋势和预测期的成本水平，通过分析找到降低成本的方向和途径，明确降低成本的具体措施和方案，变被动的成本控制为主动的成本控制，使成本管理由单纯的事后核算与分析转变为事前的计划和控制，更有效地实现企业的经营目标。

二、成本预测的方法

成本预测的方法可按产品的不同,分为可比产品成本预测和不可比产品成本预测两大类。

(一) 可比产品成本预测

可比产品,是指以往年度正常生产过的产品,其历史成本资料比较健全和稳定。因此,可比产品成本预测常采用的方法是历史资料分析法。历史资料分析法是根据企业的成本历史资料和相关数据,采用一定的方法对这些数据进行处理,建立有关成本数学模型,并据以预测未来成本水平。

具体的方法有高低点法、加权平均法和回归直线法等。

1. 高低点法

高低点法是将成本费用的发展趋势用 $y=a+bx$ 方程表示,先选用一定时期历史资料中的最高业务量与最低业务量的总成本之差与两者业务量之差进行对比,求出 a, b 的值,然后据以预测计划期成本。其计算公式为:

$$b=\frac{y_{高}-y_{低}}{x_{高}-x_{低}}$$

$$a=y_{高}-bx_{高} \text{ 或 } a=y_{低}-bx_{低}$$

将求得的 a, b 代入直线方程 $y=a+bx$ 即可。

【技能操作】

【例 5-4】 天泉公司 2019 年下半年的历史成本资料,如表 5-2 所示。预计 2020 年 1 月份的产量为 150 万件,试用高低点法预测 2020 年 1 月份的成本总额。

表 5-2　　天泉公司成本资料

月　份	生产量(万件)	总成本(万元)
7	20	240
8	60	330
9	40	250
10	80	340
11	110	420
12	120	460

根据资料确定高点:生产量 120 万件,成本 460 万元;低点:生产量 20 万件,成本 240 万元。则

$b=(460-240)\div(120-20)=2.2$(元/件)

$a=460-2.2\times120=196$(万元)

或　$a=240-2.2\times20=196$(万元)

则成本预测模型为:

$y=a+bx=196+2.2x$

将 2020 年 1 月的产量 150 万件代入,得到:

$y=196+2.2\times150=526$(万元)

高低点法是一种非常简便的预测方法，由于该方法仅适用个别成本资料，故难以精确反映成本变动的趋势。因此，高低点法一般用于产品成本变动趋势比较稳定的企业，如果企业各期成本变动幅度大，采用这种方法就会产生较大的误差。

2. 加权平均法

加权平均法是根据过去若干期的单位变动成本和固定成本总额的历史资料，按其时间远近给予不同的权数，用加权平均数计算预测期的产品成本。成本费用的发展趋势用直线方程式 $y=a+bx$ 表示。其计算公式为：

$$\text{预测期总成本 } y=\frac{\sum aw}{\sum w}+\frac{\sum bw}{\sum w}x$$

通常令权重为 1，$\sum w=1$，则上述公式简化为：

$$\text{预测期总成本 } y=\sum aw+\left(\sum bw\right)x$$

$$\text{预测期单位成本}=y\div x$$

【技能操作】

【例 5-5】 天泉公司 2019 年甲产品第四季度成本资料表，如表 5-3 所示。

表 5-3　　天泉公司成本资料表

月　份	权　重	产　量(件)	单位变动成本(元)	固定成本总额(元)
10	1	3 000	50	20 000
11	2	3 600	44	32 000
12	3	4 000	35	22 000

若 2020 年 1 月该公司计划生产该产品 5 000 件。请预测总成本和单位成本。

$$\text{甲产品总成本}=\frac{20\ 000\times1+32\ 000\times2+22\ 000\times3}{1+2+3}+\frac{50\times1+44\times2+35\times3}{1+2+3}\times5\ 000$$

$$=227\ 500(\text{元})$$

甲产品单位成本 $=227\ 500\div5\ 000=45.5$(元)

加权平均法更适用于历史成本资料比较齐全的企业。

3. 回归直线法

回归直线法用数学中的最小平方法的原理来预测成本。其基本公式仍然是直线方程式 $y=a+bx$。其中：

$$a=\frac{\sum y+b\sum x}{n}\quad b=\frac{n\sum xy-\sum x\sum y}{n\sum x^2-\left(\sum x\right)^2}$$

回归直线法适用于产品成本变动较大的企业。

以上几种常用的成本预测方法，都需要根据已有的历史资料，运用数理统计的方法进行预测的，另外也要考虑一些外部因素可能对成本产生的影响。

(二) 不可比产品成本预测

不可比产品是指企业以往年度没有正式生产过的产品，其成本水平无法与过去进行比较，因而,就不可能像可比产品那样采用下达成本降低指标的方法控制成本支出。但随着科学技术的发展,产品不断地更新换代,不可比产品在企业中所占比重越来越大。因此,为了全面控制企业费用支出,加强成本管理,除了对可比产品成本进行预测外,还应对不可比产品成本进行预测,采用的方法主要有技术测定法、类比分析法和目标成本法三种。

1. 技术测定法

技术测定法,是指根据产品设计结构、生产技术条件和工艺方法,对影响人力、物力消耗的各项因素逐个进行技术测试,从而分析计算产品成本的一种方法。这种方法要对材料、劳动效率和工时消耗,以及各种技术定额逐项进行测定,然后分析、汇总,计算出产品成本。

这种方法的优点是较为科学和精确,但工作量大,适用于品种少、技术资料齐全的产品。

2. 类比分析法

类比分析法,是指以国内外同类产品为依据,结合自身条件,进行对比分析,从而测定产品成本的一种方法。在既定的市场价格和生产技术水平等条件下,同类型产品的成本费用一般比较接近,因此,可以采用与同类产品成本相对比的办法进行预测。在预测时,如果条件不可比或情况有变化,应做出必要的调整或修正。

这种方法的优点是简便易行,工作量小,但是预测结果不太准确。

3. 目标成本法

目标成本法,是指根据产品价格、成本费用和利润三者之间的内在联系确定出目标成本,进而测定产品成本的一种方法。

这种方法的优点是简便易行,但如果市场调查失误,将影响预测值的准确性。

第四讲 利 润 预 测

【知识要点】

利润预测,是指根据企业经营目标的需要,通过对影响利润变动的成本和产销量等因素进行综合分析,对企业未来一定时期可能达到的利润水平及其变动趋势进行预测的一种方法。

一、利润预测的意义

首先,利润预测是企业提高经济效益的重要手段。利润既是反映企业经营成果的综合指标,也是衡量企业经济效益的重要标准。在生产经营中,企业必须增加产品销量,节约费用支出,不断完善自身管理水平,才能在竞争中获胜。

其次,制定和实现预测的目标利润,可以把企业各方面的积极性调动起来,充分挖掘企业在生产经营各个环节的潜力。因此,企业实现目标利润的过程,也是企业不断进行自我完善的过程。由于企业在不同时期有着不同的经营目标,进行利润预测,要合理地确定企业在未来一定期间的利润目标。过高或过低的未来发展目标都会给企业的经营带来不利的影响。明确企业未来的发展方向,准确定位,才能使整个企业平稳有序地向前发展。

最后,利润预测也是编制全面预算的基础,为企业的资金需要量预测提供相关信息。

二、利润预测的方法

目标利润是企业在未来一定时期所要达到的利润指标。目标利润预测是根据企业经营总目标的要求，以市场调查为基础，结合本企业的具体情况，采用一定的预测技术对目标利润进行科学、合理测算的过程。预测目标利润的方法主要有以下几种。

（一）本量利分析法

本量利分析法，是指在成本性态研究和盈亏平衡分析的基础上，根据有关产品的成本、产销量与利润之间的关系，确定未来一定时期的目标利润总额的一种方法。其计算公式为：

利润＝销售收入总额－成本总额

＝销售收入总额－（变动成本总额＋固定成本总额）

＝销售量×销售单价 － 销售量×单位变动成本－固定成本总额

＝销售量×（销售单价－单位变动成本）－固定成本总额

【技能操作】

【例 5-6】 天泉公司生产和销售甲产品，2019 年产销 500 件，每件售价 270 元，单位变动成本 200 元，固定成本总额 38 000 元，经过财务人员分析，2020 年预计产销甲产品 600 件，每件售价为 280 元，单位变动成本将增加 5%，固定成本为 40 000 元。试预测该企业 2020 年的利润。

2020 年的单位变动成本＝200×（1＋5%）＝210（元）

2020 年的利润＝600×（280－210）－40 000＝2 000（元）

（二）销售额增长率法

销售额增长率法，是指以基期实际销售利润与销售额预计增长率为依据计算目标利润的方法。这种方法假设利润与销售额是同步增长的。其计算公式为：

目标利润＝基期销售利润×（1＋销售额预计增长率）

【技能操作】

【例 5-7】 天泉公司上年实际销售利润为 40 万元，实际销售额为 160 万元，预计 2020 年的销售额为 200 万元，即销售额增长率为 25%，则今年该企业的目标利润为：

目标利润＝40×（1＋25%）＝50（万元）

（三）利润增长率法

利润增长率法，是指根据企业基期已经实现的利润水平，结合过去若干年企业的利润增长率的变动趋势（通常参照过去 3～5 年的历史资料），以及可能对企业利润产生影响的相关因素，在未来期间可能发生的变动情况，由此确定一个相应的预计利润增长率，然后据以确定目标利润的一种方法。其计算公式为：

目标利润＝基期利润×（1＋预计利润增长率）

【技能操作】

【例 5-8】 天泉公司上年实现利润总额为 40 万元，通过该公司过去 3 年的盈亏情况进行分析，确定今年的利润增长率为 20%。则该企业今年的目标利润为：

目标利润＝40×（1＋20%）＝48（万元）

（四）经营杠杆系数法

经营杠杆系数，是指利润变动率与产销量变动率的比率，即边际贡献额与利润额的比率。

其计算公式如下：

$$经营杠杆系数=\frac{利润变动率}{销售量变动率}$$

通常情况下，固定成本均不为零，那么固定成本只要存在，经营杠杆系数总是大于1的。也就是说，企业利润变动的幅度总是大于企业销售量的变动幅度。当销售量增长时，利润会以更快的速度增长；当销售量下降时，利润会以更快的速度下降。这种现象就是经营杠杆效应。利用经营杠杆系数进行目标利润预测的计算公式如下：

$$利润变动率=销售变动率\times经营杠杆系数=\frac{预测期利润-基期利润}{基期利润}$$

所以

$$预测期利润=基期利润+基期利润\times经营杠杆系数\times销售变动率$$

$$目标利润=基期利润\times(1+经营杠杆系数\times销售变动率)$$

【技能操作】

【例5-9】 天泉公司2019年产品的利润总额为40万元，预计2020年销售增长25%。经营杠杆系数为2。试确定该公司的目标利润。

$$目标利润=40\times(1+2\times25\%)=60(万元)$$

第五讲　资金需求量预测

【知识要点】

资金预测是指预测企业未来的融资需求。其主要内容是资金需求量预测，是以预测期企业生产经营规模的发展和资金利用效果的提高等为依据，在分析有关历史资料、技术的经济条件和发展规划的基础上，运用数学方法，对预测期资金需要量进行科学的预计和测算。

一、资金需求量预测的意义

企业持续进行生产经营活动，就要不断地投入资金。此外，企业进行对外投资和调整资本结构，都需要筹措资金。企业需要的这些资金，一部分来自企业内部，另一部分通过外部融资取得。对外融资时，企业不但需要寻找资金提供者，而且还需要做出还本付息的承诺或提供企业盈利前景，使资金提供者确信其投资是安全的并可获利，这个过程往往需要花费较长的时间。因此，企业确定资金的需要量，保证资金的供应，合理组织资金的运用，提高资金利用效果，既是企业正常运营的前提，又是企业的奋斗目标之一。

二、资金需求量预测的方法

为了预测资金需要量，首先应弄清楚影响资金需要量的主要因素是什么。在一般情况下，影响资金需要量程度最大的就是计划期的预计销售量和销售额，最常用的资金需要量预测方法就是资金周转率预测法和销售百分比法。

（一）资金周转率预测法

资金周转率预测法是指根据延续性原理，运用现有的实际资金周转率的资料，来预测企业的预测期资金需要量的一种定量分析方法。其计算公式如下：

$$预测期资金需求量=\frac{预计销售额}{基期资金周转率}$$

【技能操作】

【例 5-10】 天泉公司 2019 年的资金周转率为 5 次，该公司预计在 2020 年的销售额为 600 000 元。试预测天泉公司 2020 年的资金需要量。

2020 年的资金需要量＝600 000÷5＝120 000(元)

(二) 销售百分比法

1. 销售百分比法的概念

销售百分比法是指根据资产、负债各个项目与销售额或销售量之间的依存关系，并假设这些关系在将来保持不变的情况下，利用基期资产、负债各项目与销售额或销售量的比例关系来预计相应资金需求量的方法。

2. 销售百分比法的原理

企业的销售规模扩大时，要相应增加流动资产；如果销售规模增加很多，还必须增加长期资产。为取得扩大销售所需增加的资产，企业需要筹措资金。这些资金，一部分来自留存收益，另一部分通过外部筹资等取得。通常，销售增长率较高时，仅靠留存收益不能满足资金需要，即使获利良好的企业也需外部筹资。因此，企业需要预先知道自己的筹资需求，提前安排筹资计划，否则就可能发生资金短缺问题。

销售百分比法将反映生产经营规模的销售因素与反映资金占用的资产因素连接起来，根据销售与资产之间的数量比例关系，预计企业的外部筹资需要量。销售百分比法首先假设某些资产与销售额存在稳定的百分比关系，根据销售与资产的比例关系预计资产额，根据资产额预计相应的负债和所有者权益，进而确定资金需求量。

3. 销售百分比法的步骤

第一步，分析基期资产负债表各个项目与销售收入总额之间的依存关系。

1) 资产类项目

在资产类项目中，货币资金、应收账款和存货等项目，一般都会因销售额的增长而相应增加，我们称之为敏感性资产。固定资产项目是否要增加，需要根据基期固定资产是否已被充分利用来决定，如未被充分利用，则可通过进一步挖掘其利用潜力生产更多的产品，不需要增加；如已被充分利用，则增加产销量需要扩充设备。而长期投资、无形资产等项目，一般不会随着销售收入的增加而变动。

2) 负债及权益类项目

在负债类项目中，应付账款、应交税费和短期借款等项目，通常会因销售增长而相应增加，这些短期负债通常是敏感性负债。而长期负债及股东权益类项目，不会随着销售额的变动而变动。

第二步，计算基期的销售百分比。

根据基期资产负债表，将与销售收入有依存关系的项目，按基期销售收入计算其金额占销售收入的百分比，另行编表。

第三步，计算计划期需要追加的资金量。具体包含以下几个方面：

(1) 计算计划期因销售额增长而追加的资金量。

因销售额增长追加的资金量＝(资产销售百分比－负债销售百分比)×新增销售额

(2) 计算计划期提取的折旧未使用的余额。企业在生产经营过程中，往往需要对固定资产提取折旧，这部分折旧是属于企业回收投资的资金，扣除用于固定资产更新改造后的余额可以用以弥补生产经营中资金的不足，从而加快资金的周转。其计算公式为：

折旧未使用的余额＝提取的折旧额－计划期更新改造的资金数额

(3) 计算计划期的留存收益。企业除了利用折旧外，还可以利用企业内部的留存收益，在筹措资金时将内部留存收益考虑进去，可以优化资金的使用率。其计算公式为：

计划期留存收益＝预计销售额×基期销售利润率×(1－股利发放率)

(4) 计算计划期的零星资金需要量。在考虑了上述因素后还要考虑企业零星资金的需要量，因为这部分资金可以保证企业在日常经营活动中的零星支出。这个因素若不能准确预测，很可能造成企业资金供应不足，从而影响到企业的正常生产经营活动。

综合上述指标因素，计算企业计划期需要追加的资金量。其计算公式为：

$$\text{计划期需要追加的资金}=\text{因销售额增长而追加的资金}-\text{折旧未使用的金额}-\text{计划期留存收益}+\text{零星资金需要量}$$

即

$$\Delta F=\left(\frac{A_0}{S_0}-\frac{L_0}{S_0}\right)(S_1-S_0)-D-S_1R_0(1-f)+M_1$$

式中，ΔF 为预测期需要追加的资金数量；A_0 为基期与销售收入相关的资产项目金额；L_0 为基期与销售收入相关的负债项目金额；S_0 为基期销售收入总额；S_1 为预测期销售收入总额；D 为折旧未使用余额；R_0 为基期销售利润率；f 为股利发放率；M_1 为计划期的新增零星资金需要量。

【技能操作】

【例 5-11】 天泉公司 2019 年的销售额为 400 000 元，获得税后净利润为 40 000 元，该公司发放现金股利 20 000 元。该公司 2019 年的固定资产利用率已达到饱和状态。该公司 2019 年简略资产负债表，如表 5-4 所示。若该公司预测 2020 年度销售额将达到 600 000元，年折旧减值额为 20 000 元，其中的 70%用于更新改造现有设备。2020 年的零星资金需要量为 25 000 元。假定该公司 2020 年的税后销售净利率和利润分配政策与 2019 年保持一致。

表 5-4　　天泉公司 2019 年度简略资产负债表

资　　产	期末余额	负　　债	期末余额
库存现金	20 000	应付账款	30 000
应收账款	60 000	应交税费	20 000
存货	80 000	长期借款	120 000
固定资产	120 000	实收资本	70 000
无形资产	20 000	留存收益	60 000
资产合计	300 000	负债与权益合计	300 000

根据以上资料计算 2020 年度天泉公司资金需要量。

(1) 计算 2019 年度资产、负债与销售收入的比例，天泉公司基期简略资产负债表，如表 5-5 所示。

表 5-5　　天泉公司基期简略资产负债表(用销售的分比反映)

资　　产	期末余额	占销售额的百分比	负　　债	期末余额	占销售额的百分比
库存现金	20 000	5%	应付账款	30 000	7.5%
应收账款	60 000	15%	应交税费	20 000	5%
存货	80 000	20%	长期借款	120 000	—
固定资产	120 000	30%	实收资本	70 000	—
无形资产	20 000	—	留存收益	60 000	—
资产合计	300 000	70%	负债与权益合计	300 000	12.5%

(2) 计算由于销售额增加需要追加的资金量。

因销售额增长追加的资金量=(资产销售百分比一负债销售百分比)×新增销售额

=57.5%×(600 000—400 000)

=115 000(元)

资产销售百分比一负债销售百分比=70%—12.5%=57.5%

表示该公司每增加 100 元的销售额就需要增加资金 57.5 元。

(3) 计算提取的折旧减值扣除用于固定资产更新改造后的余额。

折旧未使用的余额=提取的折旧额一计划期更新改造的资金数额

=20 000×(1—70%)

=6 000(元)

(4) 计算计划期的留存收益。

计划期留存收益=预计销售额×基期销售利润率×(1一股利发放率)

=600 000×(40 000÷400 000)×(1—20 000÷40 000)

=30 000(元)

(5) 计算计划期需要的零星资金需要量。

计划期的零星资金需要量：

$$M1=25\ 000(元)$$

则，计划期需要追加的资金总量为：

计划期需要追加的资金=因销售额增长而追加的资金—折旧未使用的金额—计划期留存收益+零星资金需要量

=115 000—6 000—30 000+25 000

=104 000(元)

在预测资金需要量时需要注意：在实际生产经营中，企业产品的销售收入尤其是现金收入，很可能由于受生产、销售或外界因素的影响而偏离所做的预测。当出现较大偏差时，若企业的资金供应不足就会对整个企业的生产经营造成影响。因而，很多企业通常要求有一定量的现金储备。我们在进行资金需要量预测时，也需要进行综合分析，既要考虑用更少的资金创造更大的价值，同时，也必须考虑经营的安全性。

单元测试

1. 单项选择题

(1) 经营预测方法分为两大类，是指定量分析法和(　　)。

A. 平均法　　B. 定性分析法　　C. 回归分析法　　D. 指数平滑法

(2) 已知某企业上年利润为 100 000 元，下一年的经营杠杆系数为 1.4，销售量变动率为 15%，则下一年的利润预测额为(　　)元。

A. 140 000　　B. 150 000　　C. 121 000　　D. 125 000

(3) 经营杠杆系数等于 1，说明(　　)。

A. 固定成本等于 0　　B. 固定成本大于 0

C. 固定成本小于 0　　D. 与固定成本无关

(4) 假设平滑指数为 0.6，9 月份实际销售量为 600 千克，原来预测 9 月份销售量为 630 千克，则预测 10 月份的销售量为(　　)千克。

A. 618　　B. 600　　C. 612　　D. 630

(5) 一般来说，资产项目中不随销售收入变化而变化的项目是(　　)。

A. 货币资金　　B. 应收账款　　C. 存货　　D. 无形资产

(6) 预测分析的内容不包括(　　)。

A. 销售预测　　B. 利润预测　　C. 资金预测　　D. 所得税预测

(7) 下列各项中，适用于销售业务略有波动的产品的预测方法是(　　)。

A. 加权平均法　　B. 移动平均法　　C. 趋势平均法　　D. 平滑指数法

(8) 下列各项中，不属于定量分析法的是(　　)。

A. 判断分析法　　B. 算术平均法　　C. 回归分析法　　D. 平滑指数法

(9) 在企业的预测系统中，处于先导地位的是(　　)。

A. 利润预测　　B. 成本预测　　C. 销售预测　　D. 资金预测

(10) 在产品寿命周期中，销售量增长最快的是(　　)。

A. 投入期　　B. 成长期　　C. 成熟期　　D. 衰退期

2. 多项选择题

(1) 下列各项中，属于定性预测法的有(　　)。

A. 判断分析法　　B. 趋势预测分析法

C. 因果预测分析法　　D. 产品寿命周期推断法

(2) 企业在进行销售预测时，应考虑影响销售的各种因素。下列影响销售的因素中，属于内部因素的有(　　)。

A. 市场占有率　　B. 产品价格

C. 产品的功能和质量　　D. 推销的方法

(3) 具有生产能力潜力的企业采用销售百分比法预测资金需要量时，下列各项中，应列入随销售额变动的资产项目的有(　　)。

A. 应收账款　　B. 存货　　C. 无形资产　　D. 应付账款

(4) 下列成本预测方法中，通过建立总成本预测数学模型 $y=a+bx$ 进行成本预测的有(　　)。

A. 高低点法　　B. 直线回归分析法　　C. 加权平均法　　D. 因素分析法

(5) 预测分析的基本内容有(　　)。

A. 销售预测　　B. 利润预测　　C. 成本预测　　D. 资金预测

3. 判断题

(1) 预测分析的起点是利润预测。(　　)

(2) 德尔菲法是有若干个专家组成几个预测小组进行综合论证的一种方法。(　　)

(3) 定性分析法与定量分析法在实际应用中是相互排斥的。(　　)

(4) 成本预测是其他各项预测的前提。(　　)

(5) 预测分析应考虑到可能发生的误差，并能通过对误差的检验进行反映，以尽量减少误差。(　　)

(6) 定性分析法受主观因素的影响，定量分析法不受主观因素的影响。(　　)

(7) 资金需求量的预测方法只有销售百分比法。(　　)

(8) 平滑指数的确定带有一定的主观因素，平滑指数越大，则近期实际值对预测结果影响越大；平滑指数越小，则近期实际值对预测结果的影响越小。(　　)

(9) 负债类项目与资金追加需求量成反比关系。(　　)

(10) 资产类项目与资金追加需求量成正比关系。(　　)

实务训练

1. 天泉公司 2020 年上半年各月的实际销售收入表，如表 5-6 所示。

表 5-6　天泉公司 2020 年上半年各月的实际销售收入表

月　份	1	2	3	4	5	6
实际销售额(万元)	24	23	28	25	26	27

已知该公司 6 月份销售额预测值为 27.9 万元，平滑系数为 0.6。

要求：分别采用算术平均法、移动加权平均法和平滑指数法预测 2020 年 7 月的销售额。

2. 天泉公司只生产一种产品，2020 年预计生产 425 台，近 5 年的产量和成本数据表，如表 5-7 所示。

表 5-7　天泉公司近 5 年的产量和成本数据表

年　份	2015	2016	2017	2018	2019
产量(台)	250	200	300	360	400
总成本(元)	275 000	240 000	315 000	350 000	388 000
其中：固定成本(元)	86 000	88 000	90 000	89 000	92 000
单位变动成本(元)	756	760	750	725	740

要求：采用高低点法和加权平均法预测该公司 2020 年的总成本和单位成本。

3. 天泉公司只生产一种产品，已知本企业上年销售量为 20 000 件，固定成本为 23 000，利润为 12 000 元，预计 2020 年度销售量为 25 000 件。

要求：预测该企业 2020 年度的利润额。

4. 天泉公司 2019 年度实现销售额为 600 万元，获得税后净利 24 万元，并发放了普通股股利 12 万元，假定该公司固定资产利用率已经饱和，该公司 2019 年度简略资产负债表，如表 5-8 所示。

表 5-8　　天泉公司 2019 年度简略资产负债表　　单位：万元

资　　产	期末余额	负　　债	期末余额
库存现金	30	应付账款	72
应收账款	96	应交税费	48
存货	120	长期借款	152
固定资产	192	实收资本	180
无形资产	50	留存收益	36
资产合计	488	负债与权益合计	488

若该公司在计划期间(2020 年)销售额增至 800 万元，并仍按 2019 年股利发放率支付股利；按计划提取折旧 40 万元折旧，其中 65%用于设备更新改造。又假定计划期间零星资金需要量为 10 万元。

要求：预测计划期(2020 年)需要追加资金的数量。

第六单元　短期经营决策分析

导学目标

通过本单元教学，学生应该理解决策的概念和分类、决策分析中的各种成本概念；掌握短期经营决策的各种方法；了解存货决策需要考虑的成本因素并掌握不同成本在不同情况下与决策的相关性；掌握经济订购批量基本数学模型的推导原理及计算。

导学案例

在中国，管理会计师们更多的是类似于古时候的幕僚角色，或者说军师的角色，如《三国演义》中的诸葛亮、《水浒传》中的吴用等。这些军师在帮助其主公制定战略和各类竞争策略中，都发挥了很好的参谋职责。我们在小说中，经常可以看到他们讨论战略问题时，会讲到上策、中策和下策，其实这都是对影响战略的各类因素进行计量以后得出的分析结果。同理，管理会计师们参与到公司的战略规划活动中，最终需要给企业领导层和各个部门提供分析结果和建议。

古时候的军师更多的是凭借其经验和直觉给出结论，而现代的管理会计师则需要系统学习战略和经济绩效之间的影响因素及关系，在此基础上，采用管理会计的战略规划工具，做出判断，从而帮助企业正确决策。一个流行的说法是：3 年前的选择决定了你今天的结果，今天的选择决定了你 3 年后的成就。用到公司上面来就是：3 年前的投资活动决定了公司今天的结果，今天的投资活动决定了公司 3 年以后的成就。因此，这些决策正确与否关系到企业的生存与发展。

下面，就让我们进入短期经营决策部分的学习吧！

第一讲　决策分析概述

【知识要点】

决策是指决定的策略或办法，是人们为各种事件出主意、做决定的过程。它是一个复杂的思维操作过程，是信息搜集、加工，最后做出判断得出结论的过程。毫无疑问，历史是不需要决策的，决策一定是面向未来的。正因为决策的未来性质，导致了决策的难度。今天的决策，就是明天的成果。决策是否正确，当下是无法得出确定的结论的，而是需要未来的结果才能加以验证。

管理会计中的决策分析就是专门针对企业经营中出现的各种问题进行的财务可行性研究，为管理人员做出科学、正确的决策提供有用信息的过程。

一、决策分析的概念

决策是指为了达到特定的目标，或者对某些特殊或专门问题，决定是否采取某种行动，而在两个或两个以上的备选方案中，选择一个最优方案的过程。

决策分析是指为实现企业预定目标，在科学预测的基础上，结合企业内外部环境和条件，对与企业未来经营战略、方针或措施有关的各种备选方案可能导致的结果进行系统的测算和对比分析，并从中选出最优方案的过程。

在企业的生产经营过程中，需要决策的事情很多，如生产何种产品，产品是否进一步加工，亏损产品是否停产或转产等。正确决策的制定是不断提高经济效益的基础和条件。正确理解决策分析的含义时，需注意以下几点：

(1) 目标必须清楚。

(2) 必须有两个及两个以上的备选方案。

(3) 决策以可行性方案为依据。

(4) 决策是一个循环过程，贯穿整个管理活动。

二、决策分析的程序

1. 确定决策目标

决策分析首先要弄清楚该项决策要解决什么问题，达到什么目的，再制定决策目标。

2. 搜集相关资料

决策目标确定后，决策者要针对决策目标，了解环境变化，寻求相关的决策信息，尤其是有关预期收入与预期成本的数据，这是决策分析程序中具有重要意义的步骤，是关系决策成败的关键问题之一。

3. 拟定备选方案

企业根据确定的决策目标和搜集的相关资料，综合考虑内外环境中各种可控和不可控因素，拟定能够达到目标的各种备选方案。在拟定备选方案的过程中，要尽量找出限制性因素，遵循限定因素原理，对一些抉择方案进行选择。

4. 评价备选方案

评价备选方案应做到定量分析与定性分析相结合。为了系统地进行评价，可在评价时确立两个尺度：一个是“必须达到的目标”；另一个是“希望达到的目标”。这种评价的结果有助于决策者对各项方案进行判断决策。同时，要注意经验与实验的分析研究，对备选方案做出初步评价。

5. 确定最优方案

决策分析的核心问题就是确定最优可行方案。企业应考虑其他因素的影响，对各种备选方案进行总体权衡后，确定一个最优方案。但要注意，绝对最优的方案是很难找到的。所谓“最优方案”，是指基本令人满意、相对优化合理的方案。

6. 方案的实施与修正

在方案实施过程中，要建立信息反馈机制。决策者对已进行的抉择，在实施中进行评价矫正，通过修正决策目标或备选方案，来应对主客观条件的变化和备选方案本身的错误或遗漏。

三、决策的类型

决策按不同标准可划分为不同类型，不同类型的决策所需收集的信息、思考的重点以及采用的专门方法都有所不同。

(一) 按决策的重要程度划分

1. 战略决策

战略决策是指对关系到企业未来发展方向、全局性重大问题所进行的决策，如企业的营销战略、品牌战略和人才战略等的决策。这类决策取决于企业的长远发展规划及外部市场环境对企业的影响，其决策正确与否对企业成败具有决定性意义。

2. 战术决策

战术决策是指企业具体部门在未来较短时期内，对局部性日常管理活动所进行的经营决策，如零部件外购与自制决策、半成品是否深加工决策等。这类决策主要考虑如何使现有的人力、物力和财力资源得到充分合理利用，并产生较大的经济效益。

(二) 按决策条件的肯定程度划分

1. 确定型决策

确定型决策是指决策所涉及的各种备选方案的各项条件都是已知和确定的，且每个方案只有一个确定结果的决策。这类决策问题比较明显，决策比较容易。

2. 风险型决策

风险型决策是指决策所涉及的各种备选方案的各项条件虽然也是已知的，但却是不完全确定的，每个方案的执行都可能出现两种或两种以上的结果，每种结果出现的概率都是可以事先估测的。这类决策由于结果不唯一，决策存在一定的风险。

3. 不确定型决策

不确定型决策与风险型决策的条件基本相同，而且每一个方案的执行都有可能出现两种或两种以上的不同结果，但无法确定其出现各种结果的客观概率，只能以决策者凭经验判断确定的主观概率为依据，所以这类决策比风险型决策难度还大。

(三) 按决策期限的长短划分

1. 短期经营决策

短期经营决策是指对 1 年(或长于 1 年的一个营业周期)内的生产经营活动进行的决策。该类决策涉及的方案影响期一般在 1 年以内，一般不涉及大量资金投入，涉及面极广，主要包括生产决策、定价决策和存货决策等。短期经营决策能够促使企业最合理、最充分地利用现有人力、物力和财力资源，提高企业经济效益。

2. 长期投资决策

长期投资决策是指对 1 年(或长于 1 年的一个营业周期)以上的重大投资活动进行的决策。该类决策涉及的方案影响期较长，发生次数少，资金投入大，主要包括固定资产等长期资产的决策。长期投资决策是企业保持良好财务状况、资金周转及持续盈利能力的关键，对改善企业综合生产能力、降低经营风险具有重要作用。

(四) 按决策方案之间的关系分类

按此标志分类，决策可分为接受或拒绝方案决策、互斥方案决策和组合方案决策。

1. 接受或拒绝方案决策

这类决策只存在一个备选方案，决策只需要对这一个方案做出接受或拒绝的选择。这类决策又称单一方案决策。

2. 互斥方案决策

这类决策存在两个或两个以上的备选方案，它需要在多个备选方案中选择一个最优方案，而一旦选择某一方案，其他方案则必须放弃，因此，可以看出，各备选方案之间是互相排斥的。这类决策属于多方案决策。

3. 组合方案决策

这类决策也存在两个或两个以上的备选方案，这是要在多个备选方案中选择一组最优的组合方案，当然各备选方案也可能同时被选中。这类决策也属于多方案决策。

第二讲　短期经营决策分析的相关概念

【知识要点】

一、相关收入

相关收入是指与特定决策方案相联系的、能对决策产生重大影响的、在短期经营决策中必须予以充分考虑的收入。相关收入的计算要以特定决策方案的单价和相关销售量为依据。与相关收入相对应的概念就是无关收入。

二、相关成本

相关成本是指与特定决策方案相联系的、能对决策产生重大影响的、在短期经营决策中必须予以充分考虑的成本。这里所说的相关成本，是指与某个决策方案直接相关的成本。即此方案采用，该成本就发生；否则，该成本就不会发生。

相关成本主要包括增量成本、机会成本、专属成本、边际成本、付现成本、重置成本、可延缓成本和可避免成本、加工成本和可分成本等。

(一) 增量成本

增量成本是指由于生产能力利用程度的不同而形成的成本差额。在相关范围内，某一决策方案的增量成本就是由于业务量增加而增加的相关变动成本。在短期经营决策中，增量成本是较为常见的相关成本。

(二) 机会成本

在决策分析过程中，从多个备选方案中选择一个最优方案，而放弃次优方案所丧失的潜在利益，就称为已选中最优方案的机会成本。例如，企业某项资产有两个备选方案，机会成本的确定，如表 6-1 所示。

表 6-1　　机会成本的确定　　单位：万元

项目 方案	预计收益	方案优劣	机会成本
A	20	优	A 方案的机会成本为 10 万元
B	10	次优	

机会成本并非实际支出，故在财务会计核算中不能入账。但由于资源的有限性，为充分利用资源效益，企业在决策过程中将其作为相关成本来考虑。但是，如果某项资源只有一种用途，没有其他选择机会，那么它就没有机会成本。

（三）专属成本

专属成本是指能够明确归属于特定决策方案的固定成本。专属成本往往是为了弥补生产能力不足的缺陷，增加长期资产而发生的成本，所以，专属成本的确认与取得长期资产的方式有关。例如，某企业拟增加设备扩大生产能力，若采用购买方式，则购买设备的支出就是该方案的专属成本；若采用租入方式，则租入设备的租金就是该方案的专属成本。在实际应用中，凡属于某一方案新增加的固定成本都可确认为专属成本。

（四）边际成本

经济学的边际成本，是指当业务量发生微小变动时所引起的成本变动额。但在实际经济生活中，业务量的微小变动只能小到一个经济单位，如 1 件或 1 台等。因此，管理会计中，边际成本是指业务量增加或减少一个单位所引起的成本变动额。在相关范围内，增加或减少一个单位所引起的成本变动，就是产品的单位变动成本。所以，在相关范围内，边际成本实质上就是单位变动成本。边际成本是增量成本的特殊形式。

（五）付现成本

付现成本是指因选择和实施某项决策方案，必须立即或在近期用现金支付的成本。在企业货币资金比较拮据、筹措资金又有困难的情况下，企业往往对付现成本的考虑比对总成本更为重视，即以付现成本最小的方案来代替总成本最低的方案。

（六）重置成本

重置成本是指某项现有资产在市场上出售时的现实价值，也就是一项资产在市场上的重新评估价值。在短期经营决策中，对企业原有的资产不应按其历史成本决策，而应把其重置成本作为相关成本予以考虑。

（七）可延缓成本

可延缓成本是指在短期经营决策中若对其暂缓开支，不会对企业未来生产产生重大不利影响的成本。这类成本有一定的弹性，当企业人力、物力和财力负担有限时，即使推迟其发生，也不至于影响企业的大局。

（八）可避免成本

可避免成本是指其发生与否及发生金额的多少都会受管理当局决策影响的成本。例如，广告费、职工培训费等“酌量性固定成本”受到决策的直接制约，属于比较典型的相关成本。

（九）加工成本

加工成本是指在半成品深加工决策中必须考虑的、由于对半成品进行深加工而发生的变动成本，也可以将其认为是半成品深加工的增量成本。它的计算通常要考虑单位加工成本与相关成本的深加工业务量两大因素。至于深加工所需的固定成本，在经营决策中应当列为专属成本。

（十）可分成本

可分成本是指在联产品生产决策中必须考虑的、因对已分类的联产品进行深加工而追加发生的变动成本。它的计算通常需要考虑单位可分成本与相关的联产品深加工业务量两大因素。

三、无关成本

无关成本是指无论方案采用与否都注定要发生或已经发生的成本。由于无关成本对有关备选方案的取舍不存在影响，所以，在短期经营决策中，可以不予考虑，否则可能导致决策失误。无关成本主要包括沉没成本、共同成本、联合成本、不可延缓成本和不可避免成本。

(一) 沉没成本

沉没成本实际上就是历史成本，是指过去已经发生并不能由现在或将来的任何决策加以改变的成本。也就是说，沉没成本是由于过去决策所引起并已经实际支付过款项的成本。一般情况下，大多数固定成本(如固定资产折旧和无形资产的摊销等)都属于沉没成本。但这也不是绝对的，如与决策方案有关的新固定资产的折旧费就属于相关成本。另外，变动成本有时也可能属于沉没成本，如在半成品是否深加工决策中，半成品深加工前的成本，不仅其固定成本而且其变动成本均为沉没成本。

(二) 共同成本

共同成本是与专属成本相对立的成本，是指应当由多个方案共同负担的注定要发生的固定成本，如企业管理部门固定资产的折旧费和管理人员工资等。

注意：变动成本一般都是专属成本，而固定成本才有专属成本和共同成本之分。因此，变动成本没有必要划分为专属成本和共同成本，专属成本和共同成本是针对固定成本而言的。

(三) 联合成本

联合成本是与可分成本相对立的成本，是指在未分离的联产品生产过程中发生的、应由所有联产品共同负担的成本。

(四) 不可延缓成本

不可延缓成本是与可延缓成本相对立的成本，是指在短期经营决策中，若对其暂缓开支就会对企业未来生产产生重大不利影响的成本。由于不可延缓成本在发生时间上具有较强的刚性，即使在企业财力有限的情况下，也必须及时保证对不可延缓成本的支付，没有选择余地，属于无关成本，所以，在短期经营决策中可以不予考虑。

(五) 不可避免成本

不可避免成本是与可避免成本相对立的成本，是指在企业经营过程中必然发生的，企业决策行为不能改变其发生金额的成本。由于不可避免成本的发生具有必然性，注定要发生，只能保证对其顺利支付，因此，在短期经营决策中可以不予考虑。例如，企业现有固定资产的折日费和管理人员工资等“约束性固定成本”，都属于不可避免成本。

第三讲　经营决策分析的方法

【知识要点】

短期经营决策分析的基本依据是经济效益的高低，反映经济效益的指标有贡献边际、利润和成本。如果用贡献边际、利润指标评价各方案时，则应选择贡献边际、利润高的方案；如果用成本指标评价各方案时，在各方案收入相同的前提下，则应选择成本低的方案。

这里重点介绍生产决策分析的常用方法：贡献边际分析法、差量分析法、相关成本分析法和成本平衡点分析法。

一、贡献边际分析法

短期经营决策一般是在原有生产能力的范围内进行的，多数情况下不改变生产能力，所以，固定成本通常为无关成本。根据本书前几部分的介绍，在各方案固定成本均相同的前提下，贡献边际最大的方案实质上就是利润最大的方案。在应用贡献边际法评价各方案优劣时，只需要计算各方案贡献边际指标，选择贡献边际最大的方案即可。

需要指出的是，对某一种产品来说，单位贡献边际指标反映了产品的盈利能力。但在不同备选方案之间进行比较分析时，不能以单位贡献边际指标作为评价标准，而应以贡献边际总额指标作为方案取舍的依据。这是因为，在生产能力一定的前提下，不同方案单位产品耗费的生产能力可能有所不同，因此，各方案能够生产的产品总量也可能不同。如果用单位贡献边际评价各备选方案的话，就可能导致决策失误，因为单位贡献边际最大的方案不一定是贡献边际总额最大的方案。

【技能操作】

【例 6-1】 假设天泉公司拟利用现有剩余生产能力生产甲产品或乙产品。甲产品单价 20 元，单位变动成本 10 元；乙产品单价 10 元，单位变动成本 4 元。该公司现有剩余生产能力 1 000 台时，生产 1 件甲产品需耗 8 台时，生产 1 件乙产品需耗 4 台时。请对比两个方案做出决策。

分析：首先，根据表 6-2 来比较两个方案的优劣。

表 6-2 **单位产品贡献边际表** 单位：元

项　　目	甲 产 品	乙 产 品
单价	20	10
单位变动成本	10	4
单位贡献边际	10	6

从表 6-2 中可以看出，甲产品的单位贡献边际 10 元大于乙产品的单位贡献边际 6 元，如果我们把单位贡献边际作为评价指标，就应该选甲产品。

但是单位贡献边际最大，贡献边际总额就一定最大吗？

我们再通过表 6-3 来比较一下两种产品的贡献边际总额。

表 6-3 **贡献边际总额表** 单位：元

项　　目	甲 产 品	乙 产 品
单价	20	10
单位变动成本	10	4
单位贡献边际	10	6
剩余生产能力（台时）	1 000	1 000
单位产品耗时（台时）	8	4
可生产量（件）	125	250
贡献边际总额	1 250	1 500

从表6-3中可以看出,尽管甲产品单位贡献边际较大,但贡献边际总额小于乙产品,应选择生产乙产品。

所以,在应用贡献边际分析法时,不能采用单位贡献边际作为评价指标。

另外,如果决策方案中有专属固定成本的发生,则应从贡献边际中扣除专属固定成本,扣除后的余额一般称为剩余贡献边际。它既不是原来意义上的贡献边际,也不是最终的利润,如果要计算利润,还要扣除分摊的原有固定成本。在决策时,如果有专属固定成本发生,就采用剩余贡献边际这一指标进行评价。

【技能操作】

【例6-2】 承[例6-1],天泉公司拟利用现有剩余生产能力生产甲产品或乙产品,需追加专属成本,相关资料,如表6-4所示。试分析应如何决策。

表6-4 **决策相关资料** 单位:元

项目	甲产品	乙产品
单价	20	10
单位变动成本	10	4
单位贡献边际	10	6
可生产量(件)	125	250
贡献边际总额	1 250	1 500
追加专属成本	900	1 200
剩余贡献边际	350	300

分析:从表6-4中可以看出,尽管乙产品贡献边际总额较大,但扣除专属成本后的剩余贡献边际小于甲产品,应选择生产甲产品。

二、差量分析法

差量分析法是在计算两个备选方案之间产生的差量收入与差量成本的基础上计算差量损益,根据差量损益来选择决策方案。差量分析法涉及差量收入、差量成本和差量损益三项指标。

差量收入是指两个备选方案之间的收入差异数。

差量成本是指两个备选方案之间的成本差异数。

差量损益是差量收入减去差量成本后的余额。其基本公式为:

$$差量损益=差量收入-差量成本$$

由此计算出来的差量损益如果是正数,意味着第一个方案为优;如果是负数,则意味着第二个方案为优。

为什么在短期经营决策中有时要采用差量分析法呢?因为在短期经营决策中,原有的收入是无关收入,原有的成本是无关成本,在分析时不必计算全部收入和全部成本,而且计算全部收入和全部成本也比较麻烦。因此,只需要计算两个方案的新增加的收入差量和成本差量就可以计算出损益差量,据此就可以做出正确决策。

差量分析法只能应用于只有两个备选方案的决策。

【技能操作】

【例 6-3】 承[例 6-1],采用差量分析法进行决策。

分析:编制差量分析表,如表 6-5 所示。

表 6-5　　差量分析表　　单位:元

项　目	甲 产 品	乙 产 品	差 异 额
单价	20	10	—
单位变动成本	10	4	—
可生产量(件)	125	250	—
相关收入	2 500	2 500	0
相关成本	1 250	1 000	250
差别损益	−250		

从表 6-5 中可以看出,生产甲产品与乙产品的差别收入为 0,而差别成本为 250 元,由此计算出的差别损益为−250 元。也就是在收入相同的前提下,生产甲产品比生产乙产品成本要多支出 250 元,差别损益−250 元意味着生产甲产品比生产乙产品利润要少 250 元,所以,应选择生产乙产品。这与贡献边际分析法得出的结论是相同的。

三、相关成本分析法

相关成本分析法是在各个备选方案收入相同的前提下,只分析每个备选方案新增加的变动成本和固定成本,也就是计算每个方案的增量成本和专属成本,两项之和即为相关成本。在收入相同的前提下,相关成本最低的方案必然是利润最高的方案。所以,应选择相关成本最低的方案。

采用相关成本分析法必须是在各备选方案业务量确定的条件下,如果各备选方案的业务量不确定,则不能采用相关成本分析法。

【技能操作】

【例 6-4】 天泉公司生产需要一种 A 零件,年需要量 500 件,可以由本企业生产,也可以外购。如果由本企业生产,单位变动成本 26 元,而且需购买一台专用设备,每年发生专属固定成本 2 000 元。如果外购,外购单价 35 元。要求进行决策分析。

分析:相关成本分析表,如表 6-6 所示。

表 6-6　　相关成本分析表　　单位:元

项目 方案	自　制	外　购
变动成本	500×26=13 000	500×35=17 500
专属成本	2 000	—
相关成本合计	15 000	17 500

从表 6-6 中可以看出，采用自制方案的相关成本为 15 000 元，外购的相关成本为 17 500 元。自制成本低，所以应选择自制。

四、成本平衡点分析法

成本平衡点分析法也是以成本高低作为决策依据的。在备选方案业务量不能事先确定的情况下，特别是各备选方案的预期收入又相等的前提下，可通过计算不同方案总成本相等时的业务量，也就是成本平衡点来选择预期成本较低的方案，这种决策分析方法称为成本平衡点示意图，如图 6-1 所示。成本平衡点的计算公式如下：

$$\text{成本平衡点}=\frac{\text{两个方案固定成本差异}}{\text{两个方案单位变动成本差异}}$$

成本平衡点是指两个方案总成本相等时的业务量，如果预计未来的业务量在成本平衡点之下时，应选择固定成本较低的方案，因为此种情况下总成本较低。如果预计未来的业务量在成本平衡点之上时，则应选择固定成本较高的方案，因为此种情况下总成本较低，当产量等于平衡点业务量时，两个方案均可。

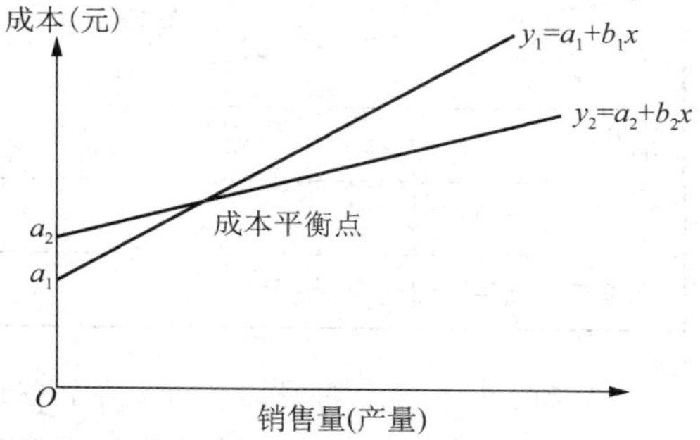

图 6-1　成本平衡点示意图

【技能操作】

【例 6-5】　假设天泉公司只生产一种产品，现有两种设备可供选择。一种是采用传统的机械化设备，每年的专属固定成本 20 000 元，单位变动成本 12 元。另一种是采用先进的自动化设备，每年的专属固定成本 30 000 元，单位变动成本 7 元。试对其进行决策分析。

分析：$\text{成本平衡点业务量}=\frac{30\,000-20\,000}{12-7}=2\,000\text{(件)}$

根据图 6-1 可知，则当产量低于 2 000 件时，应采用固定成本低的传统机械化设备；当产量高于 2 000 件时，应采用固定成本高的先进的自动化设备；当产量等于 2 000 件时，采用两种设备均可。

第四讲　生产决策分析

【知识要点】

一、新产品开发的品种决策分析

这里介绍的新产品开发的品种决策分析，是指利用企业现有剩余生产能力来开发某种在市场上有销路的新产品，而且已经掌握可供选择的多个新品种方案的有关资料。这里按照是否涉及专属成本的两种情况进行介绍。

(一) 不追加专属成本时的决策分析

当各备选方案只是利用现有剩余生产能力，而不涉及追加专属成本时，各备选方案的原有固定成本都是相同的，属于无关成本。在进行决策分析时，只计算各方案的贡献边际就可以正确决策。这里一般采用贡献边际分析法。

【技能操作】

【例 6-6】 天泉公司现有年剩余生产能力 2 000 台时,可用来生产 A 产品或 B 产品,此剩余生产能力的年固定资产折旧费为 80 000 元,其他预测资料,如表 6-7 所示。试进行决策分析。

表 6-7 **天泉公司预测资料** 单价:元

品种 项目	A 产 品	B 产 品
单价	150	80
单位变动成本	90	50
单位产品定额台时(台时/件)	5	2

分析:从上述资料可以看出,两个备选方案都是利用现有剩余生产能力,而且现有剩余生产能力的年固定资产折旧费属于与决策无关的成本。不管生产 A 产品或 B 产品,此折旧费都是相同的,即使 A 产品或 B 产品都不生产,此费用也照样发生,因为购置设备的费用早已发生,与现在的决策无关。因此,在决策分析时,不必考虑 80 000 元的折旧费。可以采用贡献边际分析法来进行决策分析。贡献边际分析表,如表 6-8 所示。

表 6-8 **贡献边际分析表** 单价:元

方案 项目	生产 A 产品	生产 B 产品
可利用生产能力(台时)	2 000	2 000
单位产品定额台时(台时/小时)	5	2
可生产量(件)	400	1 000
单价	150	80
变动成本	90	50
相关收入	60 000	80 000
相关变动成本	36 000	50 000
贡献边际	24 000	30 000

计算结果表明,生产 B 产品比生产 A 产品可多获得贡献边际 6 000 元,所以,应选择生产 B 产品。

(二) 追加专属成本时的决策分析

当新产品开发的品种决策方案中涉及追加专属成本时,就无法直接用边际指标来评价各方案的优劣,可以采用剩余贡献边际指标来进行评价,也可以用差量分析法进行评价。

【技能操作】

【例 6-7】　天泉公司有一条闲置的生产线，按最初的投资额计算，每年应发生的折旧额为 28 000 元，现有甲、乙两种产品可供选择生产，预测有关资料，如表 6-9 所示。试分析应生产哪种产品。

表 6-9　　预测资料　　单位:元

品种 项目	甲产品	乙产品
可生产量(件)	8 000	6 000
单价	18	32
单位变动成本	12	23
追加专属成本	10 000	20 000

分析：首先采用贡献边际分析法计算剩余贡献边际，剩余贡献边际分析表，如表 6-10 所示。

表 6-10　　剩余贡献边际分析表　　单位:元

方案 项目	生产甲产品	生产乙产品
可生产量(件)	8 000	6 000
单价	18	32
单位变动成本	12	23
单位贡献边际	6	9
贡献边际总额	48 000	54 000
追加专属成本	10 000	20 000
剩余贡献边际	38 000	34 000

从表 6-10 的计算分析可以看出，生产甲产品的剩余贡献边际更大，应选择生产甲产品。
其次，我们再用差量分析法进行计算评价，差量分析表，如表 6-11 所示。

表 6-11　　差量分析表　　单位:元

方案 项目	生产甲产品	生产乙产品	差异额
可生产量(件)	8 000	6 000	
单价	18	32	
单位变动成本	12	23	
相关收入	144 000	192 000	−48 000
相关成本	106 000	158 000	−52 000
专属成本	10 000	20 000	
增量成本	96 000	138 000	
差量损益			4 000

从表 6-11 的计算分析可以看出，生产甲产品要比生产乙产品多获得利润 4 000 元，所以，应选择生产甲产品。与贡献边际分析法的结论完全一致。

二、亏损产品的决策分析

在企业组织多产品生产过程中，往往由于某些原因而导致一些产品发生亏损，如果按照财务会计核算的结果，亏损产品继续生产只能产生负效益。但按照管理会计成本性态分析的理论，亏损产品是继续生产，还是停产或转产，就有必要重新讨论。下面从两个方面进行讨论分析。

(一) 相关剩余生产能力无法转移时，亏损产品是否停产的决策分析

所谓生产能力无法转移，是指当亏损产品停产以后，闲置下来的生产能力无法被用于其他方面，既不能转产，也不能将有关设备对外出租。在这种情况下，只要亏损产品的贡献边际大于零就不应该停产，而应该继续生产。为什么亏损产品的贡献边际大于零就不应该停产呢？这是因为停产亏损产品，只能减少其变动成本，并不能减少其固定成本。如果继续生产亏损产品，亏损产品提供的贡献边际就可以补偿一部分固定成本，而停产亏损产品则连那一部分固定成本都无法补偿，因此，不但不会减少亏损，反而会扩大亏损。

【技能操作】

【例 6-8】 天泉公司产销甲、乙、丙三种产品，其中甲、乙两种产品盈利，丙产品亏损，利润资料表，如表 6-12 所示。试分析丙产品是否应该停产(假定生产能力无法转移)。

表 6-12 利润资料表 单位:元

项目 \ 品种	甲产品	乙产品	丙产品	合计
销售收入	6 000	8 000	4 000	18 000
生产成本				
直接材料	800	1 400	900	3 100
直接人工	700	800	800	2 300
变动制造费用	600	600	700	1 900
固定制造费用	1 000	1 600	1 100	3 700
非生产成本				
变动销售管理费用	900	1 200	600	2 700
固定销售管理费用	600	800	400	1 800
总成本	4 600	6 400	4 500	15 500
税前利润	1 400	1 600	−500	2 500

分析：据资料可以知道，丙产品亏损 500 元。为正确决策，必须首先计算丙产品的贡献边际。

丙产品贡献边际＝4 000－(900＋800＋700＋600)＝1 000(元)

丙产品创造的贡献边际是 1 000 元，而其分摊的固定成本是 1 500 元，所以亏损 500 元。但如果丙产品停产，就不能提供 1 000 元的边际贡献了，而它原来分摊的 1 500 元固定成本就

只能由甲、乙两种产品负担，这将使该企业利润减少 1 000 元。换句话说，不管丙产品是否生产，该企业 5 500 元的固定成本都要发生，只不过是由 3 种产品分摊还是由 2 种产品分摊而已。所以，在生产能力不能转移的条件下，丙产品不应停产，而应该继续生产。

(二) 相关剩余生产能力可以转移时，亏损产品是否停产的决策分析

如果亏损产品停产以后，闲置下来的相关剩余生产能力可以转移，如转产其他产品，或将设备对外出租，就必须考虑继续生产亏损产品的机会成本因素，对备选的方案进行对比分析后再进行决策。

【技能操作】

【例 6-9】 承[例 6-8]，假设生产丙产品的设备可以转产丁产品，也可以将此设备出租。如出租每年可获租金 800 元；如转产丁产品，则丁产品销售收入 5 000 元，变动生产成本 2 800 元，变动销售管理费用 900 元。要求对三个方案进行决策分析。

分析：丁产品的贡献边际＝5 000－(2 800＋900)＝1 300(元)

继续生产丙产品的贡献边际是 1 000 元，转产丁产品的贡献边际是 1 300 元，设备出租的租金是 800 元。通过比较，转产丁产品的效益最好，所以，应停产丙产品而转产丁产品。

三、特殊价格追加订货的决策分析

这里所说的特殊价格，是指低于正常价格甚至低于单位产品成本的价格。在企业尚有一定剩余生产能力可以利用的情况下，如果其他企业要求以较低的价格追加订货的话，企业是否可以考虑接受这种追加订货呢？这应针对不同情况区别对待。

当追加订货量小于或等于剩余生产能力时，企业可利用剩余生产能力完成追加订货的生产，不妨碍正常订货的完成，而且在接受追加订货不追加专属成本、剩余生产能力又无法转移时，只要特殊订货的单价大于该产品的单位变动成本，就可以接受该追加订货。

当追加订货量大于剩余生产能力时，接受追加订货必然会妨碍正常订货的完成，在决策分析时，就应考虑机会成本和专属成本的发生。

(1) 因接受追加订货而减少的正常收入作为追加订货方案的机会成本。

(2) 当企业剩余生产能力能够转移时，转产收益也应作为追加订货方案的机会成本。

(3) 若追加订货需要增加专门的固定成本，则应将其作为追加订货方案的专属成本。

【技能操作】

【例 6-10】 天泉公司原来生产甲产品，年生产能力 10 000 件，每年有 35%的剩余生产能力。正常销售单价 68 元，甲产品成本资料，如表 6-13 所示。试就以下各不相关情况做出应否接受特殊价格追加订货的决策分析。

表 6-13 **甲产品成本资料** 单位：元

项　目	金　额
直接材料	20
直接人工	16
制造费用	20

（续表）

项　目	金　额
其中：变动制造费用	8
固定制造费用	12
单位产品成本	56

(1) 现有一客户提出订货 3 000 件，每件定价 45 元，剩余生产能力无法转移，追加订货不需要追加专属成本。

分析：该企业现有 35%的剩余生产能力，即每年有 3 500 件的剩余生产能力，用户提出的特殊订货量只有 3 000 件，小于企业剩余生产能力，剩余生产能力无法转移，也不需要追加专属成本。在这种情况下，只要定价大于该产品的单位变动成本就可以接受订货。因为特殊定价 45 元大于该产品的单位变动成本 44 元(20＋16＋8)，所以可以接受此追加订货。

(2) 现有一客户提出订货 3 500 件，每件定价 46 元，但该订货还有些特殊要求，需购置一台专用设备，年增加固定成本 2 000 元。

分析：在此种情况下，可对接受追加订货和拒绝追加订货两个方案采用差量分析法进行决策判断。差量分析表，如表 6-14 所示。

表 6-14　　差量分析表　　单位：元

项目＼方案	接受追加订货	拒绝追加订货	差异额
相关收入	3 500×46＝161 000	0	161 000
相关成本	156 000	0	156 000
其中：增量成本	3 500×44＝154 000	0	
专属成本	2 000	0	
差别损益			5 000

从表 6-14 的计算分析中可以看出，接受订货比拒绝订货可多获利润 5 000 元，所以，应接受追加订货。

(3) 现有一客户提出订货 4 000 件，每件定价 45 元，剩余生产能力无法转移。

分析：订货 4 000 件，已经超过了企业的剩余生产能力(3 500 件)，如果接受订货，将减少正常销售量 500 件，此 500 件的正常销售收入应作为接受订货方案的机会成本。另外，在计算增量成本(新增加的变动成本)时，应按纯增加的产量 3 500 件计算，而不应按追加订货量 4 000件计算，因为不接受追加订货时的产量是 6 500 件，接受追加订货后的产量是 10 000 件，两者之差即为纯增加的产量。差量分析表，如表 6-15 所示。

表 6-15　　差量分析表　　单位：元

项目＼方案	接受追加订货	拒绝追加订货	差异额
相关收入	4 000×45＝180 000	0	180 000
相关成本	188 000	0	188 000

（续表）

项目 \ 方案	接受追加订货	拒绝追加订货	差异额
其中：增量成本	3 500×44=154 000	0	
专属成本	500×68=34 000	0	
差别损益			−8 000

差别损益为−8 000 元，意味着接受追加订货将使利润减少 8 000 元，所以，应拒绝追加订货。

(4) 现有一客户提出订货 5 000 件，每件定价 56 元，接受订货需追加专属成本 3 800 元；若不接受订货可将设备出租，可获租金 1 300 元。

分析：订货 5 000 件，超过了剩余生产能力(3 500 件)，如果接受订货，将减少正常销售量 1 500 件，此 1 500 件的正常销售收入应作为接受订货方案的机会成本，设备出租的租金也应作为接受订货方案的机会成本。同样，计算增量成本应按纯增加的产量 3 500 件计算。差量分析表，如表 6-16 所示。

表 6-16　差量分析表　单位：元

项目 \ 方案	接受追加订货	拒绝追加订货	差异额
相关收入	5 000×56=280 000	0	280 000
相关成本	261 100	0	261 100
其中：增量成本	3 500×44=154 000	0	
专属成本	3 800	0	
机会成本	1 500×68+1 300=103 300		
差别损益			18 900

接受订货将增加利润 18 900 元，所以应接受追加订货。

四、产品加工程度的决策分析

某些制造企业生产的产品可按不同的加工深度组织经营，如深加工前的半成品、联产品既可以直接销售，也可以经深加工后再销售。因此，这类企业就面临着半成品和联产品直接出售还是深加工后再出售的决策问题。

(一) 半成品是否深加工的决策分析

在产品加工程度的决策分析中，深加工前的半成品和联产品的成本(无论是固定成本还是变动成本)都属于沉没成本，是与决策无关的非相关成本，相关成本只包括与深加工直接有关的成本。

因此，可以用差量分析法进行决策判断。

【技能操作】

【例 6-11】 天泉公司每年生产 A 半成品 5 000 件，A 半成品单位变动成本 4 元，固定成本 11 000 元，销售单价 9 元。如果把 A 半成品进一步深加工为 A 产成品，销售单价可提高到 14 元，但需追加单位变动成本 2 元，追加固定成本 16 000 元；若不进一步加工，可将投资固定成本的资金购买债券，每年可获债券利息 2 400 元。试做出 A 半成品直接出售或深加工的决策分析。采用差别分析法进行决策分析。

分析：差量分析表，如表 6-17 所示。

表 6-17　　差量分析表　　单位：元

项目 \ 方案	深加工	直接出售	差异额
相关收入	5 000×14=70 000	5 000×9=45 000	25 000
相关成本	28 400	0	28 400
其中：增量成本	5 000×2=10 000	0	
专属成本	16 000	0	
机会成本	2 400	0	
差别损益			−3 400

通过计算分析可知，深加工为 A 产成品与直接出售 A 半成品的差别损益为−3 400 元，即深加工比直接出售要减少利润 3 400 元，所以应直接出售 A 半成品。

(二) 联产品是否深加工的决策分析

联产品是指通过对同一种原料按照同一工艺过程加工，所产出的性质相近、价值相差不大的多种产品的统称。

在某些企业中，如石油化工企业，在同一生产过程中往往会同时生产出若干种经济价值都较大的联产品。这些联产品分离后，有的可以直接出售，有的可以在分离后进行深加工后再出售，这也是生产联产品的企业经常遇到的决策问题。这一问题的决策分析同样可以采用差量分析法进行决策。

这里，联产品分离前的联合成本是无关成本而进一步加工所发生的可分离成本属于相关成本。

【技能操作】

【例 6-12】 某炼油厂从原油中提炼出的煤油，既可以直接出售，也可以通过进一步裂化加工为汽油和柴油后再行出售。煤油经过裂化加工的收得率是：汽油 80%，柴油 15%，自然损耗率为 5%。每吨煤油进一步深加工增加的变动成本为 800 元，该厂现有煤油 400 吨，进一步加工需增加固定成本 15 000 元。每吨煤油的售价 1 700 元，每吨汽油的售价 3 200 元，每吨柴油的售价 2 200 元。试作出煤油是直接出售还是进一步加工的决策分析。

分析：如果对 400 吨煤油进一步深加工，可获得汽油 320 吨（400×80%），柴油 60 吨（400×15%），损耗 20 吨（400×5%）。下面采用差量分析法进行决策分析，差异分析表，如表 6-18 所示。

表 6-18 差量分析表 单位:元

项目＼方案	深加工	直接出售	差异额
相关收入	320×3 200+60×2 200=1 156 000	400×1 700=680 000	476 000
相关成本	335 000	0	335 000
其中:增量成本	400×800=320 000	0	
专属成本	15 000	0	
差别损益			141 000

差别损益 141 000 元,表明深加工比直接出售可多获利润 141 000 元,所以,应把煤油深加工后再出售。

五、零部件自制或外购的决策分析

企业生产产品所需要的一些零部件,在既可以从市场上购买,又可以由本企业自行生产的情况下,企业就面临着自制或外购的选择问题。对这类问题的决策,首先,要分清自制时是否新增加固定成本。如果自制需要追加专属固定成本,则追加的专属固定成本是与决策相关的成本,而原有的固定成本则是与决策无关的成本。自制的另一个相关成本是变动生产成本。其次,要弄清外购方案的相关成本,外购方案的相关成本一般包括买价、运输费用和采购费用等,有时还存在机会成本。

零部件只是企业生产产品的组成部分,不管零部件自制还是外购,一般不会对产品销售收入产生影响,也就是说,自制方案和外购方案的预期收入是相同的。在收入相同的前提下,就可以用成本指标来评价各方案的优劣。

(一) 零部件需要量确定

如果零部件需要量确定,可以采用相关成本分析法进行决策分析。

【技能操作】

【例 6-13】 天泉公司每年需要 A 零件 1 000 件,可以自制也可以外购。外购单价 20 元,每件运费 1 元,外购一次的差旅费 2 000 元,每年采购 2 次。自制单位产品成本 22 元,自制每月需要增加专属固定成本 300 元。如果外购,生产 A 零件的设备可以出租,每年可获租金 3 000 元。自制 A 零件的单位产品成本构成资料,如表 6-19 所示。试做出 A 零件自制或外购的决策分析。

表 6-19 A 零件单位成本资料 单位:元

项目	金额
直接材料	8
直接人工	6
变动制造费用	3
固定制造费用	5
合计	22

分析：自制A零件的单位产品成本是22元，其中，直接材料费、直接人工费和变动制造费用三项之和为17元，属于相关成本。而A零件分摊的5元固定制造费用则属于无关成本，在决策时不应考虑，自制方案每月增加的专属固定成本300元则是相关成本，而出租设备可获得的租金3 000元则是自制方案的机会成本。外购方案的购价、运输费属于变动成本，外购的差旅费属于固定成本，此三项费用均是与决策相关的成本。

由于A零件的需要量是确定的，所以可采用相关成本分析法。相关成本分析表，如表6-20所示。

表6-20 相关成本分析表 单位：元

项目＼方案	自制	外购
变动成本	1 000×17＝17 000	1 000×(20＋1)＝21 000
专属成本	300×12＝3 600	2 000×2＝4 000
机会成本	3 000	0
相关成本合计	23 600	25 000

自制方案的成本比外购方案成本低1 400元(25 000－23 600)，所以应选择自制方案。

(二) 零部件需要量不确定

如果零部件需要量不确定，就要采用成本平衡点分析法进行决策分析。

【技能操作】

【例6-14】 天泉公司需要一种B零件，既可以自制，也可以外购。外购单价(含运费)50元，外购的每年固定采购费用20 000元。自制的单位变动成本38元，自制每年需追加专属固定成本44 000元。试分析B零件在什么条件下应自制，在什么条件下应外购。

分析：由于B零件的需要量是不确定的，所以，只能采用成本平衡点分析法。

$$\text{B零件成本平衡点业务量}=\frac{44\,000-20\,000}{50-38}=2\,000(\text{件})$$

计算表明，当该企业B零件年需要量在2 000件时，自制方案和外购方案的成本是相等的。由于外购方案的固定成本较低，所以当B零件需要量在2 000件以下时，外购方案总成本较低，应选择外购。自制方案的固定成本较高，但其单位变动成本较低，所以当B零件需要量在2 000件以上时，自制方案总成本较低，应选择自制。

六、生产工艺技术方案的决策分析

生产企业有时可采用不同的工艺技术进行产品生产，如同一种产品既可以采用半机械化生产，又可以采用机械化生产或自动化生产。一般来说，生产设备先进，固定成本就越高；但由于技术先进，生产效率高，生产产品的单位变动成本越低。反之，则是固定成本低，但生产产品的单位变动成本就较高。

在进行生产工艺技术方案的决策分析时，要根据生产规模的大小来选择工艺技术方案。一般来说，当生产规模较小时，可选择生产效率相对较低、固定成本较低的工艺技术方案。当生产规模较大时，则应选择生产效率较高、固定成本较高的工艺技术方案。

在选择决策方法时，要以生产产品的数量是否确定为依据。如果生产产品的数量是确定的，可采用相关成本分析法；如果生产产品的数量不确定的话，则应采用成本平衡点法。

【技能操作】

【例 6-15】 天泉公司每年生产 B 产品 700 件，有甲、乙、丙三种设备可供选择使用，有关成本资料表，如表 6-21 所示。试做出选择何种设备生产 B 产品的决策分析。

表 6-21　　**成本资料表**　　单位：元

项目＼设备	甲设备	乙设备	丙设备
年专属固定成本	40 000	28 000	32 000
单位变动成本	120	190	165

分析：生产 B 产品的年产量是确定的，所以可采用相关成本分析法进行决策分析。其计算如下：

使用甲设备的年相关成本＝40 000＋700×120＝124 000（元）

使用乙设备的年相关成本＝28 000＋700×190＝161 000（元）

使用丙设备的年相关成本＝32 000＋700×165＝147 500（元）

可以看出，使用甲设备生产的成本最低，所以，应选择甲设备生产 B 产品。

【技能操作】

【例 6-16】 天泉公司有 2 套闲置设备，甲设备每年折旧费 18 000 元，乙设备每年折旧费 14 000 元。现在准备生产 C 产品，用甲设备生产一次性改装费 30 000 元，用乙设备生产一次性改装费 21 000 元。用甲设备生产 C 产品的单位变动成本 47 元，用乙设备生产 C 产品的单位变动成本 65 元。试分析该企业在什么情况下应选择甲设备，在什么情况下应选择乙设备。

分析：由于 C 产品的年生产量并没有确定，决策分析只能采用成本平衡点法。需要指出的是，甲、乙设备的折旧费均属于沉没成本，与决策无关，在决策时不应考虑。

$$甲、乙设备的成本平衡点业务量=\frac{30\,000-21\,000}{65-47}=500(件)$$

当 C 产品的产量在 500 件时，甲、乙两种设备的使用成本是相等的。

当 C 产品的产量在 500 件以下时，应选择乙设备生产（因乙设备使用成本较低）。

当 C 产品的产量在 500 件以上时，应选择甲设备生产（因甲设备使用成本较低）。

第五讲　定价决策分析

【知识要点】

产品价格的制定直接影响企业的盈利水平。因此，管理层必须合理制定产品价格，审慎进行定价决策，保证企业实现最佳经济效益。定价决策作为短期经营决策的内容之一，其基本决策原则就是看所确定的价格是否能给企业带来更多的利润。定价决策采用的主要方法包括成本加成定价法、保本保利定价法、利润最大化定价法和利润平衡点定价法。

一、成本加成定价法

成本加成定价法是指以单位产品成本为基础并依照一定的加成率进行加成来确定单位产品售价的方法。其计算公式为:

$$单位售价=单位产品成本\times(1+成本加成率)$$

$$成本加成率=\frac{加成额}{单位产品成本}$$

由于按完全成本法和变动成本法计算的单位产品成本内容不同,因而,不同计算方法下的单位产品成本和加成率也各异。

(一) 完全成本法下成本加成定价法

在完全成本法下,单位产品成本就是单位产品生产成本,具体包括直接材料、直接人工、变动制造费用和固定制造费用。成本加成率就是成本毛利率。其计算公式为:

$$单位售价=单位产品生产成本\times(1+成本毛利率)$$

$$成本毛利率=\frac{毛利}{生产成本}=\frac{利润+非生产成本}{生产成本}$$

【技能操作】

【例 6-17】 天泉公司拟采用完全成本法下成本加成定价法制定甲产品单位售价、甲产品单位成本有关资料,如表 6-22 所示。该公司希望甲产品成本毛利率为 40%。试计算甲产品的售价。

表 6-22　　甲产品单位成本资料表　　单位:元

项　　目	金　　额
直接材料	4 000
直接人工	3 000
变动制造费用	1 000
固定制造费用	2 000
变动管理费用	1 400
固定管理费用	1 100
合计	12 500

甲产品单位生产成本=4 000+3 000+2 000+1 000=10 000(元)

甲产品的单位售价=10 000×(1+40%)=14 000(元)

(二) 变动成本法下成本加成定价法

在变动成本法下,单位产品成本就是单位产品变动生产成本。为简化计算,在变动成本法下成本加成定价法中,一般采用单位变动成本代替单位产品变动生产成本,具体包括直接材料、直接人工、变动制造费用、变动销售及管理费用。成本加成率就是变动成本贡献率。其计算公式为：

$$单位售价=单位产品变动成本\times(1+变动成本贡献率)$$

式中，
$$变动成本贡献率=\frac{利润+变动非生产成本+固定成本}{变动生产成本}$$

【技能操作】

【例 6-18】 承[例 6-17]，若天泉公司希望甲产品的变动成本贡献率为 50%。试采用变动成本法下成本加成定价法，计算甲产品的单位售价。

甲产品单位变动成本＝4 000＋3 000＋1 000＋1 400＝9 400(元)

甲产品单位售价＝9 400×(1＋50%)＝14 100(元)

二、保本保利定价法

保本保利定价法是根据保本分析和保利分析原理建立的一种以保本、保利为目的的定价法。

(一) 保本价格

保本价格是指在一定销量下恰好保本时的价格。其计算公式为：

$$保本价格=单位变动成本+\frac{固定成本}{预计销售量}$$

在竞争激烈的市场经济条件下，企业为了维护、扩大市场占有率，往往采用保本价格定价决策组织销售。

(二) 保利价格

保利价格是指在一定销量下能够保证目标利润实现的价格。其计算公式为：

$$保利价格=单位变动成本+\frac{固定成本+目标利润}{预计销售量}$$

【技能操作】

【例 6-19】 天泉公司生产乙产品，其单位变动成本为 400 元，有自销或代销两种销售方式可供选择。若采用自销方式，预计年销量为 20 万件，相关固定成本为 10 万元；若采用代销方式，预计年销量为 10 万件，相关固定成本为 6 万元；乙产品的目标利润为 50 万元。试用保利基础定价法做出自销或代销决策。

$$自销方式下的保利价格=400+\frac{100\ 000+500\ 000}{200\ 000}=403(元)$$

$$代销方式下的保利价格=400+\frac{60\ 000+500\ 000}{100\ 000}=405.6(元)$$

因为自销方式下的保利价格小于代销方式下的保利价格，更有市场竞争力，所以，企业应采用自销方式。

三、利润最大化定价法

利润最大化定价法是指在预测各种价格可能的销售量下，计算各备选方案的利润，选择利润最大的定价方法。

【技能操作】

【例 6-20】 天泉公司生产 A 产品准备投放市场。A 产品单位变动成本为 40 元,该公司现在年最大生产能力为 1.2 万件,年固定成本 20 万元,如果要把年最大生产能力扩大到 1.8 万件,年固定成本将增加到 30 万元。A 产品在各种价格下的预测资料及利润计算表,如表 6-23 所示。试采用利润最大化定价法,计算 A 产品销售价格。

表 6-23 **A 产品预测资料及利润计算表** 单位:元

销售价格	预计销售量(件)	销售收入	变动成本	固定成本	总成本	利润
120	8 000	960 000	320 000	200 000	520 000	440 000
110	9 600	1 056 000	384 000	200 000	584 000	472 000
100	12 000	1 200 000	480 000	200 000	680 000	520 000
90	14 000	1 260 000	560 000	300 000	860 000	400 000
80	16 000	1 280 000	640 000	300 000	940 000	340 000
70	17 000	1 190 000	680 000	300 000	980 000	210 000

分析:由表 6-23 中的计算结果可知,A 产品价格在 100 元时获得的利润最大,为 520 000元,所以应把 A 产品销售价格定为 100 元。

四、利润平衡点定价法

利润平衡点定价法又称利润无差别点定价法,是指根据计算调价后利润是否增加来决定是否调价的定价方法。若调价后利润能够增加,就可以调价;反之,则不能调价。

为了确定调价后利润是否能够增加,需要计算利润平衡点销售量。所谓利润平衡点销售量,是指某种产品为确保原有盈利能力,在调价后应至少达到的销售量。其实质就是保利销售量,只不过此时的目标利润为调价前利润。其计算公式为:

$$\text{利润平衡点销售量}=\frac{\text{固定成本}+\text{调价前可获得利润}}{\text{拟调单价}-\text{单位变动成本}}$$

利润平衡点定价法决策原则是:

(1) 若调价后预计销售量大于利润平衡点销售量,意味着调价后利润能够增加,则可以调价。

(2) 若调价后预计销售量小于利润平衡点销售量,意味着调价后利润会有所减少,则不能调价。

(3) 若调价后预计销售量等于利润平衡点销售量,意味着调价前后利润相等,则价格可调可不调。

注意:决策时要综合考虑以下情况:

(1) 在不增加专属成本的情况下,若调价后预计销售量超过企业现有最大生产能力,则调价后预计销售量只能按现有最大生产能力确定。

(2) 在追加专属成本的情况下,利润平衡点销售量计算公式中的固定成本应采用包含追加专属成本在内的固定成本。

(3) 若调价后预计销售量减少而剩余生产能力能够转移,则其可获得的贡献边际应作为调价后需获利润的扣减数额。

【技能操作】

【例 6-21】 天泉公司生产 A 产品，现在售价 100 元/件，可销售 1 万件，固定成本为 25 万元，单位变动成本为 60 元/件，实现利润 15 万元。企业现有最大生产能力为 1.9 万件。试利用利润平衡点定价法评价以下各不相关条件下的调价方案的可行性：

(1) 若将售价调低为 85 元/件，预计销售量可达到 16 800 件左右。

(2) 若将售价调低为 80 元/件，预计销售量可达到 20 000 件以上。

(3) 若将售价调低为 80 元/件，预计最大销售量可达到 23 000 件，但企业必须追加 50 000 元固定成本才能具备生产 23 000 件产品的能力。

(4) 若将售价调高为 110 元/件，只能争取到 7 500 件订货，且企业剩余生产能力无法转移。

(5) 若将售价调高为 110 元/件，只能争取到 7 500 件订货，但企业剩余生产能力能够转移，可获得 60 000 元贡献边际。

分析：(1) 利润平衡点销售量 $=\dfrac{250\,000+150\,000}{85-60}=16\,000$(件)

调价后预计销售量可达到 16 800 件，在最大生产能力范围内，且大于利润平衡点销售量 16 000 件，所以应考虑调价。

(2) 利润平衡点销售量 $=\dfrac{250\,000+150\,000}{80-60}=20\,000$(件)

调价后预计销售量可达到 20 000 件以上，超过最大生产能力范围，则调价后预计销售量只能按现有最大生产能力 19 000 件计算，小于利润平衡点销售量 20 000 件，所以不应考虑调价。

(3) 利润平衡点销售量 $=\dfrac{250\,000+150\,000+50\,000}{80-60}=22\,500$(件)

调价后预计销售量可达到 22 500 件，在追加专属成本后最大生产能力范围内，且大于利润平衡点销售量 22 500 件，所以应考虑调价。

(4) 利润平衡点销售量 $=\dfrac{250\,000+150\,000}{110-60}=8\,000$(件)

调价后预计销售量为 7 500 件，在最大生产能力范围内，但小于利润平衡点销售量 8 000 件，所以不应考虑调价。

(5) 利润平衡点销售量 $=\dfrac{250\,000+150\,000-60\,000}{110-60}=6\,800$(件)

调价后预计销售量为 7 500 件，在最大生产能力范围内，且大于利润平衡点销售量 6 800 件，所以应考虑调价。

第六讲　存货决策分析

【知识要点】

存货是企业在生产经营过程中为生产、销售而储备的物资，包括库存商品、原材料、在产品和包装物等。

存货在企业流动资产中所占比重较大，存货管理的好坏、存货量的多少直接影响企业的财务状况，对整个企业的经济效益产生重大影响。存货量过大，导致存货积压，成本增加；存货量过小，导致缺货脱销或者停工待料，影响企业的经济效益。

因此，加强存货的管理，使存货保持"最优水平"，成为管理会计中决策与规划部分的一项重要内容。存货决策就是要在保证生产、销售顺利进行的前提下，选择存货相关成本低、效率高的方案。本部分主要介绍经济订货批量决策和 ABC 控制法。

一、存货成本

存货成本是指企业为保持一定量的存货而付出的代价，通常按 1 年计算，主要包括采购成本、订货成本、储存成本和缺货成本四部分。

(一) 采购成本

采购成本是指存货本身的价值，企业年采购总成本等于存货单价与存货全年需求量的积。

在存货全年需求量一定的情况下，若存货单价不变且无进货数量折扣，则无论企业进货次数、每次进货数量如何变化，存货的年采购总成本不变，是经济订货批量决策的无关成本，在决策分析时无需考虑。

若存在进货数量折扣，则每次进货数量不同，年采购总成本会发生变化，此时年采购成本就是相关成本。

(二) 订货成本

订货成本又称进货费用，是指企业为组织进货而支付的费用。按其与订货次数是否有关，订货成本又分为固定性订货成本和变动性订货成本。

固定性订货成本与订货次数无关，属于无关成本，在经济订货批量决策分析中不需要考虑，如常设采购机构的基本开支等。

变动性订货成本与订货次数成正比例变动，属于相关成本，在经济订货批量决策分析中必须考虑，如采购人员差旅费和邮资等。

(三) 储存成本

储存成本是指为储存存货而发生的各项费用，如仓储、保险、残损霉变损失等。按其与存货储存数量是否有关，储存成本又分为固定性储存成本和变动性储存成本。

固定性储存成本与存货储存数量的多少无关，属于无关成本，在经济订货批量决策分析中不需要考虑，如仓库的折旧费、仓库职工的固定工资等。

变动性储存成本与存货储存数量的多少有关，属于相关成本，在经济订货批量决策分析中必须考虑，如存货在储存过程中发生的仓储费、保险费、存货占用资金的机会成本、存货陈旧变质损失等。

(四) 缺货成本

缺货成本是指由于存货数量不足，不能及时满足销售或生产需要而造成的损失。它包括由于缺货引起的停工损失、延期交货而支付的罚金、信誉损失、丧失良好销售机会的损失等。

缺货成本是否为决策相关成本，应依据企业是否允许出现存货短缺而定。允许出现缺货情况，属于决策相关成本，如当企业采用饥饿营销的方式时，允许缺货。通常，采用饥饿营销方式的产品与其他同类产品相比差异度较高，缺货成本较低，如小米公司。不允许出现缺货情况，属于决策无关成本。

二、经济订货批量和订货点的确定

(一) 经济订货批的确定

存货决策的直接目的就是要通过制定合理的进货时间和进货批量，使存货的总成本最低。

所谓订货批量，是指每次订购货物的数量。在存货全年需求量已定的情况下，采购的批量越小，采购的次数就越多，使订货成本(变动订货成本)随订购次数的增加而增加，但存货的储存成本(变动储存成本)会随平均储存量的下降而下降；相反，采购的批量越大，采购的次数就越少，存货的储存成本(变动储存成本)会随平均储存量的增大而增加，而使订货成本(变动订货成本)随订购次数的减少而减少。因此，存货决策的目的，就是确定使这两种成本合计数最低时的订购批量，即经济订货批量。

1. 经济订货批量的基本假设条件

(1) 存货全年需求量既定。

(2) 不考虑出现缺货的情形。

(3) 存货价格稳定，且不考虑数量折扣。

(4) 存货耗用或销售比较均衡。

(5) 仓储条件及所需资金不受限制。

(6) 当存货量降为零时，下批存货刚好到货，即存货最高库存量是每批进货数量，最低库存量为零。

在这些假设条件下，采购成本、固定性订货成本和固定性储存成本在订货批量决策中属于无关成本，不予考虑。所以，决定存货经济订货批量的相关成本因素只有变动性订货成本和变动性储存成本。即：

存货相关总成本＝年订货成本＋年储存成本

＝年订货次数×每次订货成本＋年平均存货量×单位存货的年储存成本

其中，年平均存货量是一个企业存货量的平均数，它是订货批量的一半，用公式表示为：

年平均存货量＝订货批量÷2

2. 经济订货批量的基本模型

经济订货批量的基本模型是：

$$T_C=\frac{D}{Q}K+K_C\ \frac{Q}{2}$$

式中，T_C 为存货相关总成本；D 为全年需要量；Q 为订货批量；K 为每次订货成本；K_C 为单位存货年储存成本。

对上式进行求导，并令其导数等于零，可以得出：

$$\text{经济订货批量 } Q^*=\sqrt{\frac{2DK}{K_C}}$$

$$\text{最佳订货批次 } N^*=\frac{D}{Q^*}=\sqrt{\frac{DK_C}{2K}}$$

$$\text{最优订货成本 } T_C^*=\sqrt{2DKK_C}$$

经济批量基本模型，如图 6-2 所示。

从图 6-2 可以看出，年储存成本与订货量成正比，而年订货成本与订货量成反比，最佳订货量则是年储存成本与年订货成本相交点(年储存成本等于年订货成本)所对应的点，此时总成本最低。

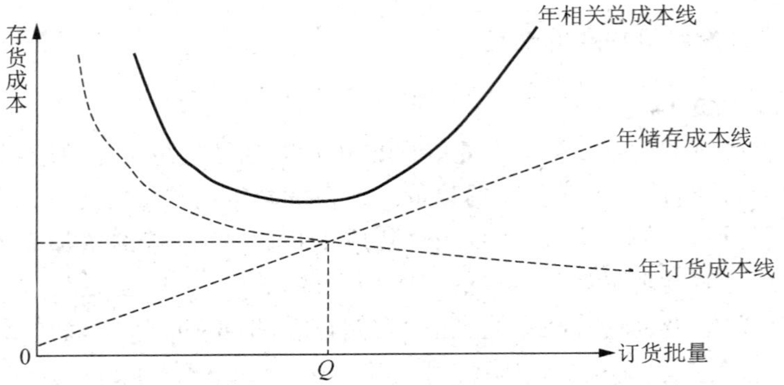

图 6-2 经济批量基本模型

【技能操作】

【例 6-22】 天泉公司每年耗用某种材料 3 600 千克，该材料单位成本 10 元，单位存储成本为 2 元，一次订货成本 25 元，其经济订货量为：

$$Q^* = \sqrt{\frac{2DK}{K_C}} = \sqrt{\frac{2\times 3\,600\times 25}{2}} = 300(\text{千克})$$

（二）确定再订货点

企业为保证生产经营连续不断地顺利进行，要不断地补充存货，当存货下降到某一水平时，就要发出订货通知，否则就要缺货，影响企业的正常经营，这个点就称为再订货点。

再订货点的确定受正常消耗量、订货提前期和安全储备量等因素的影响。

（1）正常消耗量是指产品在正常生产过程中预计的每天的正常消耗量。

（2）订货提前期是指订货与到货的时间间隔。

（3）安全储备量是指对预期需求的附加库存，为了防止缺货造成损失，就需要多储备一些存货以备应急之需。其计算公式为：

安全储存量=（预计每天最大耗用量－ 平均每天正常耗用量）×订货提前天数

（4）再订货点（R）是企业发出订货单时的现有库存量。其计算公式为：

R=每天平均耗用量×订货提前期+安全储备量

【技能操作】

【例 6-23】 某企业订货提前期为 10 天，每日存货需要量 10 千克，安全储备量为 20 千克，其订货点 R 为：

$$R = 10\times 10 + 20 = 120(\text{千克})$$

三、ABC 库存分类管理法

对存货的日常管理，根据存货的重要程度，将其分为 A，B，C 三种类型，然后按照各类存货的重要程度分别采取不同的方法进行管理。

（1）A 类存货的特点是金额较大，而品种数却少。

（2）B 类存货的特点是金额一般，而品种数相对较多。

（3）C 类存货的特点是品种数多，而金额很小。

(一) 分类方法

(1) 把各种存货全年用量分别乘以它们的单价，计算出各种存货的金额。

(2) 按照各品种存货金额的大小顺序重新排列，然后计算累计金额。

(3) 按照从大到小的顺序，计算逐项累计金额占总金额的比重，即百分比。当累计金额占总金额的百分比达到70%左右时，所对应的存货即为A类；当累计金额占总金额的百分比达到90%左右时，所对应的存货即为B类；剩余的为C类。

(二) 控制方法

(1) A类存货品种大约占全部存货的10%，而其金额大约占存货总额的70%，实行重点管理，如大型备品、备件等。

(2) B类存货为一般存货，品种大约占全部存货的20%，资金占全部存货总额的20%左右，适当控制，实行日常管理，如日常生产消耗用材料等。

(3) C类存货品种大约占全部存货的70%，资金占存货总额的10%左右，进行一般管理，如办公用品、劳保用品等，这类存货可以随时采购。

通过ABC分类后，抓住重点存货，控制一般存货，制定出较为合理的存货采购计划从而有效地控制存货库存，减少储备资金占用，加速资金周转。

【技能操作】

【例6-24】 天泉公司生产中常用的部分材料有10种，现就其中10种产品材料量需要年资料，如表6-24所示。

表6-24　产品材料量需要年资料

材料编号	年需要量	单　价	金　额
1	3 750	0.02	75
2	8 000	0.2	1 600
3	400	2	800
4	400	0.4	160
5	30	1.5	45
6	10	930	9 300
7	100	1	100
8	500	0.05	25
9	6 000	0.3	180
10	1 000	0.9	900
合计			13 185

根据表6-24资料，用ABC库存分类管理法进行分类结果，如表6-25所示。

表6-25　产品材料ABC库存分类表

类　别	材料编号	金　额	占总金额	各品种占比
A	6	9 300	70.53%	10%

（续表）

类　别	材料编号	金　额	占总金额	各品种占比
B	2	1 600	18.96%	20%
	10	900		
C	3	800	10.51%	70%
	9	180		
	4	160		
	7	100		
	1	75		
	5	45		
	8	25		
	合计	13 185	100%	100%

单元测试

1. 单项选择题

(1) 在零部件自制或外购的决策中，如果零部件的需用量尚不确定，应当采用的决策方法是(　　)。

A. 相关损益分析法　　B. 差别分析法

C. 相关成本分析法　　D. 成本平衡点法

(2) 在经济决策中，应由中选的最优方案负担的、按所放弃的次优方案潜在受益计算的那部分资源损失，就是所谓的(　　)。

A. 增量成本　　B. 机会成本　　C. 专属成本　　D. 沉没成本

(3) 在新产品开发的品种决策中，如果方案涉及追加专属成本，则下列方法中宜采用的是(　　)。

A. 单位资源边际贡献分析法　　B. 边际贡献总额分析法

C. 剩余边际贡献法　　D. 成本平衡点法

(4) 差量收入减去差量成本后的余额是(　　)。

A. 增量成本　　B. 边际成本　　C. 相关损益　　D. 差量损益

(5) 短期经营决策不包括(　　)。

A. 定价决策　　B. 存货决策

C. 固定资产投资决策　　D. 产品生产决策

(6) 某企业全年需要 A 材料 480 吨，每次订货费用为 40 元，每吨材料的储存成本为 24 元，则全年最佳进货次数为(　　)次。

A. 3　　B. 4　　C. 6　　D. 12

(7) 下列各项中，属于固定性订货成本的是(　　)。

A. 差旅费　　B. 电话费

C. 采购部门的办公费　　D. 通信费

(8) 假设某企业需要零件甲，其外购单价为10元；若自行生产，单位变动成本为6元，且需要为此每年追加10 000元的固定成本；当该零件的年需要量为(　　)件时，两种方案等效。

A. 2 500　　B. 3 000　　C. 2 000　　D. 1 800

(9) 将决策分析区分为短期决策与长期决策所依据的分类标志是(　　)。

A. 决算的重要程度　　B. 决策条件的肯定程度

C. 决策规划时期的长短　　D. 决策解决的问题

(10) 经营决算分析的评价原则是(　　)。

A. 取得最大收入　　B. 取得最大经济效益

C. 相关损益最低　　D. 成本最低

2. 多项选择题

(1) 下列各项中，属于联产品深加工决策方案可能需要考虑的相关成本有(　　)。

A. 加工成本　　B. 联合成本　　C. 专属成本　　D. 增量成本

(2) 下列各项中，属于生产经营决策的有(　　)。

A. 亏损产品的决策　　B. 产品深加工的决策

C. 生产工艺技术方案的决策　　D. 最优售价的决策

(3) 下列各项中，属于生产经营决策相关成本的有(　　)。

A. 增量成本　　B. 机会成本　　C. 专属成本　　D. 沉没成本

(4) 差量分析法涉及的指标有(　　)。

A. 差量收入　　B. 边际收入　　C. 差量成本　　D. 边际成本

(5) 存货成本包括(　　)。

A. 采购成本　　B. 订货成本　　C. 储存成本　　D. 缺货成本

(6) 与确定经济订货批量有关的成本有(　　)。

A. 采购成本　　B. 固定性订货成本

C. 变动性订货成本　　D. 变动性储存成本

(7) 定价决策分析的方法有(　　)。

A. 利润平衡点定价法　　B. 利润最大化定价法

C. 保本保利定价法　　D. 成本加成定价法

(8) 经济订货批量的基本假设条件包括(　　)。

A. 存货全年需求量既定　　B. 存货耗用或销售比较均衡

C. 存货价格稳定，且考虑数量折扣　　D. 考虑出现缺货的情形

(9) ABC存货分类管理的标准有(　　)。

A. 质量　　B. 金额　　C. 品种和数量　　D. 体积

(10) 下列各项对ABC存货分类管理法的描述中，正确的有(　　)。

A. A类存货金额巨大，但品种数量较少

B. 对C类存货应重点管理

C. C类存货金额巨大，但品种数量较少

D. C类存货金额较小，但品种数量繁多

3. 判断题

(1) 简单地说，决策分析就是领导拍板做出决定的瞬间行为。 ( )

(2) 决策分析的实质就是要从各种备选方案中做出选择，并一定要选出未来活动的最优方案。 ( )

(3) 因为企业采用先进的生产工艺技术，可以提高劳动生产率，降低劳动强度，减少材料消耗，可能导致较低的单位变动成本，所以，在不同生产工艺技术方案的决策中，应无条件选择先进的生产工艺技术方案。 ( )

(4) 为了扭亏为盈，凡是亏损的产品都应当停产。 ( )

(5) 存货的保险费用属于确定经济订货批量的无关成本。 ( )

(6) 在允许缺货的情况下，存货的缺货成本是一种相关成本。 ( )

(7) 企业存货增多，会增加企业风险或减少利润，因此，应力求减少存货，使存货越少越好。 ( )

(8) 在进行决策分析时，方案所涉及的所有成本都要考虑，包括相关成本和无关成本。 ( )

(9) 如果追加订货的价格低于单位产品成本，就一定要拒绝追加订货。 ( )

(10) 零部件是自制还是外购的决策中，如果全年的需要量确定，宜采用差量分析法。 ( )

实务训练

1. 某企业生产 A, B, C 三种产品，年度会计决算结果为：A 产品盈利 75 000 元，B 产品盈利 19 000，C 产品亏损 60 000 元，其他相关资料，如表 6-26 所示。

表 6-26　　该企业 A, B, C 三种产品相关资料

项　　目	产品 A	产品 B	产品 C	合　计
销售量(件)	1 000	1 200	1 800	
单价	900	700	500	
单位变动成本	700	580	450	
单位贡献边际	200	120	50	
贡献边际总额	200 000	144 000	90 000	434 000
固定成本	125 000	125 000	150 000	400 000
利润	75 000	19 000	−60 000	34 000

要求：分析 C 产品是否停产(固定成本按变动成本比例分配)。

2. 某厂生产 A 产品，其中某零件下一年需要 18 000 个。如外购每个进价 60 元；如利用车间生产能力生产，每个零件的直接材料费 30 元，直接人工费 20 元，变动制造费用 8 元，固定制造费用 6 元，合计 64 元。该车间的设备如不接受自制任务，也不做他用。

要求：做出零件应自制还是外购的决策。

3. 某公司每年生产甲半成品 10 000 件，销售单价 46 元/件，单位变动成本 20 元/件，固定成本总额 150 000 元。如果把半成品甲进一步加工为产成品乙，则销售单价可提高到 80 元/件，但需要追加单位变动成本 23 元/件，专属固定成本 80 000 元。

要求：做出该公司是否需要进一步深加工的决策。

4. 某企业现有设备生产能力 30 000 个机器工时，其利用率为 80%，现准备利用剩余生产能力开发新产品 A，B 或 C，三种产品的资料，如表 6-27 所示。

表 6-27　　A，B，C 三种产品的资料

项　目	A 产 品	B 产 品	C 产 品
单位产品定时(小时)	2	3	5
单位销售价格	15	25	35
单位变动成本	5	15	20

另外，生产 C 产品时，需增加价值 2 000 元的设备，假设三种产品市场销售不受限制。

要求：试对开发哪种产品进行决策。

5. 某企业需要一种 B 零件，既可以自制，也可以外购。外购单价(含运费)50 元，外购的每年固定采购费用 20 000 元；自制的单位变动成本 38 元，自制每年需追加专属固定成本 44 000 元。

要求：分析 B 零件在什么条件下应自制，在什么条件下应外购。

6. 某公司专门生产甲产品，年预计生产能力为 7 500 件，销售单价为 300 元，正常产销量 6 000 件，相关成本资料，如表 6-28 所示。

表 6-28　　甲产品相关成本资料

项　目	直接材料	直接人工	变动制造费用	固定制造费用	单位制造成本
金额(元)	120	75	15	30	240

现有某客户要求订购甲产品 1 500 件，但是客户只愿出价 225 元。

要求：(1) 是否接受该项订货。

(2) 特殊订货的甲产品款式上有些特殊要求，需租用 1 台专用设备，租金总额为 1 000 元，则是否接受该项订货。

(3) 在(2)的基础上，客户要订货 1 700 件，企业若接受订货，将减少正常销量 200 件，则是否接受该项订货。

(4) 在(2)的基础上，客户要订货 1 700 件，企业若接受订货，将减少正常销量 200 件，若不接受追加订货，剩余生产能力可以转移，对外出租可获得租金收入 8 000 元，则是否接受该项订货。

7. 某公司年耗用乙材料 6 000 千克，单位采购成本为 15 元，单位储存成本为 9 元，平均每次进货费用为 30 元，假设该材料不存在缺货情况。

要求：(1) 计算经济进货批量。

(2) 计算相关最低总成本。

(3) 计算经济进货批量平均占用资金。

(4) 计算年最佳进货批次。

第七单元　长期投资决策分析

导学目标

通过本单元教学，学生应该掌握货币时间价值的概念及计算；掌握现金流量的相关概念及计算方法；掌握长期投资决策的各种评价方法。

导学案例

现金在不同的时间点，显然其价值是不一样的。在管理会计中，最简单、最浅显的原则是：今天的钱比明天的钱更值钱。假设你的老板要给你发放奖金，有两种选择：一是现在立马给你10 万元；二是 1 年以后给你 10 万元。你会毫不犹豫地选择第一个。但是，如果老板答应你现在不领取 10 万元奖金的话，1 年以后可以给你发放 12 万元，这个时候你可能就要仔细斟酌一下了。也许你在思考以后，会选择后者。

那么，我们到底应该如何来衡量不同时点的现金呢？这就需要了解管理会计中的货币时间价值。下面就让我们进行学习吧！

第一讲　长期投资分析决策概述

【知识要点】

长期投资决策又称资本预算决策，在西方国家也称为资本支出决策。长期投资决策是关于长期投资方案的选择。

长期投资是指固定资产增加、扩建和改造等方面的资金投入；有时也指购买长期债券、股票等证券方面的资金投入，在通常情况下专指前者。目前，我国的项目建设都要进行技术上、财务上和经济上的可行性分析。财务上与经济上的可行性分析，实际上就是长期投资决策分析。

一、长期投资决策的内容

按对未来的影响程度，长期投资决策可分为战略性投资决策和战术性投资决策。

战略性投资决策是指企业对全局及未来有重大影响的投资进行的决策，如新产品的投资决策、转产的投资决策和建立分公司的投资决策等。这种投资往往投资数量大、回收时间长、风险程度高。因此，从方案的提出、分析和决策等环节上，都要求严格按程序进行。

战术性投资决策是指不影响企业全局和前途的投资决策，如更新设备、改善工作环境、提高生产效率和增加产品花色品种等方案的投资决策。

二、长期投资决策的特征和程序

（一）长期投资决策的特征

（1）投资数额巨大，一般涉及企业生产能力的变更，有的甚至带来企业生产经营方面的改变。

（2）投资效益一般经历很长时期才能完全实现，少则几年，多则几十上百年。

（二）长期投资决策的程序

1. 项目规划

项目规划是根据市场情况以及企业自身发展的需要，提出项目建设的构想。

2. 编制项目建议书

对项目的必要性及在技术上、财务上和经济上的可行性进行初步分析，并按管理权限报批后，分别列入各级前期工作计划，也就是对项目做出初步决策。

3. 编制可行性研究设计任务书

对项目建议书已批准并已列入前期工作计划的项目，由上级部门、企业单位委托设计或咨询单位按规定进行可行性研究，具体研究分析项目的产品市场和产、供、销情况及地点、技术设计方案、财务和经济效益等，编出可行性研究报告及设计任务书。

4. 确立项目

可行性研究报告及设计任务书应按管理权限报经有关部门批准，对项目做出最后决策。

会计人员参与长期投资决策，其重点在于可行性研究报告的财务和经济效益情况的分析。

三、研究、运用长期投资决策方法的现实意义

企业制定战略，是为了决定今天应该采取什么投资活动，才可以在明天获得成果，是以对未来的预期为基础。几乎所有的投资决策都是长期决策——就今天而言，甚至 10 年的时间都算短了。中国核电集团要建设核电站，核电站一旦建成，其运营期限至少 50 年。不管是有关研究开发建造新工厂，还是设计新产品，每个重大的投资决策都需要经过多年时间，才能真正奏效，甚至多年以后，投入的成本才能得以收回。

而日常的经营管理中的决策，如购买哪一个供应商的办公用品，宴请客户是在五星级酒店还是郊区农家乐，则一般来说不会对企业的发展产生重大的长远影响。

相对于经营决策而言，投资决策面对的是关于长期资产的取得问题，涉及的资金支出数额通常较大甚至巨大，并且一般还具有风险大、周期长和不可逆转等特征。因此，长期投资决策的正确与否对企业的生死存亡具有决定性的影响作用，因而，长期投资决策分析也就必然成为管理会计的重要研究内容之一。对于会计师来说，管理中“抓大放小”应当抓的一件大事，就是投资决策及投资活动。

第二讲　长期投资决策分析的基本因素

【知识要点】

一、投资总额

投资总额，是投资项目在投入使用前所发生的全部支出，它包括对非流动资产和流动资产两方面的投资。例如，某单位要进行新产品的开发，既需要购置厂房和添加设备，又需要购买材料和支付经营费用。前者是对非流动资产的投资，后者是对流动资产的投资。

对非流动资产的投资随着生产经营活动的不断进行，逐渐地转移，由营业收入补偿。对流动资产的投资，在一个营业周期内会变现或转化形态，并在 1 年以内得到补偿，但只要项目不终止，这部分投资又会被下一个生产经营周期占用。所以，在进行长期投资决策时，应以投资总额为计算现金流量的基数，不能只考虑对非流动资产的投资，而不考虑对流动资产的投资。

二、现金流量

在长期投资决策中，投资收入与投资支出都是以现金实际收支为基础的。在未来一定时期内的现金流入量与现金流出量统称为现金流量，反映了广义现金的运动。

这里所说的“现金”，是指广义的现金，它不仅包括货币资金，而且还包含与项目相关的非货币资源的变现价值。现金流量的计算是资本预算中最关键的步骤，它的正确与否直接影响到企业的决策方向，也是正确评价投资方投资效益的必要条件之一。

(一) 现金流量的内容

1. 现金流入量

现金流入量通常包括以下三个方面：

(1) 项目投产后每年的营业收入(或付现成本节约额)。

(2) 项目终止时固定资产的变价收入。

(3) 项目终止时收回原来投放在各种流动资产上的营运资金。

2. 现金流出量

现金流出量主要包括以下几项：

(1) 建设投资是指在建设期内按一定生产经营规模和建设内容进行的固定资产、无形资产和开办费等投资项目的总和，包括基建投资和更改投资。

(2) 在流动资产上的投资，是指对原材料、在产品、产成品、存货和货币资金等流动资产的垫支。

(3) 经营成本又称付现成本，是指在经营期内为满足正常生产经营而用货币资金支付的那部分成本费用。某年的经营付现成本等于当年的总成本，扣除年折旧额、无形资产摊销等项目后的差额。这是因为，总成本费用中包含了一部分非现金流出的内容，这些项目大多与固定资产和无形资产等长期资产的价值有关，不需要发生现金支出。

(4) 从企业的角度出发，所得税支出只有税后现金流量才真正属于自己，因此，将所得税支出看作是一种现金流出量。

3. 现金净流入量

现金净流量是指现金流入量扣除现金流出量后的余额。通常以“年”为单位，称为年现金净流入量，在评价项目时主要以 NCF 为基础。

(二) 现金净流入量的计算

一个投资项目要经过投资筹建、正式投产经营和结束三个阶段。现金净流入量的计算也可以相应地分为三个部分。

1. 项目建设期内的现金净流入量计算

项目建设期内的现金流量主要是投资引起的现金流出量，一般包括固定资产投资、流动资产投资和投产前相关费用。计算公式可表示为：

$$建设期\ NCF=0-投资额=-投资额$$

2. 项目经营期内的现金净流入量计算

其计算公式为：

$$NCF=销售收入-付现成本$$

此公式是根据现金流入量减去现金流出量的原则得到的。

$$NCF=年净利润+年折旧$$

此公式是将权责发生制的结果调整为收付实现制的结果。

需要注意的是，如果存在无形资产与递延资产的推销额，应与折旧做相同处理。

3. 项目结束时现金净流量的计算

项目终止时，会发生固定资产的变价收入及流动资金的收回。其计算公式为：

$$项目终止时\ NCF=固定资产的变价收入+收回的原投入的流动资金$$

则有关项目现金净流量的计算公式如下：

$$\begin{aligned}现金净流量&=投资现金流量+营业现金流量+项目终止现金流量\\&=-投资额(包括投资在固定资产及流动资产上的资金)+\\&\quad(各年净利润+各年计提的折旧)+(固定资产变价收入+收回的原投入流动资金)\end{aligned}$$

【技能操作】

【例 7-1】 天泉公司要增加一种新产品的生产，需投资 200 万元，预计可使用 8 年(假定直线法折旧，无残值)，每年可生产产品 2 000 件，产品售价 700 元，单位变动成本 300 元，除折旧以外的固定成本 40 万元。试计算各年的现金净流量。

分析：应分为项目建设期和项目经营期两阶段考虑。其中：由于每年收入与成本相同且期末无残值，因此，8 年的现金净流入量一致。

项目建设期现金净流量为：

$$NCF=0-2\ 000\ 000=-2\ 000\ 000(元)$$

项目经营期 1～8 年每年现金净流量为：

$$NCF=700\times2\ 000-(300\times2\ 000+400\ 000)=400\ 000(元)$$

【技能操作】

【例 7-2】 天泉公司进行一项固定资产投资，在建设起点一次性投入 800 万元，建设期为 1 年，该投资从银行贷款，建设期按 10% 利息率计算利息，为 80 万元。该项目的生产期为 8 年，该固定资产报废时预计有残值 32 万元。生产经营期每年可获税后利润 130 万元。试计算该投资的项目计算期内各年的现金净流量。

分析：要计算项目经营期内的现金净流量，必须要计算每年的折旧额，计算如下：

固定资产原值 $=800+80=880$(万元)

固定资产年折旧额 $=(880-32)\div8=106$(万元)

项目建设期现金净流量为：$NCF=0-800=-800$（万元）

项目经营期1～8年每年现金净流量为：$NCF=130+106=236$（万元）

项目结束期现金净流量为：$NCF=130+106+32=268$（万元）

三、货币时间价值

（一）货币时间价值的含义

所谓货币时间价值，是指不同时点上的货币具有不同的价值。货币时间价值有两方面因素：一是利息因素；二是通货膨胀因素。由于后者变化不规则，不易计量，因此，在长期投资决策中一般不予考虑。在通常情况下，货币的时间价值专指利息。

所以，货币的时间价值也可以表述为：货币所有者放弃现在使用货币的机会，而得到的按放弃时间长短计算的报酬。例如，把10 000元钱存到银行，如果年利率为5%，存满1年后就有10 500元，其差额500元就是货币时间价值的具体表现。正因为如此，不同时间的货币收支不适合直接比较，需要换算到同一时间上才能进行比较。

货币时间价值的表现形式有两种：一是相对数形式——利息率或折现率；二是绝对数形式——利息。货币时间价值也是影响长期投资决策的重要因素之一。因为长期投资决策的投资额大、项目周期长，若不考虑货币时间价值，容易高估收益，从而做出错误决策，造成重大损失。

（二）货币时间价值的计算

1. 利息的计算

利息的计算有两种制度，一种是单利制，另一种是复利制。

1）单利制

单利制是指只对最初的本金计息，前期的利息不计入下期的本金。

式中，设本金为P；利息率为i；计息期数为n；本金与利息的总和为F_n。则：

1个时期的利息为：$P\times i$；

n个时期的利息为：$P\times i\times n$；

n个时期的本利和为：

$$F_n=P+P\times i\times n=P(1+i\times n)$$

2）复利制

复利制是指每期计算利息时都以前一时期的本利和作为计算的基础，前期的利息计入下期的本金。俗称“利滚利”，在复利制下，计算的各期利息额是递增的。即：

第一期期末的利息为：$P\times i$；

第一期期末的本利和为：$F_1=P(1+i)$；

第二期期末的利息为：$(P+P\times i)\times i=P(1+i)\times i$；

第二期期末的本利和为：$F_2=P(1+i)(1+i)=P(1+i)^2$。

所以，第n期期末的本利和为：

$$F_n=P(1+i)^n$$

3）单利制与复利制的比较

下面举例比较单利制与复利制的区别。

【技能操作】

【例7-3】 假设第一年年初存款100元，假定年利率为8%，单利、复利计算比较表，如表

7-1 所示。

表 7-1　　单利、复利计算比较表

期数	单利			复利		
	年初本金	年末利息	年末本利和	年初本金	年末利息	年末本利和
1	100	8	108	100	8	108
2	100	16	116	108	8.64	116.64
3	100	24	124	116.64	9.331 2	125.971 2

2. 复利终值计算

终值又称将来值，是指现在一笔钱(即现值)在一定的利率下，到若干年后的本利和。复利终值是指按复利制计算的一定时期后的本利和。

设 F 为终值，P 为现值，i 为利率，n 为年数，则复利终值的计算公式如下：

$$F_n = P(1+i)^n$$

式中，$(1+i)^n$ 为 1 元的终值，通常称为复利终值系数，记作$(F/P, i, n)$。

在终值计算中，复利终值系数可查表(见附表一)得到。在 n 与 i 已知的情况下，就可查出相应的复利终值系数，然后乘以现值，可求得复利终值。

【技能操作】

【例 7-4】 天泉公司 2020 年将 5 000 元存入银行，年复利率为 6%，准备 5 年后购置 1 台设备，问第 5 年年末这笔钱是多少？

$$F = 5\ 000 \times (F/P, 6\%, 5)，查表可知(F/P, 6\%, 5) = 1.338\ 2$$

所以 $F = 5\ 000 \times 1.338\ 2 = 6\ 691$(元)

也可以直接计算得：

$$F = 5\ 000 \times (1+6\%)^5 = 5\ 000 \times 1.338\ 2 = 6\ 691(元)$$

3. 复利现值计算

现值又称当前值，是指将若干年后的一笔钱，根据一定的利率折算成现在的价值。这个折算过程称为贴现或折现，所采用的利率称为贴现率或折现率。

复利现值是复利终值的逆运算，是指根据复利折现率计算的现在的价值，用 P 表示。根据终值的计算公式可以推出现值的计算公式：

$$P = \frac{F_n}{(1+i)^n} = F_n \frac{1}{(1+i)^n}$$

式中，$\frac{1}{(1+i)^n}$为 1 元的现值，通常称为复利现值系数，记作$(P/F, i, n)$。在实际工作中，复利现值系数可查表(见附表二)得到。

【技能操作】

【例 7-5】 天泉公司要在第 5 年年末买一台价格为 100 000 元的设备，银行的复利率为 8%，问现在需一次存入多少元？

$P = 100\ 000 \times (P/F, 8\%, 5)$，查表可知$(P/F, 8\%, 5) = 0.680\ 6$

所以 $P=100\ 000\times0.680\ 6=68\ 060$(元)

也可以直接计算得：

$$P=100\ 000\times\frac{1}{(1+8\%)^5}=100\ 000\times0.680\ 6=68\ 060(\text{元})$$

4. 年金

每间隔相等的时间，收入(支出)一系列等额的款项，称为年金。如每月等额计提的折旧，每期等额收取或支付的租金、利息等都是年金。

年金根据每次收付的时点不同，分为普通年金、先付年金、递延年金和永续年金四种形式。其中，普通年金应用最为广泛，所以，我们这里只介绍普通年金。

普通年金是指每期期末发生的年金，一般用 A 表示，以后凡涉及年金问题若不特殊说明均指普通年金。

1) 普通年金终值的计算

普通年金终值 F_A 是指普通年金的复利终值的总和。其计算公式为：

$$F=A+A(1+i)+A(1+i)^2+\cdots+A(1+i)^{n-2}+A(1+i)^{n-1}$$

上述公式实际上是求等比数列的和 S_n，公比为$(1+i)$，经过整理可得普通年金终值的计算公式为：

$$F_A=A\,\frac{(1+i)^n-1}{i}$$

式中，$\frac{(1+i)^n-1}{i}$为年金终值系数，用$(F/A\ ,i,\ n)$表示。

【技能操作】

【例 7-6】 天泉公司进行对外投资，于 2014 年至 2019 年，每年年末存入银行 100 000 元，年利率为 8%，2019 年年末可得本利和是多少？

$F_A=100\ 000\times(F/A\ ,8\%,\ 5)$，查表可知$(F/A,\ 8\%,\ 5)=5.866\ 6$

所以，$F_A=100\ 000\times5.866\ 6=586\ 660$(元)

也可以直接计算得：

$$F_A=100\ 000\times\frac{(1+8\%)^5-1}{8\%}=100\ 000\times5.866\ 6=586\ 660(\text{元})$$

2) 普通年金现值的计算

普通年金现值 P_A 是指普通年金的复利现值的总和。其计算公式为：

$$P=A(1+i)^{-1}+A(1+i)^{-2}+\cdots+A(1+i)^{-n}$$

经过整理可得普通年金现值的计算公式：

$$P_A=A\,\frac{(1+i)^n-1}{i\,(1+i)^n}$$

式中，$\frac{(1+i)^n-1}{i\,(1+i)^n}$为年金现值系数，用$(P/A,\ i,\ n)$表示。

该系数实质是年金终值系数$\frac{(1+i)^n-1}{i}$与复利现值系数$\frac{1}{(1+i)^n}$的乘积。

【技能操作】

【例 7-7】 天泉公司今后 5 年每年年末投资 50 万元，假定折现利息率 10%，每年计一次复利。试计算按第一年年初价值来看的投资额。

P_A=500 000×(P/A ,10%, 5)，查表可知(P/A, 10%, 5)=3.790 8

所以，P_A=500 000×3.790 8=1 895 400(元)

也可以直接计算得：

$$P_A=500\ 000\times\frac{(1+10\%)^5-1}{10\%(1+10\%)^5}=500\ 000\times3.790\ 8=1\ 895\ 400(\text{元})$$

四、资本成本

资本成本是指企业取得和使用长期资金而发生的各种费用，是衡量企业投资是否可行的重要因素之一。货币时间价值是资本成本的主要内容。由于企业取得或使用各笔长期资本的条件、数额不尽相同，为便于分析比较，资本成本通常以相对数表示。

投资于任何项目，如果预期的投资收益率超过资本成本，将有利可图，该投资方案在经济上是可行的；如果预期的投资收益率低于资本成本，将发生损失，这样的投资方案是不可行。因此，资本成本是企业用以确定投资方案是否采用的“取舍率”，也是企业选择资金来源、评价企业资本使用效果的最低尺度。

第三讲　长期投资决策的基本方法

【知识要点】

一个项目是否可行，应从技术上的先进性与经济上的合理性两方面综合考虑。而我们重点看的是经济上的合理性，其标准为经济效益，即在计算出投资项目的现金流量并确定了资本成本之后，通过计算有关指标，据以评价项目或方案的经济效益，决定项目或方案的取舍。另外，评价投资效果的方法，按其是否考虑货币的时间价值可分为静态评价法(非贴现评价法)和动态评价法(贴现评价法)。

静态评价法不考虑货币时间价值对投资过程及结果的影响，直接按投资方案各年形成的现金流量进行计算评价。它主要包括投资回收期法和年平均投资报酬率法。

动态评价法考虑货币时间价值对投资过程及结果的影响，即采用复利计算方式，按某资本成本，将未来的预期报酬，统一折算为某一时点的价值。该方法的优点在于把不同时期的现金流量折算到可比的基础上，但计算过程复杂。该方法主要包括净现值法、现值指数法和内含报酬率法。

一、静态评价法

(一) 投资回收期法

投资回收期简称回收期(PP)，是指以投资项目经营期现金净流入量抵补原始投资所需要的时间。一般来说，备选方案的回收期越短越好。

1. 计算方法

其计算可分以下两种情况：

(1) 年现金净流量相等。在这种情况下，其计算公式如下：

$$投资回收期=\frac{投资总额}{年现金净流量}$$

(2) 年现金净流量不等。在这种情况下，通常按累计现金净流量计算，投资回收期即为累计现金净量与原投资额达到相等所需的时间。其计算公式为：

$$投资回收期=已收回投资的若干整年年数+\frac{原投资额-已收回投资的若干整年年数的投资之和}{已收回投资的若干整年年数下一年的投资回收额}$$

2. 分析步骤

采用回收期法进行决策分析的步骤是：

(1) 计算备选方案的回收期。

(2) 将备选方案的回收期与企业主观上既定的期望回收期相比较，如果：

投资方案回收期＜期望回收期，则投资方案可行；

投资方案回收期＞期望回收期，则投资方案不可行。

若有两个或两个以上的方案均可行，应选择回收期最短的方案。

【技能操作】

【例 7-8】 天泉公司购入设备 1 台，价值 120 000 元，有两个方案可供选择，请计算投资回收期，并进行决策判断。

甲方案：每年年现金净流量相等，为 50 000 元，可用 5 年。

$$投资回收期=\frac{投资总额}{年现金净流量}=\frac{120\,000}{50\,000}=2.4(年)$$

乙方案：每年年现金净流量不相等，分别为 40 000 元、50 000 元、60 000 元、70 000 元、80 000 元，可用 5 年。

分析可知到第三年累计的现金净流量为 150 000 元，已超过初始投资额，所以不到 3 年就可以收回全部投资。

$$投资回收期=2+\frac{120\,000-90\,000}{60\,000}=2.5(年)$$

对比两个方案，甲方案投资回收期 2.4 年小于乙方案的 2.5 年，则认为甲方案是可行的。

3. 优缺点

投资回收期法计算简便易懂，投资回收期的长短可看作为一项投资方案在未来所冒风险大小的标志；但由于没有考虑货币的时间价值和投资回收后的现金流量，以及整个投资项目的盈利水平，故不能全面、正确地评价各投资方案的经济效益。

(二) 年平均投资报酬率法

年平均投资报酬率(ARR)是投资方案寿命期内平均的年投资报酬率。

1. 计算方法

其计算公式为：

$$年平均投资报酬率=\frac{年均净利润}{投资额}\times 100\%$$

年平均投资报酬率是正指标，这个指标越高，说明投资方案的获利能力越强。

2. 分析步骤

采用年平均投资报酬率法进行决策分析的步骤是：

(1) 确定期望投资报酬率。

(2) 计算投资方案的年平均投资报酬率。

(3) 如果投资方案的投资报酬率达到或超过期望投资报酬率,则方案可行;反之,则不可行。

在多方案决策时,如果有两个或两个以上方案的投资报酬率超过了期望报率,则应选择投资报酬率最高的方案。

【技能操作】

【例 7-9】 天泉公司要投资某项目,初始投资 200 000 元,使用期限 4 年,预计利润分别是 50 000 元、60 000 元、70 000 元、80 000 元,期望达到的年平均投资报酬率为 25%。试计算该项目的年平均投资报酬率。

$$\text{年平均投资报酬率}\frac{(50\,000+60\,000+70\,000+80\,000)\div 4}{200\,000}\times 100\%=32.5\%$$

根据计算结果可知,该项目的年平均投资报酬率大于期望达到的年平均投资报酬率 25%,故方案可行。

3. 优缺点

年平均报酬率法虽然计算简单,易于理解,但有两大缺点:一是只考虑固定资产投资,未考虑流动资产投资;二是没有考虑资金的时间价值,而是把不同时期的现金流量看成具有同等的价值,因而容易导致决策失误。这种方法在实际工作中的运用越来越少。

二、动态评价法

(一) 净现值法

净现值(NPV)是指将各年的净现金流量按照要求的回报率或资本成本折算为现值的合计。一般来说,回报率通常指股东或其他资本提供者所要求的报酬率,也可理解为“资本成本”。净现值法就是以净现值大小来评价方案优劣的方法。

1. 计算方法

企业投资于任何一个项目,总希望未来获得的报酬要高于原投资额,因为只有这样,才有盈利。由于未来获得的报酬所发生的时间不同,且投资额并非都是一次性投入,根据货币时间价值,把不同时间发生的投资额按相同的资本成本折算成现值(若为期初一次性投入,则不必折算),以便在同一时点上进行对比。这种把一个投资项目在整个投资周期内的未来报酬的总现值与投资总额的总现值进行比较,计算出净现值并据以进行决策的方法,称为净现值法。净现值的计算公式如下:

净现值=投资项目未来报酬的总现值-该项目投资总额的总现值

净现值表明投资项目在整个寿命期内考虑了货币时间价值后,以净现值表现的净收益。

2. 评价标准

净现值越大,说明投资项目的经济效益越好。净现值法对投资方案的评价标准有以下几种:

(1) 净现值为正数,说明投资项目的总报酬大于总支出,则投资方案可行。

(2) 净现值为负数,说明投资项目的总报酬小于总支出,则投资方案不可行。

(3) 若几个方案的净现值均为正，且只选取一个投资方案，则取净现值大的方案。

【技能操作】

【例 7-10】 某企业购入设备 1 台，价值 25 000 元，经营期为 5 年，年现金净流量每年相等为 8 000 元，若贴现率为 10%。试计算净现值。

$$
\begin{aligned}
\text{净现值} &= 8\,000\times(P/A,\ 10\%,\ 5)-25\,000\\
&= 8\,000\times3.790\,8-25\,000\\
&= 5\,326.4(\text{元})
\end{aligned}
$$

根据计算结果可知，该方案的净现值大于 0，故该方案可行。

假定，各年的现金净流量分别为 5 000 元、6 000 元、8 000 元、10 000 元、12 000 元，其余资料不变，则净现值为多少？

$$
\begin{aligned}
\text{净现值} &= 5\,000\times(P/F,\ 10\%,\ 1)+6\,000\times(P/F,\ 10\%,\ 2)+8\,000(P/F,\ 10\%,\ 3)\\
&\quad +10\,000\times(P/F,\ 10\%,\ 4)+12\,000\times(P/F,\ 10\%,\ 5)-25\,000\\
&= 5\,000\times0.909\,1+6\,000\times0.826\,4+8\,000\times0.751\,3+10\,000\times0.683\\
&\quad +12\,000\times0.620\,9-25\,000\\
&= 4\,795.1(\text{元})
\end{aligned}
$$

3. 优缺点

净现值法的优点在于：它充分考虑了货币时间价值这一因素的影响，将未来发生的投资报酬及分期投资的金额，统一在同一时间的货币量上进行对比，使所得所耗显而易见，各投资方案的经济效益孰优孰劣一目了然。

净现值法的不足之处在于：当几个方案的原始投资额不同时，净现值这个指标实际上就没有可比性了，因为投资额很大、净现值也大的方案，不一定是最优方案。也就是说，净现值不能体现各投资方案能够达到的盈利水平。因此，衡量方案的优劣不能单纯以净现值多少来判断，还要运用现值指数法来评价分析。

(二) 现值指数法

现值指数法是指用现值指数的大小作为取舍投资方案标准的一种方法。

1. 计算方法

现值指数(PI)又称获利指数，是指投资方案的未来报酬的总现值与原始投资额总现值之间的比率。其计算公式为：

$$\text{现值指数}=\frac{\text{现金流入量现值合计}}{\text{投资额的现值合计}}$$

该指标的经济意义在于每元的现在投资能够获得的未来报酬的现值，它使所有方案都是以 1 元的原投资额作为对比的基础，使不同投资额的不同方案有了可比性。

2. 评价标准

现值指数法对投资方案的评价标准有以下几种：

(1) 现值指数大于 1，说明该投资方案未来投资报酬率大于所用的资本成本，投资方案可行。

(2) 现值指数小于 1，说明该投资方案未来投资报酬率小于所用的资本成本，投资方案不可行。

(3) 现值指数等于1,说明该投资方案未来投资报酬率等于所用的资本成本。

若几个投资方案的现值指数均大于1,而只能选取一个投资方案,则应选择现值指数最大的方案。

【技能操作】

【例7-11】 承[例7-10],计算现值指数。

$$
\begin{aligned}
\text{现值指数} &= [5\,000\times(P/F,10\%,1)+6\,000\times(P/F,10\%,2)+8\,000(P/F,10\%,3)\\
&\quad +10\,000\times(P/F,10\%,4)+12\,000\times(P/F,10\%,5)]\div 25\,000\\
&=(5\,000\times0.909\,1+6\,000\times0.826\,4+8\,000\times0.751\,3+10\,000\times0.683\\
&\quad +12\,000\times0.620\,9)\div 25\,000\\
&=1.19
\end{aligned}
$$

根据计算结果可知,该方案现值指数大于1,故该方案可行。

3. 优缺点

运用现值指数法虽然考虑了货币的时间价值,能够知道投资方案的报酬率是高于还是低于所用的资本成本,但是不能确定各方案本身能达到多大的报酬率,使管理人员不能肯定地指出每个方案的投资利润率能达到多少,看不出哪个方案投资额最少、报酬最大。基于上述原因,进行长期投资方案经济效益的评价时,还应采用内含报酬率法。

(三) 内含报酬率法

内含报酬率(IRR)又称内部报酬率、内部收益率,是指未来现金流入量现值等于未来现金流出量现值的贴现率,或者说是使净现值等于零的贴现率。内含报酬率表明一个项目对利率的最大承受能力。

1. 计算方法

(1) 当年现金净流量相等时。在年现金净流量相等的情况下,内含报酬率可采用插入法计算。其具体步骤为:

第一步,计算年金现值系数。

因为
$$\text{年金现值}=\text{年金}\times\text{年金现值系数}$$

所以
$$\text{年金现值系数}=\frac{\text{年金现值}}{\text{年金}}$$

如果把投资额作为年金现值,各年年末现金净流量作为普通年金的话。其计算公式为:

$$\text{年金现值系数}=\frac{\text{投资额}}{\text{每年现金净流量}}$$

第二步,查表确定内含报酬率范围。

若能直接查到上面计算的年金现值系数,其对应的折现率即为内含报酬率;若不能直接查到对应的折现率,则应查找其相邻的两个年金现值系数,然后用插入法求得内含报酬率。

第三步,用插入法求出内含报酬率。

$$\text{内含报酬率}=\text{利润下限}+\frac{\text{利率下限现金现值系数}-\text{净现值为零年金现值系数}}{\text{利率下限现金现值系数}-\text{利率上限现金现值系数}}\times(\text{利率上限}-\text{利率下限})$$

【技能操作】

【例7-12】 天泉公司购入设备1台,价值10万元,可以用5年,每年的现金净流入量为

4 万元，假设贴现率为 10%。试计算内含报酬率。

$$(P/A,\ i,\ 5)=\frac{100\ 000}{40\ 000}=2.5$$

查表可知 $(P/A,\ 25\%,\ 5)=2.689\ 3$

$(P/A,\ 30\%,\ 5)=2.435\ 6$

因此，内含报酬率 2.5 在 25%～30%之间，将上述资料代入公式，得

$$内含报酬率=25\%+\frac{2.689\ 3-2.5}{2.689\ 3-2.435\ 6}\times(30\%-25\%)=28.73\%$$

（2）当年现金净流量不相等时。在年现金净流量不等的情况下，内含报酬率可采用逐步测试的方法，其思路是找到两个利率，使得用它们所计算的净现值一个为正数，另一个为负数，以形成一个区间。由于内含报酬率所对应的净现值为零，因此，内含报酬率一定位于这两个利率之间。由于利率不一定能一次找准，可能要找多次，因此，被称为逐步测试法。

由于逐步测试法是一种近似方法，因此，这两个利率不能相差太大；否则，误差太大。在实际工作中，可视具体情况而定。

【技能操作】

【例 7-13】 承[例 7-10]，假定投资价值 25 000 元，经营期为 5 年，各年的现金净流量分别为 5 000 元、6 000 元、8 000 元、10 000 元和 12 000 元。试计算内含报酬率。

先假设 $i=16\%$，进行测试。

$$\begin{aligned}内含报酬率&=5\ 000\times(P/F,\ 16\%,\ 1)+6\ 000\times(P/F,\ 16\%,\ 2)+8\ 000\times(P/F,\ 16\%,\ 3)\\&\quad+10\ 000\times(P/F,\ 16\%,\ 4)+12\ 000\times(P/F,\ 16\%,\ 5)-25\ 000\\&=5\ 000\times0.862\ 1+6\ 000\times0.743\ 2+8\ 000\times0.640\ 7+10\ 000\times0.552\ 3\\&\quad+12\ 000\times0.476\ 1-25\ 000\\&=131.5(元)\end{aligned}$$

由于 16%计算的净现值为正数，因此，应再找一个更大的利率进行测算。

取 $i=18\%$，进行测试。

$$\begin{aligned}内含报酬率&=5\ 000\times(P/F,\ 18\%,\ 1)+6\ 000\times(P/F,\ 18\%,\ 2)+8\ 000\times(P/F,\ 18\%,\ 3)\\&\quad+10\ 000\times(P/F,\ 18\%,\ 4)+12\ 000\times(P/F,\ 18\%,\ 5)-25\ 000\\&=5\ 000\times0.847\ 5+6\ 000\times0.718\ 2+8\ 000\times0.608\ 6+10\ 000\times0.515\ 8\\&\quad+12\ 000\times0.437\ 1-25\ 000\\&=-1\ 181.3(元)\end{aligned}$$

所以，内含报酬率介于 16%～18%之间，用插入法求的具体数值：

$$内含报酬率=16\%+\frac{131.5-0}{131.5-(-1\ 181.3)}\times(18\%-16\%)=16.2\%$$

2. 评价标准

内含报酬率大于设定的贴现率是项目可行的必要条件。内含报酬率法对投资方案的评价标准有以下几种：

（1）内含报酬率大于预定投资报酬率，投资方案可行。

(2) 内含报酬率小于预定投资报酬率,投资方案不可行。

(3) 若几个投资方案内含报酬率均大于预定投资报酬率,则取最大者。

【技能操作】

【例 7-14】 承[例 7-13],假定贴现率为 10%。试判断方案是否可行。

根据内含报酬率的计算结果可知,16.2%大于 10%的资金成本,因此,该方案可行。

3. 优缺点

内含报酬率的优点是在考虑货币时间价值的基础上,直接反应投资项目的实际收益率水平,而且不受决策者设定的贴现率高低的影响,比较客观。其缺点是,如果投资方案在经营期现金净流量不是持续地大于零,而是出现间隔若干年就会有 1 年现金净流量小于零,就可能计算出若干个内含报酬率。在这种情况下,只能结合其他指标或凭经验加以判断。

(四) 三个指标的关系

总之,净现值、现值指数和内含报酬率三个指标均是贴现的投资决策评价指标,它们之间的关系如下:

(1) 如果净现值>0,则现值指数>1,内含报酬率>资金成本。

(2) 如果净现值=0,则现值指数=1,内含报酬率=资金成本。

(3) 如果净现值<0,则现值指数<1,内含报酬率<资金成本。

第四讲 长期投资决策的应用

【知识要点】

计算评价指标的目的,是为长期投资决策提供定量依据,进行项目的优选。由于评价指标的运用范围不同、评价指标的自身特征不同以及评价指标之间的关系比较复杂,因此,必须根据具体运用范围确定如何运用评价指标。

一、固定资产的更新决策

固定资产更新是指用新设备来替代旧设备,是固定资产投资中较为频繁的一种投资,随着科学技术的进步,固定资产平均使用年限的缩短,固定资产更新决策已成为企业长期投资决策的一项重要内容。

在新旧固定资产未来使用期相同的情况下,可以通过净现值指标进行决策,具体运用方法有两种:

(1) 分别计算新、旧设备的净现值,选择净现值为正且最大的设备。

(2) 通过计算差量现金净流量,并按确定的折现率计算出差量净现值,并根据净现值的正值或负值进行方案选择。

【技能操作】

【例 7-15】 天泉公司拟进行设备的更新改造投资,原设备尚可使用 5 年,其变价净收入为 150 000 元,如继续使用,5 年后报废时的净残值为 20 000 元。新设备的投资额为 300 000 元,使用期 5 年,第 5 年年末报废净残值 40 000 元,为配合新设备的使用,尚需增加投入流动资产30 000元。如果使用新设备可使企业经营期内每年增加销售收入150 000元，付现成本增加80 000元。假设企业所得税税率30%，固定资产采用直线折旧法，该企业的资本成本为10%。试用差额法计算分析设备是否应该更新。

分析：(1) 更新设备所需的差额投资。

固定资产差额投资＝更新方案固定资产投资－旧方案固定资产投资
＝300 000－150 000
＝150 000(元)

流动资产差额投资＝更新方案流动资产投资－旧方案流动资产投资
＝30 000(元)

差额投资额＝固定资产差额投资＋流动资产差额投资
＝150 000＋30 000
＝180 000(元)

(2) 新设备的差额折旧。

更新设备的差额折旧＝[固定资产差额投资－(更新方案的净残值－旧方案净残值)]÷年限
＝[150 000－(40 000－20 000)]÷5
＝26 000(元)

(3) 经营期差额利润的计算。

经营期差额成本＝增加付现成本＋更新设备的差额折旧
＝80 000＋26 000
＝106 000(元)

经营期差额净利润＝(增加收入－经营期差额成本)×(1－所得税税率)
＝(150 000－106 000)×(1－30%)
＝30 800(元)

(4) 经营期每年净现金流量。

经营期每年净现金流量＝经营期差额净利润＋更新设备的差额折旧
＝30 800＋26 000
＝56 800(元)

(5) 终结点差额现金流量。

固定资产净残值差额＝更新方案的净残值－旧方案的净残值
＝40 000－20 000＝20 000

流动资产差额投资收回＝流动资产差额投资＝30 000(元)

固定资产终结点净现金流量＝20 000＋30 000＝50 000(元)

购置新设备可增加的净现值＝56 800×(P/A，10%，5)＋50 000×(P/F，10%，5)
－300 000
＝56 800×3.791＋50 000×0.621－180 000
＝66 378.8(元)

根据计算结果可知，净现值大于0，因此，应更新设备。

二、扩充型方案决策

企业要开发新产品，就需要增加固定资产投资，购置新设备，并以此为项目可行性研究，进行决策。对该类问题的决策分析主要有两种方法，净现值法和内含报酬率法。

【技能操作】

【例 7-16】 天泉公司准备开发一种新产品，需购入 1 套设备，期初购置设备需一次性支付 270 000 元，需垫支的流动资金为 300 000 元，设备使用期为 5 年，每年可增加销售收入 500 000 元，增加经营成本 440 000 元，期满可收回的设备残值为 20 000 元，并可收回全部流动资金，要求最低投资报酬率为 10%。试分别用净现值法和内含报酬率法对该方案的可行性做出决策分析。

分析：(1) 净现值法。

设备的年折旧额＝(270 000－20 000)÷5＝50 000(元)

每年营业现金净流量＝500 000－(440 000－50 000)＝110 000(元)

营业现金净流量的现值＝110 000×$(P/A, 8\%, 5)$

＝110 000×3.992 7

＝439 197(元)

终结现金净流量的现值＝(20 000＋300 000)×$(P/F, 8\%, 5)$

＝320 000×0.680 6

＝217 792(元)

NPV＝(439 197＋217 792)－(270 000＋300 000)＝86 989(元)

根据计算结果可知，净现值大于 0，则该方案可行。

(2) 内含报酬率法。首先用 12%的折现率测试：

未来报酬的总现值＝110 000×$(P/A, 12\%, 5)$＋(20 000＋300 000)×$(P/F, 12\%, 5)$

＝110 000×3.604 8＋320 000×0.567 4

＝578 096(元)

NPV＝578 096－570 000＝8 096(元)

净现值为正，说明估计过低，应提高折现率进行第二次测试。

再用 13%的折现率测试：

未来报酬的总现值＝110 000×$(P/A, 13\%, 5)$＋(20 000＋300 000)×$(P/F, 13\%, 5)$

＝110 000×3.517 2＋320 000×0.542 8

＝560 588(元)

NPV＝560 588－570 000＝－9 412(元)

净现值为负，说明实际报酬率低于估计的折现率 13%。

根据上述计算结果，可以估计出该项目内含报酬率在 12%～13%之间，大于要求的最低报酬率 10%，故该方案可行。

三、资本限量决策

前面介绍的固定资产投资决策都是在企业有充足的资本假设条件下进行的，但现实的情况是企业的资本是有限的，无法满足所有获利投资项目的投资需求，需采用专门的方法，合理进行投资项目的筛选和组合，以达到有限的资本报酬最大化。

资本限量决策实质上就是运用现值指数寻求一组使净现值最大化的投资项目组合。使用现值指数法的基本步骤如下：

(1) 计算所有投资项目的净现值和现值指数、只接受 $PI>1$ 的投资项目。

(2) 按各投资方案的现值指数高低为标准进行排序，逐项计算累计投资额，并与资本限量进行比较。

(3) 当截至某投资项目的累计投资额恰好等于资本限额时，前面的各投资项目即为最优的投资组合。

(4) 如果第(3)步无法直接找到最优投资组合，需采用一定的方法对第(3)步进行必要的修正，即对投资项目在资本限量内进行所有可能的投资组合排列，并求出所有投资组合的净现值的大小，接受净现值最大的投资组合为最优组合。

【技能操作】

【例 7-17】 天泉公司现拥有 A, B, C, D 四个备选投资方案，其中 B, C 为互斥投资方案，各方案的投资额、净现值和现值指数表，如表 7-2 所示。

表 7-2　　各方案的投资额、净现值和现值指数表

投资项目	初始投资	净现值	现值指数
A	275	145.25	1.53
B	210	88.2	1.42
C	230	92	1.4
D	260	72.8	1.28

该企业最大资本限量为 800 万元，试分析该企业应如何选择投资组合。

分析：根据已知条件可知企业最大资本限量为 800 万元，B, C 为互拆投资方案，所以可选择的组合有 A, B, D 组合，A, C, D 组合。

A, B, D 组合的净现值 $=145.25+88.2+72.8=306.25$

A, B, D 组合需要的投资额 $=275+210+260=745$(万元)

A, C, D 组合的净现值 $=145.25+92+72.8=310.05$

A, C, D 组合需要的投资额 $=275+230+260=765$(万元)

根据计算结果可知，A, C, D 组合的净现值高于 A, B, D 组合的净现值，所以 A, C, D 组合为最优组合。

单元测试

1. 单项选择题

(1) 下列各项中，属于长期投资决策中的动态评价指标的是(　　)。

A. 原始投资回收率　B. 会计收益率　C. 净现值　D. 投资利润率

(2) 下列各项中，属于长期投资决策中的静态评价指标的是(　　)。

A. 内含报酬率　B. 年均净现值　C. 获利指数　D. 投资回收期

(3) 在全部自有资金投资假设下，不属于现金流出的是(　　)。

A. 固定资产投资　B. 开办费　C. 无形资产投资　D. 资本化借款利息

(4) 净现值是(　　)。

A. 动态的绝对量正指标　　B. 动态的绝对量反指标

C. 动态的相对量正指标　　D. 静态的相对量正指标

(5) 不会对内部收益率指标产生影响的因素是(　　)。

A. 原始投资　　B. 现金流量　　C. 项目计算期　　D. 设定折现率

(6) 内部收益率是(　　)。

A. 动态的绝对量正指标　　B. 动态的绝对量反指标

C. 动态的相对量正指标　　D. 静态的相对量正指标

(7) 在对某一投资项目进行评价时,得到以下数据:当折现率为10%时,净现值为2.918万元;当折现率为12%时,净现值为-1.450万元。那么,该项目的内含报酬率为(　　)。

A. 11.9%　　B. 11.3%　　C. 11%　　D. 9.8%

(8) 当某投资方案的净现值大于零时,内部收益率(　　)。

A. 大于折现率　　B. 小于折现率　　C. 等于折现率　　D. 以上三种都有可能

(9) 当内部收益率大于给定的折现率时,现值指数(　　)。

A. 大于1　　B. 小于1　　C. 等于1　　D. 有多种可能

(10) 下列评价指标中,在一定范围内越小越好的指标是(　　)。

A. 净现值　　B. 现值指数　　C. 投资回收期　　D. 内含报酬率

2. 多项选择题

(1) 长期投资的主要特点有(　　)。

A. 时间长　　B. 耗资多　　C. 风险大　　D. 不可逆转性

(2) 下列各项中,属于长期投资决策静态评价指标的有(　　)。

A. 年平均投资报酬率　　B. 投资回收期

C. 净现值　　D. 内含报酬率

(3) 下列各项中,属于长期投资决策动态评价指标的有(　　)。

A. 现值指数　　B. 年平均投资报酬率

C. 净现值　　D. 内含报酬率

(4) 影响长期投资决策的重要因素包括(　　)。

A. 现金净流量　　B. 货币时间价值

C. 投资风险价值　　D. 项目计算期

(5) 对于给定的折现率 i,如果净现值>0,则必有(　　)。

A. 内含报酬率 $>i$　　B. 内含报酬率 $<i$

C. 现值指数>1　　D. 现值指数<1

(6) 下列关于内含报酬率的表述中,正确的有(　　)。

A. 它是确定投资项目本身达到的报酬率

B. 它是投资者要求的最低报酬率

C. 以它为折现率的净现值为零

D. 以它为折现率的现值指数为1

(7) 下列各项中,属于年金范畴的有(　　)。

A. 每月固定薪金　　B. 每月水电费

C. 每月固定的房屋租金　　D. 按复利计算的每期存款利息

(8) 下列项目中,(　　)属于投资的初始现金流量。

A. 固定资产投资额　　B. 垫支的流动资金

C. 净残值　　D. 营业现金净流量

(9) 管理会计中,$(P/F, i, n)$所代表的项目不包括(　　)。

A. 复利终值系数　　B. 复利现值系数

C. 年金终值系数　　D. 年金现值系数

(10) 在长期投资决策方案分析时,(　　)说明方案可行。

A. 净现值大于零　　B. 现值指数大于1

C. 内含报酬率大于企业预期报酬率　　D. 投资回收期大于有效期

3. 判断题

(1) 现金净流量一定小于企业的净利润。(　　)

(2) 今天的1元与明年的1元钱不相等,说明货币有增值能力。(　　)

(3) 企业缴纳所得税,一定是现金流量减少。(　　)

(4) 货币时间价值是指货币会随着时间推移而增值。(　　)

(5) 年金是指连续收入或付出相等金额的系列款项。(　　)

(6) 长期投资决策分析所用的“现金流量”指标的含义与财务会计中“现金流量表”的现金含义相同。(　　)

(7) 在长期投资决策分析中,折旧因素往往作为沉没成本而不予以考虑。(　　)

(8) 凡是在建设期发生的投资统称为建设投资。(　　)

(9) 只有经营期才会发生净现金流量。(　　)

(10) 如果一项投资方案的净现值大于0,则获利指数一定大于1。(　　)

实务训练

1. 假设某人于年初存入1 000元,年利率为10%,存期5年。

(1) 若每年的利息和年末存款余额按单利计息,则5年后能取出多少钱?

(2) 若每年的利息和年末存放余额按复利计息,则5年后能取出多少钱?

2. 某企业拟建造一项生产设备。预计没有建设期,所需原始投资300万元于建设时一次投入。该设备预计使用寿命为5年,使用期满报废清理时无残值。该设备折旧方法采用直线法。该设备投产后每年增加净利润50万元。假定适用的行业基准折现率为10%。

要求:

(1) 计算项目计算期内各年净现金流量。

(2) 计算项目净现值,并评价其财务可行性。

3. 天泉公司拟于2020年年初用自有资金购置设备一台,需一次性投资200万元。经测算,该设备使用寿命为5年,税法也允许按5年计提折旧;设备投入营运后每年可增加利润40万元。假定该设备采用直线法折旧,预计的净残值率为10%(不考虑建设安装期和公司所得税)。

要求:

(1) 计算使用期内各年净现金流量。

(2) 计算该设备的静态投资回收期。

(3) 计算该投资项目的投资利润率。

(4) 如果以10%作为折现率，计算其净现值。

4. 天泉公司计划用新设备替代旧设备，旧设备预计还可使用 5 年，目前变价收入 60 000元。新设备投资额为 150 000 元，预计使用 5 年。第 5 年年末，新旧设备的残值相等。使用新设备可使企业在未来 5 年内每年增加营业收入 28 000 元，降低经营成本 2 000 元，该企业按直线法折旧，所得税税率为 30%。

要求：

(1) 计算使用新设备比使用旧设备增加的净现金流量。

(2) 计算该方案的差额投资内部收益率。

(3) 若折现率分别为 12%和 14%，请确定是否应更换旧设备。

第八单元　全面预算

导学目标

通过本单元教学，学生应该熟悉全面预算的体系构成；掌握全面预算的编制方法及其优缺点。

导学案例

多数企业的预算管理手册中都会提到要采用零基预算编制方法。零基预算是指在编制预算时，不考虑以往期间所发生的数额，而是以所有的预算为零作为出发点，一切从实际需要与可能出发，逐项审议预算期内各项成本费用的内容及其开支标准是否合理，在此基础上编制预算的一种方法。但是，按照上述定义，是不可能编制出零基预算的。

我们以某培训公司购买办公用品为例来加以说明：该公司以高级管理人员在职教育为主要业务，每年大概培训 70 000 人次，每人次培训需要发放 1 支水笔和 1 本笔记本，每支水笔历史采购价格为 1.5 元，每本笔记本为 2 元，那么，这两项东西的预算为 245 000 元(70 000×1.5＋70 000×2)；现在，我们以所有的预算为零作为出发点，输入数据的时候，还是这些数据，算出的结果还是 245 000 元。这样的预算编制合理吗？

我们要提出的问题是：现在的采购业务是否合理？是否有更好的方式？然后，我们发现这家公司目前是通过某文具用品销售有限公司(中间代理商)在采购，于是，我们改为直接从文具工厂采购，每支水笔的价格降为 1.2 元、每本笔记本的价格降为 1.6 元，此时的预算变为 196 000 元(70 000×1.2＋70 000×1.6)。这时，我们才得到了真正的预算结果。

预算管理以业务为基础的精髓正在于此——不断地改进业务流程，提升企业的经济绩效。要实现有效的管理会计，必须“勿忘初心，方得始终”，而这个初心，就是提高经济效益。

第一讲　全面预算概述

【知识要点】

全面预算管理是管理会计的事先管理工具，其本质是一种经济效益管理系统——在有限资源的约束条件下，对投入资源的最优配置及对投入产出的过程控制，保证经济绩效目标的实现。为什么称之为“全面”预算管理？这是因为其囊括了企业的人、财、物方方面面的管理。

一、全面预算的概念

所谓预算，就是以货币作为计量手段，将决策目标所涉及经济资源的配置，以计划的形式具体、系统地反映出来的过程。简而言之，预算就是决策目标的具体化。而利用预算对企业未来行动和业绩实施控制，则被称为预算控制。一个企业，无论是其长期还是短期决策，为了实现既定目标，必须研究相应的途径和方法，同时，要求企业所有的部门相互配合、协调行动，通过编制预算来对企业未来的经济活动进行计划、协调和控制，实行全面预算管理。

全面预算是指企业为实现未来一定时期的经营目标，以货币及其他数量形式反映的各项目标行动计划与相应措施的数量说明。全面预算是由一系列单项预算组成的有机整体，由一整套预计的财务报表和其他附表构成，用来反映企业计划期内预期的经营活动及其成果。全面预算不仅为企业确定了明确的目标，同时也提供了评价企业经营活动各项工作成果的基本尺度。

全面预算按其内容，可以分为营业预算、资本支出预算和财务预算。

二、全面预算的作用

(一) 明确目标

无论是企业的长期还是短期经营目标一经确定，各部门就需要协同配合，共同保证经营目标的实现。而全面预算恰恰是借助货币计量等手段将决策目标具体化，这样就能够使各部门的人员清楚了解自己的地位、作用和职责，从而保证企业一定时期的经营活动不至于脱离计划，为决策目标的实现保驾护航。

(二) 协调各部门工作

通过编制全面预算，就能够将企业多部门的工作纳入一个整体的、预定的轨道上来，使得相关企业各部门为了一个目标密切配合，协同作战，减少和消除可能出现的矛盾和冲突，使它们成为一个为完成其经营目标而有序运转的有机整体。

(三) 控制经济活动的职能

企业财务管理的过程是一个由预测、决策、预算到控制实施的有机结合。全面预算的编制为各项经营活动的控制提供了数量标准。在实际执行预算的过程中，要不断通过对比和分析，及时发现各部门的实际与预算的差异程度和原因，从而采取措施，挖掘潜力，保证预算目标的实现，同时，也为下一期的财务预算提供重要的参考资料。

(四) 评价经营业绩

全面预算是一种基于真实的历史数据和利用科学方法对未来所做的科学测算。它不仅为企业的日常经营活动提供了行动指南，同时，也是考核评价企业各部门工作业绩的标准。在评价各部门工作业绩时，要以预算为依据，通过对比分析，落实经济责任，奖惩分明，促使企业各部门为实现整体目标而努力。

三、全面预算的体系

全面预算是企业整体的综合性计划，由各种具体预算组成，每个预算提供公司某一部分活动的财务细节。预算的编制方法因企业的性质和规模的不同而不尽相同，但一个完整的全面预算组成内容在各个不同的企业基本是一致的，其具体内容包括营业预算、资本支出预算和财务预算。

（一）营业预算

营业预算是对企业日常发生的基本业务活动的预算，是全面预算的编制基础，主要包括与企业日常业务直接相关的销售预算、生产预算、直接材料及采购预算、直接人工预算、制造费用预算、产品成本预算、存货预算、销售及管理费用预算等。

（二）资本支出预算

资本支出预算是企业对那些在预算期内不经常发生的、一次性业务活动所编制的预算，主要包括根据长期投资决策结论编制的与购置、更新、改造、扩建固定资产决策有关的资本支出预算；与资源开发、产品改造和新产品试制有关的生产经营决策预算等。

（三）财务预算

财务预算主要反映企业预算期现金收支、经营成果和财务状况的各项预算，包括现金预算、预计利润表和预计资产负债表。这些预算以价值量指标总括反映经营预算和专门决策预算的结果。

企业的全面预算是以战略目标为出发点，以市场预测为依据，以销售预算为主导，再进行生产、成本费用和现金收支等各方面预算，预计的财务报表是整个预算体系的终结，而销售预算则是营业预算的编制起点。营业预算和资本支出预算是财务预算的基础，财务预算是依赖于营业预算和资本支出预算编制的，是整个预算体系的主体。各项预算之间的关系图，如图8-1所示。

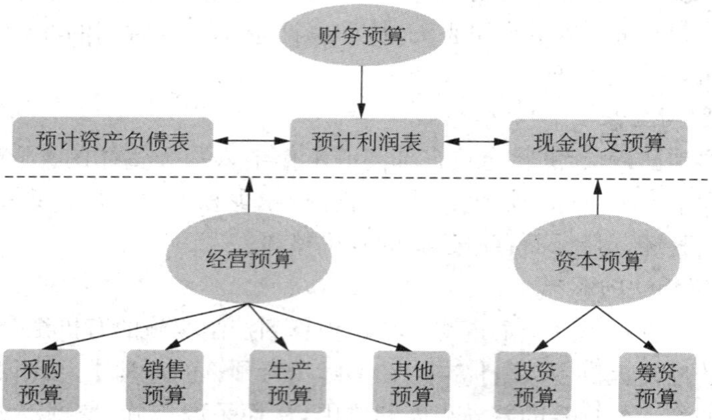

图 8-1 各项预算之间的关系图

四、全面预算的编制原则

（一）预算资料要准确、可靠

计划期全面预算的编制往往需要收集前期的生产、销售、存货和费用等多方面的资料，通过分析掌握基本的变动趋势，结合未来的科学预测提出计划期目标预算水平。需要注意的是，对前期资料的吸收，务求剔除偶然和不合理因素，这样，才能提高计划期预算的编制水平为企业经营目标的实现奠定良好的基础。

（二）预算编制要全面、完整

全面预算的编制应站在整个企业的立场，对所有影响经营目标实现的业务、事项都要以货币或其他计量手段进行具体反映，对于各部门出现的特殊甚至矛盾的情况，要经过综合分析、反复论证，确保各项预算指标之间的相互衔接、勾稽严密，保证整个预算的综合平衡。

（三）预算数据既要积极可靠，又要留有余地

预算既是对未来目标的数据测算，也是对企业现有人力、物力和财力水平的整合运用，因此，既要考虑客观环境和经济资源的最大可能，又不能人为超越现有水平，这就要求预算的编制必须在企业内外部现实条件的基础上，制定出既高效又可以达到的合理预算水平。好的预算是一个能起到激励作用的标准。同时，预算只是企业各部门未来行动的指南，标准不是绝对的，在实际执行过程中不确定因素会有很大影响，因此，在预算编制时必须留有余地，使各项预算指标具有一定的弹性，以应付实际情况的变化。

第二讲　全面预算编制的基本方法

【知识要点】

企业在实际生产经营过程中，由于生产经营活动及其所处环境较为复杂，因此，企业在编制全面预算时，应考虑预算期内生产经营活动可能发生变动的情况，根据其特点，采用不同的预算编制方法。

整体来说，全面预算编制可以根据业务量变动关系，分为固定预算和弹性预算；可以根据编制预算的出发点，分为增量预算和零基预算；可以根据编制预算的时间特征，分为定期预算和滚动预算。预算编制方法分类图，如图 8-2 所示。

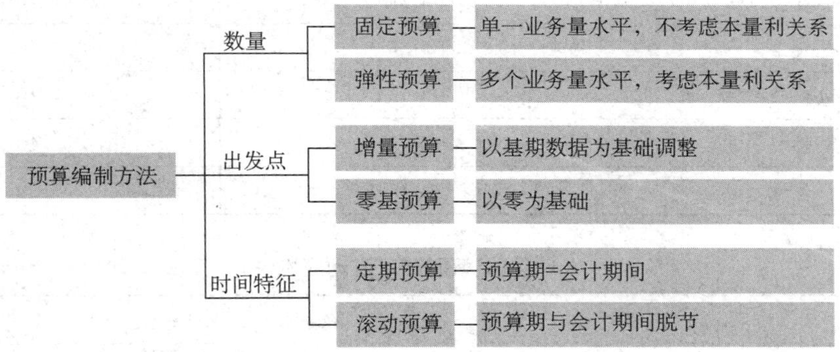

图 8-2　预算编制方法分类图

一、固定预算与弹性预算

全面预算按照其与预算期内业务量变动关系及预算发挥效用中灵活程度的不同，可分为固定预算和弹性预算。

（一）固定预算

固定预算又称静态预算，是指以预算期内正常的、可能实现的某一业务量（如生产量、销售量）水平为固定基础，不考虑可能发生的变动因素而编制预算的方法。固定预算是最传统、最基本的预算编制方法。

1. 优缺点

固定预算法的优点是简便易行。其缺点则是过于机械呆板，因为编制预算的业务量基础是事先假定的某一个业务量，不论预算期内业务量水平可能发生哪些变动，都只按事先确定的这一个业务量水平作为编制预算的基础。另外,就是可比性差,这是固定预算方法的致命弱点。当实际业务量与编制预算所依据的预计业务量发生较大差异时,有关预算指标的实际数与预算数就会因业务量基础不同而失去可比性。因此,按照固定预算方法编制的预算不利于正确地控制、考核和评价企业预算的执行情况。

2. 适用范围

一般来说,固定预算适用于业务量水平较为稳定的企业或非营利组织编制预算。

3. 预算编制

固定预算是一种最基本的全面预算编制方法,该方法所涉及的各项预定指标均为固定数据。

【技能操作】

【例 8-1】 天泉公司产销 A 产品,2019 年预算年度产销量 10 000 件。产品成本、费用资料为:单位变动生产成本 120 元,其中,直接材料 70 元、直接人工 40 元、变动制造费用 10 元;固定制造费用总额为 400 000 元;单位产品变动销售及管理费用为 6 元,固定销售及管理费用总额为 280 000 元,A 产品销售单价为 200 元。试根据上述资料,计算编制 A 产品成本预算表和利润预算表。

计算编制 A 产品成本预算表和利润预算表,分别如表 8-1 和表 8-2 所示。

表 8-1　　A 产品成本预算表　　单位:元

成本项目	总成本	单位成本
直接材料	700 000	70
直接人工	400 000	40
变动制造费用	100 000	10
固定制造费用	400 000	40
合计	1 600 000	160

表 8-2　　A 产品利润预算表(变动成本法)　　单位:元

项目	金额
产品销售收入(1)	200×10 000=2 000 000
减:变动成本(2)=(3)+(4)	1 260 000
其中:	
变动生产成本(3)	(70+40+10)×10 000=1 200 000
变动销售及管理费用(4)	6×10 000=60 000
边际贡献(5)=(1)-(2)	740 000
减:固定成本(6)=(7)+(8)	680 000
其中:	
固定制造费用(7)	400 000
固定销售及管理费用(8)	280 000
息税前利润(9)=(5)-(6)	60 000

（二）弹性预算

弹性预算又称变动预算或滑动预算，是指为克服固定预算方法的缺点而设计的，在成本性态分析的基础上，以业务量、成本和利润之间的依存关系为依据，按照预算期可预见的各种业务量水平为基础，编制能够适应多种业务量预算的方法。

1. 优缺点

与固定顶算方法相比，弹性预算法具有如下两个显著的优点：

一是，预算范围较宽。弹性预算能够反映预算期内与一定相关范围内的可预见的多种业务量水平相对应的不同预算额，从而扩大了预算的适用范围，便于预算指标的调整。因为弹性预算不再是只适应一个业务量水平的一个预算，而是能够随业务量水平的变动作机动调整的一组预算。

二是，可比性较强。在预算期实际业务量与计划业务量不一致的情况下，可以将实际指标与实际业务量相应的预算额进行对比，从而能够使预算执行情况的评价与考核建立在更加客观和可比的基础上，便于更好地发挥预算的控制作用。

2. 适用范围

由于未来业务量的变动会影响到成本、费用和利润等各个方面，因此，弹性预算方法从理论上讲适用于编制全面预算中所有与业务量有关的各种预算。但从实用角度看，主要用于编制弹性成本费用预算和弹性利润预算等。

3. 编制步骤

第一步，选取业务量弹性区间。编制弹性预算所依据的业务量可以是产量、销售量、直接人工工时、机器工时、材料消耗量或直接人工工资等。业务量范围是指弹性预算所适用的业务量区间，其选择应根据企业的具体情况而定。一般来说，可定在正常生产能力的 70%～110% 之间，或以历史上最高业务量或最低业务量为其上下限。

第二步，区分成本。企业在编制弹性成本预算前，必须将全部费用按成本性态划分为变动成本和固定成本。

第三步，确定计算期内各业务量水平的预算额。

4. 弹性成本预算的编制

在编制预算时，固定成本则按总额控制，只需将变动成本按不同的业务量水平作相应的调整。其计算公式如下：

$$\text{弹性成本预算} = \text{固定成本预算} + \sum(\text{单位变动成本预算} \times \text{预计业务量})$$

在此基础上，按事先选择的业务量计量单位和确定的有效变动范围，根据该业务量与有关成本费用项目之间的关系即可编制弹性成本预算。

弹性成本预算的具体编制方法有公式法和列表法两种。

1）公式法

公式法是指通过确定 $y=a+bx$ 和公式中的 a 和 b，来编制弹性成本预算的方法。其中，a 为固定成本，b 为单位变动成本，x 表示业务量，y 为总成本。在进行成本性态分析的基础上，可以将任何成本近似地表示为 $y=a+bx$。在公式法下，如果事先确定了有关业务量 x 的变动范围，只要根据有关成本项目的 a 和 b 参数，就可以很方便地推算出业务量在允许范围内任何水平上的各项预算成本。

【技能操作】

【例 8-2】 2019 年，天泉公司某车间按公式法编制的制造费用弹性预算，如表 8-3 所示。

其中，较大的混合成本项目已经被分解，业务量范围为直接人工工时800～1 200小时。

表 8-3　　2019年车间制造费用弹性预算　　单位：元

项　目	a	b
管理人员工资	15 000	—
保险费	20 000	—
设备租金	26 000	—
维修费	15 000	0.5
水电费	1 000	0.3
辅助材料		1.0
检验员工资	—	1.2
合计	77 000	3.0

根据表8-3，可利用 $y=77\ 000+3x$，计算出人工工时在800～1 200小时的范围内，任一业务量基础上的制造费用预算总额；也可计算出在该人工小时变动范围内，任一业务量的制造费用中某一费用项目的预算额，如水电费 $y=1\ 000+0.3x$ 等。假设2020年该车间直接人工预算工时为1 000小时，其制造费用弹性预算计算如下：

$$制造费用预算=77\ 000+3\times1\ 000=80\ 000(元)$$

公式法的优点是便于计算任何业务量下的预算成本，不受一定范围业务量的限制，编制预算的工作量较小。其缺点是在进行预算控制和考核时，不能直接查出特定业务量下的总成本预算额，而且逐项甚至按细目分解成本的工作量较大，并存在一定的误差。在实际工作中，通常将公式法和列表法结合运用来编制弹性预算。

2）列表法

列表法是指通过列表的方式，在相关范围内每隔一定业务量范围计算相关数值预算来编制弹性成本预算的方法。这种方法可以在一定程度上弥补公式法的不足。

【技能操作】

【例8-3】 2019年天泉公司某车间按列表法编制的制造费用弹性预算，如表8-4所示。

表 8-4　　2019年天泉公司制造费用弹性预算（列表法）　　单位：元

直接人工工时（小时）	21 000	24 000	27 000	30 000	33 000
生产能力程度	70%	80%	90%	100%	110%
1. 变动成本项目	11 550	13 200	14 850	16 500	18 150
辅助工工资	8 400	9 600	10 800	12 000	13 200
辅助材料	3 150	3 600	4 050	4 500	4 950
2. 混合成本项目	7 950	9 000	10 050	11 100	12 150
检验员工资	5 650	6 400	7 150	7 900	8 650
维修费	2 300	2 600	2 900	3 200	3 500

（续表）

3. 固定成本项目	16 120	16 120	16 120	16 120	16 120
管理人员工资	8 000	8 000	8 000	8 000	8 000
保险费	4 500	4 500	4 500	4 500	4 500
设备折旧费	3 000	3 000	3 000	3 000	3 000
水电费	620	620	620	620	620
制造费用预算	35 620	38 320	41 020	43 720	46 420

[例 8-3]中，业务量的间距为 10%，实际工作中可以选择更小一些的间距，这样虽然加大了工作量，但实际业务量的可比性更强。列表法的优点主要体现在直观明了，可以从表 8-4 中直接查到各种业务量下的成本预算额，便于预算控制和考核。但这种方法工作量较大，同时也不能包括所有业务量下的费用预算，故应用面较窄。

5. 弹性利润预算的编制

弹性利润预算是根据成本、业务量和利润之间的依存关系，以销售收入为计量基础，按成本性态进行相应项目的扣减，计算出不同销售收入水平下可实现的利润或发生的亏损的预算编制。

弹性利润预算的编制以弹性成本预算的编制为基础。其主要内容包括销售量、价格、单位变动成本、贡献边际和固定成本。其编制方法主要有因素法和百分比法两种。

1）因素法

因素法是指根据业务量、收入、成本等因素与利润的关系，来反映在不同业务量条件下利润水平的预算方法。如果销售价格、单位变动成本、固定成本发生变动，也可参照此方法，分别编制在不同销售价格、单位变动成本和固定成本水平下的弹性利润预算，从而形成多个完整的弹性利润预算体系。这种方法适用于单一品种经营或采用分算法处理固定成本的多品种经营的企业。

【技能操作】

【例 8-4】 承[例 8-1]，按正常产销量 10 000 件的 70%～110%确定，间距 10%，计算编制的 A 产品弹性利润预算表，如表 8-5 所示。

表 8-5　　**A 产品弹性利润预算表**　　单位：元

销售量(件)	7 000	8 000	9 000	10 000	11 000
产品销售收入(1)	1 400 000	1 600 000	1 800 000	2 000 000	2 200 000
减：变动成本(2)=(3)+(4)	882 000	1 008 000	1 134 000	1 260 000	1 386 000
其中：					
变动生产成本(3)	840 000	960 000	1 080 000	1 200 000	1 320 000
变动销售及管理费用(4)	42 000	48 000	54 000	60 000	66 000
边际贡献(5)=(1)-(2)	518 000	592 000	666 000	740 000	814 000

（续表）

减：固定成本(6)=(7)+(8)	680 000	680 000	680 000	680 000	680 000
其中：					
固定制造费用(7)	400 000	400 000	400 000	400 000	400 000
固定销售及管理费用(8)	280 000	280 000	280 000	280 000	280 000
息税前利润(9)=(5)−(6)	−162 000	−88 000	−14 000	60 000	134 000

2）百分比法

百分比法又称销售额百分比法，是指按不同的销售额百分比来编制弹性利润预算的方法。一般来说，大多数企业都经营多品种，在实际工作中，分别按品种逐一编制弹性利润预算是不现实的，这就要求我们用一种综合的方法——销售收入百分比法对全部经营商品或按商品大类编制弹性利润预算。

应用百分比法的前提条件是销售收入的变化不会影响企业的单位变动成本和固定成本总额。这种方法主要适用于多品种经营的企业。

【技能操作】

【例 8-5】 天泉公司预算年度的销售业务量达到 100%时的销售收入为 100 000 元，变动成本为 80 000 元，固定成本为 10 000 元。按销售收入 100 000 元的 70%～110%确定，间距 10%，该公司按百分比法编制弹性利润预算，如表 8-6 所示。

表 8-6 **天泉公司弹性利润预算** 单位：元

销售收入百分比(1)	70%	80%	90%	100%	110%
销售收入(2)=100 000×(1)	70 000	80 000	90 000	100 000	110 000
变动成本(3)=80 000×(1)	56 000	64 000	72 000	80 000	88 000
边际贡献(4)=(2)−(3)	14 000	16 000	18 000	20 000	22 000
固定成本(5)	10 000	10 000	10 000	10 000	10 000
利润总额(6)=(4)−(5)	4 000	6 000	8 000	10 000	12 000

二、增量预算与零基预算

全面预算按照编制预算方法的出发点不同，可分为增量预算和零基预算两大类。

（一）增量预算

增量预算方法简称增量预算，又称调整预算方法，是指以基期成本费用水平为基础，考虑到预算期内各种影响成本因素的未来变动情况，通过调整有关原有费用项目而编制预算的方法。

1. 基本假定

增量预算有三个基本假定环境：

（1）现有的业务活动是企业所必需的。

（2）假定原有的各项开支都是合理的。

（3）增加费用预算是值得的，未来预算期费用变动是在现有费用的基础上调整的结果。

2. 优缺点

增量预算以过去的经验为基础，沿袭以前的预算项目，承认过去所发生的一切都是合理的，主张不需在预算内容上做较大改进，因而简便易行。

但也存在许多问题：

(1) 受到原有费用项目与预算内容的限制。由于按增量预算方法编制预算，往往不加分析地保留或接受原有的成本项目，可能使原来不合理的费用开支继续存在下去，形成不必要开支合理化，造成预算上的浪费，甚至可能导致保护落后。

(2) 容易导致预算中的"平均主义"和"简单化"。采用这种方法，容易鼓励预算编制人凭主观臆断按成本项目平均削减预算或只增不减，不利于调动各部门降低费用的积极性。

(3) 不利于企业未来发展。按照该方法编制的费用预算，对于那些未来实际需要开支的项目可能因没有考虑未来情况的变化而造成预算不够确切。

【技能操作】

【例 8-6】 天泉公司产销 B 产品，2019 年产销量 8 000 件，产品成本费用资料为：单位变动生产成本 100 元，其中，直接材料 60 元、直接人工 30 元、变动制造费用 10 元，固定制造费用总额 200 000 元，单位变动销售及管理费用 5 元，固定销售及管理费用总额 250 000 元，B 产品销售售价 200 元。2020 年预计产销量增加 25%、直接材料降低 10%、直接人工增加 10%、变动制造费用降低 20%，单位变动销售及管理费用减少 1 元，固定制造费用节约 20 000 元，固定销售及管理费用节约 40 000 元。试采用增量预算方法编制成本预算表和利润预算表。

分析：2020 年 B 产品成本预算表和利润预算表，分别如表 8-7 和表 8-8 所示。

表 8-7　　B 产品成本预算表　　单位：元

成本项目	单位成本	总成本
直接材料	54	540 000
直接人工	33	330 000
变动制造费用	8	80 000
固定制造费用	18	180 000
合计	113	1 130 000

预计产量 8 000×(1+25%)=10 000(件)

直接材料单位成本=60×(1−10%)=54(元)

直接人工单位成本=30×(1+10%)=33(元)

变动制造费用单位成本=10×(1−20%)=8(元)

固定制造费用=(200 000−20 000)÷10 000=18(元)

表 8-8　　B 产品利润预算表　　单位：元

项目	金额
销售收入	200×10 000=2 000 000
减：变动成本	950 000+40 000=990 000
其中：	

（续表）

项　　目	金　　额
变动生产成本	(54＋33＋8)×10 000＝950 000
变动销售与管理费用	(5－1)×10 000＝40 000
边际贡献	1 010 000
减：固定成本	180 000＋210 000＝390 000
其中：	
固定制造费用	200 000－20 000＝180 000
固定销售及管理费用	250 000－40 000＝210 000
息税前利润	620 000

（二）零基预算

零基预算方法的全称为以零为基础编制计划和预算的方法，简称零基预算，又称零底预算，主要用于对各项费用的预算。它是为克服增量预算缺陷而设计的一种先进的预算方法，是由美国德州仪器公司彼得派尔在20世纪60年代提出来的。它是指在编制成本费用预算时，完全不受以往费用水平的影响，而是以零为起点，根据预算期企业实际经营情况的需要，逐项审议预算期内各项费用的内容及开支标准是否合理，在综合平衡的基础上编制费用预算的一种方法。

这种预算方法不以历史数据为基础，而以零为出发点，零基预算因此而得名。

1. 零基预算方法的优缺点

零基预算的优点是：

(1) 不受原有费用项目和费用额的限制。这种方法可以促使企业合理、有效地进行资源分配，将有限的资金用在刀刃上。

(2) 有利于调动有关各方有效地降低费用，提高资金的使用效果和合理性。

(3) 有利于企业未来发展。由于这种方法以零为出发点，对一切费用一视同仁，有利于企业面向未来发展考虑预算问题。

零基预算的缺点在于工作量很大。由于这种方法一切从零出发，在编制费用预算时需要完成大量的基础工作，如历史资料分析、市场状况分析、现有资金使用分析和投入产出分析等，这势必带来很大的工作量，也需要较长的编制时间。因此，企业可以每隔几年编制一次零基预算，在其他时间采用增量预算。

2. 零基预算的程序

(1) 拟定预算草案。要求企业内部所有部门根据企业在预算期内的总体经营目标和各部门的具体任务，在充分讨论的基础上，提出本部门在预算期内应当发生的费用项目，并以零为基础，详细提出其费用预算数额，而不考虑这些费用项目以往是否发生过，及其发生额的多少。

(2) 对预算期各项费用的支出方案进行成本效益分析及综合评价，权衡轻重缓急划分成不同等级并排出先后顺序。在预算编制过程中，全部费用按其在预算期是否发生的可能性大小可划分为不可避免项目和可避免项目。不可避免项目是指在预算期内必须发生的费用项目。可避免项目是指在预算期通过采取措施可以不发生的费用项目。对不可避免项目必须保证资金供应;对可避免项目则需要逐项进行成本效益分析,按照各项目开支必要性的大小确定各项费用预算的优先顺序。

(3) 分配资金落实预算。在预算编制过程中,全部费用按其在预算期支付的时间是否可以延缓划分为不可延缓项目和可延缓项目。不可延缓项目是指必须在预算期内足额支付的费用项目。可延缓项目是指可以在预算期内,部分支付或延缓支付的费用项目。根据已确定的预算项目的先后顺序,将企业在预算期内所拥有的经济资源,以及可以动用的资金来源,优先保证满足不可延缓项目的开支,然后再根据需要和可能,按照项目的轻重缓急确定可延缓项目的开支标准。

【技能操作】

【例 8-7】 天泉公司经实地调查,确定本期的销售及管理费用采用零基预算法编制。经研究,2020 年度该费用项目可用资金为 82 万元,预算编制步骤如下:

第一步,确定预算年度销售及管理费用预算项目及金额,如表 8-9 所示。

表 8-9　　天泉公司销售及管理费用初步预算　　单位:万元

项　目	金　额
人员工资	12
培训费	10
广告费	50
销售佣金	15
差旅费	3
保险费	2
合计	92

第二步,经分析研究,预算年度内的费用项目中的人员工资、销售佣金、差旅费和保险费属于不可避免费用,必须足额保证,而培训费和广告费属于可避免费用,可以采用成本——效益分析法来合理确定剩余资金在这两个费用项目间的分配。成本——效益分析表,如表8-10所示。

表 8-10　　天泉公司成本——效益分析表

成本项目	成本金额(元)	收益金额(元)	成本收益率
广告费	1	7	1/7
培训费	1	3	1/3

第三步,确定费用项目的开支等级和顺序。

第一等级,不可避免项目,包括人员工资、销售佣金、差旅费和保险费,必须全额保证。

第二等级,广告费,属于可避免项目,可根据企业预算期内的资金供应额度进行酌情调整,因其成本收益率高于培训费,列入第二等级。

第三等级,培训费,也属于可避免项目,可根据企业预算期内的资金供应额度进行酌情调整,因其成本收益率低于广告费,列入第三等级。

第四步，确定费用项目的预算金额，落实资金分配。

不可避免项目占用资金＝12＋15＋3＋2＝32(万元)

则剩余可分配资金＝82－32＝50(万元)

然后根据成本——效益分析，将剩余资金在广告费和培训费中进行分配：

广告费分配金额＝$50\times\frac{7}{7+3}$＝35(万元)

培训费分配金额＝$50\times\frac{3}{7+3}$＝15(万元)

另外，培训费和广告费的资金缺口应通过提高工作效率、精打细算等措施加以解决。在实际工作中，费用项目的成本——效益关系不容易确定，采用零基预算方法编制预算时，应根据企业的实际情况来确定预算项目，安排预算资金。

三、定期预算与滚动预算

全面预算按照预算期间起讫时间是否变动，分为定期预算和滚动预算。

(一) 定期预算

1. 定期预算的概念

定期预算是指在编制预算时以不变的会计期间(如日历年度)作为预算期的一种预算编制方法。

2. 优缺点

定期预算的优点是能够使预算期间与会计期间相一致，便于考核和评价预算的执行结果。其缺点是：

(1) 缺乏远期指导性。由于定期预算往往是在年初甚至提前两三个月编制的，对于整个预算年度的生产经营活动很难做出准确的判断，尤其是对预算后期的预算只能进行笼统地估算，缺乏远期指导性，给执行预算带来困难，不利于对生产经营活动的考核与评价。

(2) 滞后性。由于定期预算不能随情况的变化及时调整，当预算中所规划的各种经营活动在预算期内发生重大变化时，就会造成预算滞后过时，使之成为虚假预算。

(3) 间断性。按固定预算方法编制的预算局限于本期规划的经营活动，不能适应连续不断的经营过程，从而不利于企业的长远发展。

【技能操作】

【例 8-8】 天泉公司某车间采用定期预算法编制制造费用预算。变动制造费用按直接人工工时比例分配，固定制造费用按季平均分配。经测算，2020 年度直接人工总工时为 100 000小时，第 1～第 4 季度分别为 20 000 小时、25 000 小时、28 000 小时和 27 000 小时；变动制造费用总额为 800 000 元，其中，间接人工 400 000、间接材料 160 000 元、维修费用 70 000元、水电费用 100 000 元、其他费用 70 000 元；固定制造费用为 500 000 元，其中，管理人员工资 300 000 元、设备租金 20 000、折旧费 180 000 元。请编制 2020 年度制造费用预算。

分析：

(1) 计算变动制造费用分配率和固定制造费用分配额。

间接人工分配率＝400 000÷100 000＝4(元小时)

间接材料分配率＝160 000÷100 000＝1.6(元小时)

维修费用分配率＝70 000÷100 000＝0.7(元/小时)

水电费用分配率＝100 000÷100 000＝1(元小时)

其他费用分配率＝70 000÷100 000＝0.7(元小时)

每季管理人员工资＝300 000÷4＝75 000(元)

每季设备租金＝20 000÷4＝5 000(元)

每季折旧费＝180 000÷4＝45 000(元)

(2) 编制 2020 年度制造费用预算表,如表 8-11 所示。

表 8-11　　**制造费用预算表**　　单位:元

项　　目	第一季度	第二季度	第三季度	第四季度	合计
直接人工总工时(小时)(1)	20 000	25 000	28 000	27 000	100 000
变动制造费用(2)＝(3＋4＋5＋6＋7)	160 000	200 000	224 000	216 000	800 000
其中:					
间接人工(3)＝(1)×4	80 000	100 000	112 000	108 000	400 000
间接材料(4)＝(1)×1.6	32 000	40 000	44 800	43 200	160 000
维修费(5)＝(1)×0.7	14 000	17 500	19 600	18 900	70 000
水电费(6)＝(1)×1	20 000	25 000	28 000	27 000	100 000
其他费用(7)＝(1)×0.7	14 000	17 500	19 600	18 900	70 000
固定制造费用(8)＝(9＋10＋11)	125 000	125 000	125 000	125 000	500 000
其中:					
管理人员工资(9)	75 000	75 000	75 000	75 000	300 000
设备租金(10)	5 000	5 000	5 000	5 000	20 000
折旧费(11)	45 000	45 000	45 000	45 000	180 000
制造费用合计(12)＝(2＋8)	285 000	325 000	349 000	341 000	1 300 000

(二) 滚动预算

1. 滚动预算的概念

滚动预算方法简称滚动预算,又称连续预算或永续预算,是指在编制预算时,将预算期与会计年度脱离,随着预算的执行不断延伸补充预算,逐期向后滚动,使预算期能永远保持为一个固定期间(如 12 个月)的一种预算编制方法。

滚动预算的具体做法是:每过一个预算期,立即根据其预算执行情况,对以后各期预算进行调整和修订,并增加一个预算期的预算。这样,如此逐期向后滚动,使预算始终保持一定的时间幅度,从而以连续不断的预算形式规划企业未来的经营活动。

2. 滚动预算的方式及其特征

滚动预算按其预算编制和滚动的时间单位不同,可分为逐月滚动、逐季滚动和混合滚动三种方式。

1) 逐月滚动方式

逐月滚动方式是指在预算编制过程中,以月份为预算的编制和滚动单位,每个月调整一次预算的方法。例如，在 2019 年 1～12 月的预算执行过程中，需要在 1 月末根据当月预算的执行情况，修订 2～12 月的预算，同时补充 2020 年 1 月份的预算；2 月末根据当月预算的执行情况，修订 3 月至 2020 年 1 月的预算，同时补充 2020 年 2 月份的预算；以此类推，逐月滚动。

按照逐月滚动方式编制的预算比较精确，但工作量太大。

2）逐季滚动方式

逐季滚动方式是指在预算编制过程中，以季度为预算的编制和滚动单位，每个季度调整一次预算的方法。例如，在 2019 年第 1 季度至第 4 季度的预算执行过程中，需要在第 1 季度末根据当季预算的执行情况，修订第 2 季度至第 4 季度的预算，同时补充 2020 年第 1 季度的预算；第 2 季度末根据当季预算的执行情况，修订第 3 季度至 2020 年第 1 季度的预算，同时补充 2020 年第 2 季度的预算；以此类推，逐季滚动。

逐季滚动预算的编制比逐月滚动的工作量小，但预算精确度较差。

3）混合滚动方式

混合滚动方式是指在预算编制过程中，同时使用月份和季度作为预算的编制和滚动单位的方法，是滚动预算的一种变通方式。这种预算方法的理论依据是：人们对未来的了解程度具有对近期把握较大，对远期的预计把握较小的特征。为了做到长计划、短安排，远略近详，在预算编制过程中，可以对近期预算提出较高的精度要求，使预算的内容相对详细；对远期预算提出较低的精度要求，使预算的内容相对简单，这样可以减少预算工作量。例如，对 2019 年 1～3 月的头 3 个月逐月编制详细预算，其余 4～12 月分别按季度编制粗略预算；3 月末根据第 1 季度预算的执行情况，编制 4～6 月的详细预算，并修订第 3 季度至第 4 季度的预算，同时补充 2020 年第 1 季度的预算；以此类推，混合滚动。滚动预算编制图，如图 8-3 所示。

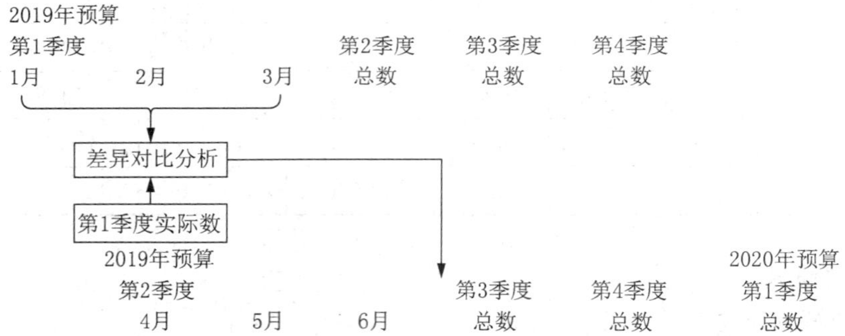

图 8-3　滚动预算编制图

在实际工作中，采用哪一种滚动预算方式应视企业的实际需要而定。

3. 滚动预算的优缺点

与传统的定期预算方法相比，按滚动预算方法编制的预算具有以下优点：

（1）透明度高。由于预算的编制不再是预算年度开始之前几个月的事情，而是实现了与日常管理的紧密衔接，可以使管理人员始终能够从动态的角度把握住企业近期的规划目标和远期的战略布局，使预算具有较高的透明度。

（2）及时性强。由于滚动预算能根据前期预算的执行情况，结合各种因素的变动影响，及时调整和修订近期预算，从而使预算更加切合实际，能够充分发挥预算的指导和控制作用。

（3）预算年度完整。由于滚动预算在时间上不再受日历年度的限制，能够连续不断地规划未来的经营活动，不会造成预算的人为间断，同时可以使企业管理人员了解未来预算期内企业的总体规划与近期预算目标，能够确保企业管理工作的完整性与稳定性。

但是，采用滚动预算的方法编制预算的主要缺点是预算工作量较大。尤其是使滚动预算延续，将耗费大量的人力、物力，代价较大。所以，企业应根据实际情况来决定是否有必要选择这种预算方法。

【技能操作】

【例 8-9】 承[例 8-8]，假设该公司生产车间采用混合滚动预算方法编制制造费用顶算。2020 年 3 月底在编制 2020 年第 2 季度至 2021 年第 1 季度制费用动预算时，发现未来的预算期将出现以下情况：

第一，直接人工总工时 100 000 时不变。2020 年 4～6 月，工时数分别为 10 000 小时、6 000 小时和 9 000 小时；2020 年第 3 季度至 2021 年第 1 季度，每季工时数分别变更为：28 000 小时、27 000 小时、20 000 小时。

第二，间接人工分配率将上涨 50%，其他费用分配率减少 0.2 元小时。

第三，原设备租赁合同到期，公司新签订的租赁合同中设备租金将降低 40%，管理人员工资上升 20%。

第四，其他条件不变。

分析：该企业按混合滚动预算方法编制制造费用预算的计算过程如下：

(1) 计算变动制造费用分配率和固定制造费用分配额。

间接人工分配率＝4×(1＋50%)＝6(元/小时)

间接材料分配率＝1.6(元小时)

维修费用分配率＝0.7(元小时)

水电费用分配率＝1(元小时)

其他费用分配率＝0.7－0.2＝0.5(元小时)

每季管理人员工资＝75 000×(1＋20%)＝90 000(元)

每季设备租金＝5 000×(1－40%)＝3 000(元)

每季折旧费＝45 000(元)

(2) 编制 2020 年度制造费用预算表，如表 8-12 所示。

表 8-12　　**滚动制造费用预算表**　　单位：元

项　目	2020 年					2021 年	合计
	4 月	5 月	6 月	第三季度	第四季度	第一季度	
直接人工总工时(小时)	10 000	6 000	9 000	28 000	27 000	20 000	100 000
变动制造费用(2)＝(3＋4＋5＋6＋7)	98 000	58 800	88 200	274 400	264 600	196 000	98 0 000
其中							
间接人工(3)＝(1)×6	60 000	36 000	54 000	168 000	162 000	120 000	600 000
间接材料(4)＝(1)×1.6	16 000	9 600	14 400	44 800	43 200	32 000	160 000
维修费(5)＝(1)×0.7	7 000	4 200	6 300	19 600	18 900	14 000	70 000

（续表）

项　　目	2020 年					2021 年	合计
	4 月	5 月	6 月	第三季度	第四季度	第一季度	
水电费(6)＝(1)×1	10 000	6 000	9 000	28 000	27 000	20 000	100 000
其他费用(7)＝(1)×0.5	5 000	3 000	4 500	14 000	13 500	10 000	50 000
固定制造费用(8)＝(9＋10＋11)	46 000	46 000	46 000	138 000	138 000	138 000	552 000
其中：							
管理人员工资(9)	30 000	30 000	30 000	90 000	90 000	90 000	360 000
设备租金(10)	1 000	1 000	1 000	3 000	3 000	3 000	12 000
折旧费(11)	15 000	15 000	15 000	45 000	45 000	45 000	180 000
制造费用合计(12)＝(2＋8)	144 000	104 800	134 200	412 400	402 600	334 000	1 532 000

以上我们所介绍的几种预算编制方法各有其特点和适用性。至于企业选用哪种方法来编制预算，是采用一种方法，还是两种或两种以上的方法结合运用，应当视企业的实际情况和预算的目的要求而定。

第三讲　全面预算的编制

【知识要点】

全面预算是由一系列单项预算组成的有机整体，按其内容可以分为营业预算、资本支出预算和财务预算。经营目标一经确定，企业就要根据各预算之间的约束关系，按照一定的程序，采用一定的方法，编制全面预算。

前面我们已经介绍了预算编制的方法，如固定预算法、弹性预算法、零基预算法和滚动预算法等。其中，固定预算法为传统的常用方法，本部分介绍的就是固定预算法下的全面预算编制。

一、营业预算

1. 销售预算

在以销定产的经济环境下，销售预算是全面预算的起点，其他预算是以销售预算为前提和基础编制的。没有合理的销售预算，其他如生产安排、存货预算都会与实际经济环境脱节。销售预算是根据年度目标利润所规定的销售量和销售单价编制的。

在销售预算中，销售量可以按预测销售量来确定；单价可采用企业根据定价目标所预测的销售单价，也可以在历史销售单价的基础上适当调整价格；预计销售收入则是销售量与所采用的销售单价的乘积。其计算公式如下：

某种产品预计销售收入＝该种产品预计销售量×预测单位售价

销售预算中，通常还包括预期的现金收入计算，包括上期销售将于本期收到的现金和本期销售可于本期收到的现金，为编制现金预算提供必要的资料。

【技能操作】

【例 8-10】 假定天泉公司于计划年度 2020 年只生产和销售一种产品，第 1 季度至第

4 季度销售量预计为：1 100 件、1 200 件、1 500 件、1 200 件，销售单价为 70 元每件。每季的商品销售在当季收到的货款占 50%，其余 50% 在下季收讫。基期 2019 年年末的应收账款余额为 25 000 元。该公司计划年度的分季销售预算，如表 8-13 和表 8-14 所示。

表 8-13 **2020 年度销售预算表**

摘　　要	第 1 季度	第 2 季度	第 3 季度	第 4 季度	合　计
预计销售量(件)	1 100	1 200	1 500	1 200	5 000
销售单价(元)	70	70	70	70	
预计销售收入(元)	77 000	84 000	105 000	84 000	350 000

表 8-14 **2020 年度预期现金收入表**

摘　　要	第 1 季度	第 2 季度	第 3 季度	第 4 季度	合　计
上年应收账款收回	25 000				25 000
第 1 季度销售额	38 500	38 500			77 000
第 2 季度销售额		42 000	42 000		84 000
第 3 季度销售额			52 500	52 500	105 000
第 4 季度销售额				42 000	42 000
现金收入合计	63 500	80 500	94 500	94 500	333 000

2. 生产预算

生产预算主要用来具体安排企业在预算期内的生产活动，确定预算期内的有关产品的生产数量及其分布状况。由生产部门根据销售预算的具体内容来编制生产预算。要注意计划期初、期末存货的预计水平，以应付需求和生产的不确定性。

已知：

预计期初存货量＋某种产品预计生产量＝预计销售量＋预计期末存货量

即　　某种产品预计生产量＝预计销售量＋预计期末存货量－预计期初存货量

式中，预计销售量可以来源于销售预算表；预计期末存货量应根据长期销售预测来定，实践中一般是按事先估计的期末存货量占下期销售量的比例进行估计；期初存货量等于上期期末存货量。

另外，需要注意的是，若公司制造的产品超过 1 种，则生产预算要分产品编制，从分析可以看出，每季的期末存货都会成为下一季的期初存货。产成品的期初、期末存货之所以要作为生产预算的一个必要组成部分，是为了避免不必要的成本。因为，如果存货过多，会形成资金积压；但如果存货过少，又会影响到下一季度销售活动的正常进行。这两种情况的出现，都会对企业的生产经营带来不利的影响。

【技能操作】

【例 8-11】 承[例 8-10]，假定天泉公司预算年度内每季度末产成品存货占其下季销售量的 10%，预算年度末存货量预计为 100 件，预算年度初产成品存货量为 110 件，据此编制生产预算表。

分析：编制生产预算表，如表 8-15 所示。

表 8-15　　2020 年度生产预算表　　单位：件

摘要	第 1 季度	第 2 季度	第 3 季度	第 4 季度	合计
预计销售量(1)	1 100	1 200	1 500	1 200	5 000
加：预计期末存货量(2)＝下季度(1)×10%	120	150	120	100	100
减：预计期初存货量(3)＝上季度(2)	110	120	150	120	110
预计生产量	1 110	1 230	1 470	1 180	4 990

年度生产预算编制完成以后，还应根据企业的生产进度，按月排出生产进度日程表，以确定预算期生产任务的具体完成计划。

3. 直接材料预算

一旦知道了公司的预计产量要求，就可以对生产中耗用的资源进行预算。直接材料、直接人工和制造费用各项预算都要依据生产预算中的预计生产量来编制。直接材料预算确定为支持公司的全部生产所需要的材料数量，由采购部门会同生产部门共同决定。公司需要充足的材料用于当期生产和材料的预期期末库存以避免材料的供应不足。如果制造产品所需材料超过 1 种，那么，计划表格要按材料种类分别编制，然后将各种材料的成本汇总，得出直接材料总成本。预计直接材料采购量可用下列公式计算：

预计直接材料采购量＝预计生产量×单位产品材料耗用量＋预期期末材料存货－预计期初材料存货

在编制直接材料预算的同时，一般还应编制材料的预计现金支出表，用于编制现金预算，该表应根据采购部门预期从供应商那里取得的信用条件来编制。任一期的预计现金支出数应包括上期购料将于本期支付的现金和本期购料应由本期支付的现金两部分。

【技能操作】

【例 8-12】 承[例 8-11]，假定该企业直接材料消耗定额为 2 千克，每千克单价为 5 元，预算期内每季季末存料量占其下季生产需用量的 20%，预算期末材料存量为 500 千克，预算期初材料存量为 400 千克，每季材料采购在当季付款的占 60%，其余部分在下季付款。该企业预算期初应付款余额为 7 000 元，根据上述资料编制该公司的预算年度直接材料采购预算表和现金收支预算表，如表 8-16 和表 8-17 所示。

表 8-16　　2020 年度直接材料采购预算表　金额单位：元　数量单位：千克

摘要	第 1 季度	第 2 季度	第 3 季度	第 4 季度	合计
预计生产量(1)	1 110	1 230	1 470	1 180	4 990
单位产品材料消耗定额(2)	2	2	2	2	2
预计生产需要量(3)＝(1)×(2)	2 220	2 460	2 940	2 360	9 980
加：预计期末存料量(4)＝下季度(1)×20%	492	588	472	500	500

（续表）

摘　　要	第 1 季度	第 2 季度	第 3 季度	第 4 季度	合　计
减：预计期初存料量 (5)＝上季度(2)	400	492	588	472	400
预计材料采购量 (6)＝(3)＋(4)－(5)	2 312	2 556	2 824	2 388	10 080
材料计划单价	5	5	5	5	5
预计材料采购金额	11 560	12 780	14 120	11 940	50 400

表 8-17　　　　预期现金支出表　　　　单位：元

摘　　要	第 1 季度	第 2 季度	第 3 季度	第 4 季度	合　计
上年应收账款收回	7 000				7 000
第 1 季度采购额	6 936	4 624			11 560
第 1 季度采购额		7 668	5 112		12 780
第 1 季度采购额			8 472	5 648	14 120
第 1 季度采购额				7 164	7 164
现金支出合计	13 936	12 292	13 584	12 812	52 624

4. 直接人工预算

管理层还要根据生产预算编制出直接人工预算。直接人工预算是为直接生产工人的人工耗费编制的预算。编制直接人工预算的主要依据是预算期生产量、直接人工标准耗用量和标准工资率。

直接人工预算是反映为完成预算期的生产任务而应发生的工时耗费和工资耗费。在通常情况下，企业产品生产要耗费不同工种的人工，由于工种不同，小时工资率也有差异，各项人工成本可能差异很大。因此，直接人工预算必须按工种类别分别计算，再分别求得直接人工总成本。但为了简化，往往只采用单一的平均人工费率来计算直接人工成本。其计算公式为：

直接人工成本＝预计生产量×单位产品直接人工小时×单位工时工资率

由于直接人工需要在当季以现金全额支付，所以，直接人工预计数即为当季现金支出数，无需再编制预计现金支出表。

【技能操作】

【例 8-13】 承[例 8-12]，假定天泉公司预算期内所需直接人工只有 1 个工种，生产单位产品需要直接人工工时为 5 小时，每小时工资率为 4 元，该厂 2020 年度直接人工预算表，如表 8-18 所示。

表 8-18　　　　2020 年度直接人工预算表

摘　　要	第 1 季度	第 2 季度	第 3 季度	第 4 季度	合　计
预计生产量	1 110	1 230	1 470	1 180	4 990
单位产品直接人工小时	5	5	5	5	5

（续表）

摘　要	第1季度	第2季度	第3季度	第4季度	合　计
人工总工时	5 550	6 150	7 350	5 900	24 950
小时工资率	4	4	4	4	4
人工总成本(元)	22 200	24 600	29 400	23 600	99 800

5. 制造费用预算

编制制造费用预算应该将制造费用划分为变动性制造费用和固定性制造费用两部分。变动性制造费用通常包括动力、间接材料和间接人工等；固定性制造费用包括厂房和机器设备的折旧及车间管理费用等，一经形成，在较短期间内保持不变。

固定制造费用预算按基期资料编制或采用零基预算方法编制，变动性制造费用预算可以根据预计生产量和预计的变动制造费用分配率来计算。

制造费用预算的编制主要由生产部门负责。制造费用中大部分需要在当期用现金支付，但也有一部分以前季度支付的费用在本期的摊销不需要支付现金，固定资产折旧也不需要支付现金。为了便于下一步编制现金预算，在编制制造费用预算的同时，还要编制预计现金支出表。

【技能操作】

【例8-14】 承[例8-13]，根据有关资料，假定公司预算年度的制造费用预算和现金支出预算表，如表8-19和表8-20所示。

表8-19　　2020年度制造费用预算表

成本明细项目		金额(元)	费用分配率
变动成本费用	间接人工 间接材料 维修费 水电费 物料消耗 合计	15 000 8 000 10 000 12 500 4 400 49 900	分配率 $=\dfrac{变动费用}{直接人工总工时}=\dfrac{49\,900}{24\,950}=2$(元/小时)
固定成本费用	维修费 折旧费 管理费 保险费 税费 合计	5 200 7 400 7 500 6 600 2 100 28 800	每季度支出金额 $=\dfrac{28\,800}{4}=7\,200$(元)

表8-20　　2020年度现金支出预算表

摘　要	第1季度	第2季度	第3季度	第4季度	合　计
直接人工工时	5 550	6 150	7 350	5 900	24 950
变动费用分配率	2	2	2	2	2
变动费用现金支出	11 100	12 300	14 700	11 800	49 900

（续表）

摘　　要	第 1 季度	第 2 季度	第 3 季度	第 4 季度	合　计
固定费用现金支出	7 200	7 200	7 200	7 200	28 800
减：折旧	1 850	1 850	1 850	1 850	7 400
现金支出合计	16 450	17 650	20 050	17 150	71 300

注：每季度折旧 $=\frac{\text{年折旧总额}}{4}=\frac{7\ 400}{4}=1\ 850$（元）

6. 产品成本预算

为正确计算预计资产负债表中的期末存货价值和预计利润表中的本期销售成本，在编制直接材料、直接人工和制造费用预算的基础上，就可以计算出产品单位成本，期末产成品成本及本期产品销售成本，从而编制产品成本预算表。

【技能操作】

【例 8-15】 承[例 8-14]，编制该公司产品成本预算表，如表 8-21 所示。

表 8-21　　2020 年度产品成本预算表

成本项目	单位消耗定额	金　额	单位成本(元)
直接材料	2 千克	5 元	10
直接人工	5 小时	4 元/时	20
变动制造费用	5 小时	2 元/时	10
单位变动成本			40
期末存货预算	期末存货数量		100
	单位变动成本		40
	期末存货余额		4 000

7. 销售与管理费用预算

销售和管理费用预算包括预算期内有关销售产品和日常行政管理活动中所产生的各种费用项目。该预算取决于预算期的销售量，企业往年的历史成本资料及费用控制目标等，一般由承担各项职责的负责人编制的个别预算构成。

销售和管理费用预算的编制方法与制造费用编制方法相类似，也是按成本性态划分为固定费用和变动费用两部分。固定费用通常包括广告费、管理人员工资、保险费和办公费等；变动费用包括销售佣金及销售人员工资等。

通常也需要编制预计现金支出预算。

【技能操作】

【例 8-16】 依据上述有关资料，编制销售及管理费用预算表和现金支出预算表，如表 8-22 和表 8-23 所示。

表 8-22　　2020 年度销售及管理费用预算表

费用明细项目		金额(元)	费用分配率
变动费用	销售人员工资	6 000	$分配率=\frac{变动费用}{预计销售量}=\frac{20\ 000}{5\ 000}=4$(元/小时)
	运输费	9 000	
	办公费	5 000	
	合计	20 000	
固定费用	管理人员工资	8 000	$每季度固定支出金额=\frac{24\ 000}{4}=6\ 000$(元)
	广告费	10 000	
	保险费	3 000	
	税费	3 000	
	合计	24 000	

表 8-23　　2020 年度现金支出预算表

摘　要	第 1 季度	第 2 季度	第 3 季度	第 4 季度	合　计
预计销售量	1 100	1 200	1 500	1 200	5 000
单位变动销售及管理费用	4	4	4	4	4
变动销售及管理费用	4 400	4 800	6 000	4 800	20 000
固定销售及管理费用	6 000	6 000	6 000	6 000	24 000
现金支出合计	10 400	10 800	12 000	10 800	44 000

二、资本支出预算的编制

1. 资本支出预算

资本支出预算是为购置固定资产、无形资产等长期决策活动而编制的预算。资本支出预算应由生产部门提出，经审核批准后，作为编制预算的依据。由于长期投资决策的时间跨度大，资本支出预算的编制仅仅列示本预算年度内购置固定资产、无形资产等项现金支出。对于长期投资决策在其他年份的现金流入和流出量在其他年度的预算中进行反映。

【技能操作】

【例 8-17】 假定天泉公司根据长期投资决策的结果，预算年度的资本性支出为50 000元。其中，第 2 季度购置 1 台设备支出 20 000 元，第 4 季度购买专利支出 30 000 元，其资本支出预算表如表 8-24 所示。

表 8-24　　资本支出预算表　　单位:元

摘　要	第 1 季度	第 2 季度	第 3 季度	第 4 季度	合　计
购置设备 1 台		20 000			20 000
购买专利				30 000	30 000
现金支出合计		20 000		30 000	50 000

2. 一次性专门业务预算的编制

企业为保证经营业务、资本性支出对资金的需求，应经常保持一定的现金数量，以支付各项费用和偿还到期债务。但如果企业现金持有数大大超过正常支付需要的金额，就会造成资金的闲置；如果企业现金持有数大大低于正常支付需要的金额，就会影响企业正常的经营活动；如果不能到期偿还债务，还可能导致企业破产。因此，财务部门在资金筹措归还贷款、发放股利和缴纳税金等问题上都要进行专门决策。

【技能操作】

【例 8-18】 天泉公司财务部门根据资本支出预算的编制，第 1 季度偿还短期借款 4 000 元，第 2 季度从银行借入款项 20 000 元，预计在第 3 季度偿还全部借款 20 000 元和利息 2 000 元。另外，预计预算期间每季度末预付所得税 1 000 元，全年 4 000 元。根据上述资料，天泉公司编制的一次性专门业务预算表，如表 8-25 所示。

表 8-25 天泉公司一次性专门业务预算表 单位：元

摘　要	第 1 季度	第 2 季度	第 3 季度	第 4 季度	合　计
借入资金		20 000			20 000
归还资金	4 000		20 000		24 000
支付利息			2 000		2 000
预付所得税	1 000	1 000	1 000	1 000	4 000
预计现金收入合计		20 000			20 000
预计现金支出合计	5 000	1 000	23 000	1 000	30 000

三、财务预算的编制

（一）现金预算

现金预算是用来反映预算期内由于经营和资本支出等原因而引起的一切现金收支及其结果的预算。现金预算一般由现金收入、现金支出、现金多余与不足，以及资金的筹集与运用等四个部分组成。

1. 现金收入

现金预算的收入部分包括期初现金余额和当期预计现金收入。通常情况下，现金收入的主要来源是产品销售，其他现金收入也列入该部分，如投资利息。现金收入部分的编制依据是期初资产负债表和本预算期的销售预算。

2. 现金支出

现金预算的支出部分包含预算期的所有预计现金支出，包括原材料、人工、制造费用和管理费用各项预算中的支出，上交所得税、股利支出等也包括在内。编制时可依据直接材料现金支出预算、直接人工现金支出预算、制造费用现金支出预算、销售及管理费用预算、缴纳税金，以及资本支出预算等。

3. 现金多余与不足

现金多余与不足部分确定现金支出与现金收入之间的差额，根据现金余缺情况可采用适当的融资方式来调剂。

4. 资金的筹集与运用

资金的筹集与运用是根据预算期内现金收支的差额和企业有关资金管理的各项政策，确定筹集和运用资金的数额。如果现金不足,可向银行取得借款或其他方式筹措资金,并预计还本付息的期限与金额。如果现金多余,除了可用于偿还借款外,还可用于购买交易性金融资产等。

在完成了初步的现金预算以后,我们就可以知道企业在计划期间需要多少经营资金,财务主管人员就可以预先安排和筹措,来满足各个时期的资金需要。

由此可见,为了有计划地安排和筹措资金,编制期间愈短愈好。西方国家有不少企业以星期为单位,逐周编制预算,但最常见的还是年度分季或季度分月进行编制。

【技能操作】

【例 8-19】 承接上述资料,编制现金预算,期初现金余额为 10 000 元。现金预算表,如表 8-26 所示。

表 8-26 天泉公司现金预算表 单位:元

摘　要	第 1 季度	第 2 季度	第 3 季度	第 4 季度	合　计
一、期初现金余额	10 000	5 514	19 672	16 138	51 324
加:本期现金收入(见表 8-14)	63 500	80 500	94 500	94 500	333 000
二、可供使用现金总额	73 500	86 014	114 172	110 638	384 324
减:现金支出					
直接材料(见表 8-17)	13 936	12 292	13 584	12 812	52 624
直接人工(见表 8-18)	22 200	24 600	29 400	23 600	99 800
制造费用(见表 8-20)	16 450	17 650	20 050	17 150	71 300
销售及管理费用(见表 8-23)	10 400	10 800	12 000	10 800	44 000
所得税(见表 8-25)	1 000	1 000	1 000	1 000	4 000
资本支出(见表 8-24)		20 000		30 000	50 000
现金支出总额	63 986	86 342	76 034	95 362	321 724
三、收支相抵余额	9 514	−328	38 138	15 276	62 600
加:银行借款(见表 8-25)		20 000			20 000
减:偿还借款(见表 8-25)	4 000		20 000		24 000
支付利息(见表 8-25)			2 000		2 000
四、期末现金余额	5 514	19 672	16 138	15 276	15 276

(二)预计利润表

预计利润表反映预算期的经营成果。编制预计利润表的主要依据是销售预算、产品成本预算、销售及管理费用预算、专门决策预算等有关资料。预计利润表上的税后收益与税后目标利润相比较,如有差距,应进行单一项目或综合性调整,以达到目标利润的要求,实现企业的短期经营目标。

预计利润表通常按年编制,为了管理上的特殊需要,也可以按季度编制。预计利润表是经营预算中的一张关键表,它提供未来一段时间内某组织的盈利能力估计,从而有助于管理人员及时调整经营策略。

【技能操作】

【例 8-20】 承接上述资料，编制预计利润表，如表 8-27 所示。

表 8-27 **天泉公司预计利润表** 单位:元

摘　　要	第 1 季度	第 2 季度	第 3 季度	第 4 季度	合　计
销售数量(1)	1 100	1 200	1 500	1 200	5 000
一、营业收入(见表 8-13)	77 000	84 000	105 000	84 000	350 000
减:变动成本					
变动生产成本 40×(1)	44 000	48 000	60 000	48 000	200 000
变动销售及管理费用(见表 8-23)	4 400	4 800	6 000	4 800	20 000
二、贡献边际	28 600	31 200	39 000	31 200	130 000
减:固定成本					
固定制造费用(见表 8-19)	7 200	7 200	7 200	7 200	28 800
固定销售及管理费用(见表 8-23)	6 000	6 000	6 000	6 000	24 000
三、营业利润	15 400	18 000	25 800	18 000	77 200
减:财务费用(见表 8-25)			2 000		2 000
四、税前利润	15 400	18 000	23 800	18 000	75 200
减:所得税费用(见表 8-25)	1 000	1 000	1 000	1 000	4 000
五、税后净利润	14 400	17 000	22 800	17 000	71 200

(三) 预计资产负债表的编制

预计资产负债表是企业预算期末财务状况的总括性预算，它是依据当前的实际资产负债表和全面预算中的其他预算所提供的资料来编制的。

预计资产负债表提供预计资产、负债和所有者权益的有关信息，据此，管理层可以确定期末营运资本(流动资产与流动负债的差额)对计划中的运营来说是否充足；管理层利用预计报表来评价预期企业业绩，并采取适当的改进措施。

【技能操作】

【例 8-21】 承接上述资料，根据天泉公司预算期期初资产负债表，编制预计资产负债表，如表 8-28 所示。

表 8-28 **天泉公司预计资产负债表** 单位:元

项　　目	期　初　额	预计期末额
一、资产		
流动资产:		

（续表）

项　　目	期　初　额	预计期末额
货币资金	10 000	15 276
应收账款	25 000	42 000
材料存货	2 000	2 500
产成品存货	4 400	4 000
流动资产合计	41 400	63 776
固定资产：		
土地	20 000	20 000
房屋及设备	26 000	46 000
无形资产	0	30 000
减：累计折旧	24 000	31 400
合计	22 000	64 600
资产合计	63 400	128 376
二、负债		
流动负债：		
短期借款	4 000	0
应付账款	7 000	4 776
合计	11 000	4 776
三、所有者权益		
普通股	21 000	21 000
留存收益	31 400	102 600
合计	52 400	123 600
负债及所有者权益合计	63 400	128 376

编表说明：

(1) 库存现金（见表 8-26），预算期期初现金金额 10 000 元，预算期期末现金余额为 15 276 元。

(2) 应收账款（见表 8-14），预算期期初应收账款为 25 000 元，预算期期末应收账款余额为 42 000 元（84 000×50%）。

(3) 材料存货（见表 8-16），预算期期初材料余额为 2 000 元（400×5），预算期期末余额为 2 500 元（500×5）。

(4) 产成品存货（见表 8-15 和表 8-21），预算期期初产成品余额为 4 400 元（110×40），预算期期末产成品余额为 4 000 元（100×40）。

(5) 房屋设备（见表 8-24），预算期期初固定资产原值为 26 000 元，预算期期末固定资产原值为 46 000 元（26 000+20 000）。

(6) 无形资产（见表 8-24），预算期期初无形资产原值为 0，预算期期末无形资产原值为

30 000 元。

(7) 累计折旧(见表 8-20),预算期期初累计折旧额为 24 000 元,预算期期末累计折旧额为 31 400 元(24 000+7 400)。

(8) 短期借款(见表 8-25),预算期期初短期借款额为 4 000 元,预算期期末短期借款额为 0。

(9) 应付账款(见表 8-16 和表 8-17),预算期期初应付账款余额为 7 000 元,预算期期末应付账款余额为 4 776 元(11 940×40%)。

(10) 留存收益(见表 8-27),计算如下:

留存收益预算期末余额=期初余额+预算期所获净利润－预算期支付股利

=31 400+71 200

=102 600(元)

单元测试

1. 单项选择题

(1) 下列各项中,最能揭示全面预算本质的说法是,全面预算是关于未来期间内(　　)。

A. 企业的成本计划　　B. 企业总体计划的数量说明

C. 企业总体计划的文字说明　　D. 事业单位的收支计划

(2) 下列各项中,属于编制全面预算的关键和起点的是(　　)。

A. 直接材料预算　　B. 生产预算　　C. 销售预算　　D. 直接人工预算

(3) 下列各项中,现金预算属于(　　)。

A. 业务预算　　B. 专门决策预算　　C. 生产预算　　D. 财务预算

(4) 下列各项中,只涉及实物计量而不涉及价值计量单位的是(　　)。

A. 销售预算　　B. 生产预算　　C. 专门决策预算　　D. 财务预算

(5) 下列各项中,不必单独编制与之有关的现金收支预算的是(　　)。

A. 销售预算　　B. 直接材料预算　　C. 直接人工预算　　D. 制造费用预算

(6) 在编制制造费用预算时,计算现金支出应予以剔除的项目是(　　)。

A. 间接材料　　B. 间接人工　　C. 管理人员工资　　D. 折旧费

(7) 零基预算的编制基础是(　　)。

A. 零　　B. 基期的费用水平

C. 国内外同行业费用水平　　D. 历史上费用的最高水平

(8) 下列各项中,不属于业务预算的是(　　)。

A. 现金预算　　B. 生产预算　　C. 直接材料预算　　D. 制造费用预算

(9) 下列各项中,随着业务量的变动作机动调整的是(　　)。

A. 滚动预算　　B. 弹性预算　　C. 增量预算　　D. 零基预算

(10) 下列项目中,可以总括反映企业在预算期间盈利能力的是(　　)。

A. 专门决策预算　　B. 现金预算

C. 预计利润表　　D. 预计资产负债表

2. 多项选择题

(1) 全面预算体系由(　　)构成。

A. 业务预算　B. 财务预算　C. 利润预算　D. 资本支出预算

(2) 编制生产预算时需要思考的因素有(　　)。

A. 基期生产量　B. 基期销售量

C. 预算期预计销售量　D. 预算期预计期初存货量

(3) 下列各项中,属于产品成本预算编制基础的有(　　)。

A. 销售预算　B. 生产预算

C. 直接材料采购预算　D. 直接人工预算

(4) 编制直接人工预算需要考虑的因素有(　　)。

A. 基期生产量　B. 生产预算中的预计生产量

C. 预计销售量　D. 单位产品直接人工工时

(5) 全面预算按照其与预算期内业务量变动关系及预算发挥效用中灵活程度不同,可分为(　　)。

A. 固定预算　B. 弹性预算　C. 增量预算　D. 零基预算

(6) 下列各项中,能揭示弹性预算优点的有(　　)。

A. 各预算期预算相互衔接　B. 可比性强

C. 不受现有费用项目的限制　D. 预算范围宽

(7) 下列各项中,属于业务预算的内容有(　　)。

A. 直接人工预算　B. 销售预算　C. 产品成本预算　D. 制造费用预算

(8) 下列各项中,属于定期预算缺点的有(　　)。

A. 缺乏远期指导性　B. 滞后性　C. 复杂性　D. 随意性

(9) 现金预算包括(　　)方面的预算。

A. 现金收入　B. 现金支出　C. 现金筹资与运用　D. 现金收支差额

(10) 全面预算按照编制预算方法的出发点不同,可分为(　　)。

A. 固定预算　B. 弹性预算　C. 增量预算　D. 零基预算

3. 判断题

(1) 财务预算就是现金预算。(　　)

(2) 生产预算是编制全面预算的关键和起点。(　　)

(3) 为了编制现金预算,在编制销售预算的同时,还要编制与销售收入有关的预计现金收入预算。(　　)

(4) 销售预算是以生产预算为依据编制的。(　　)

(5) 生产顶算是使用实物量和价值量为计量单位编制的预算。(　　)

(6) 编制生产预算时的预计生产量就是预计销售量。(　　)

(7) 产品成本预算要在生产预算、直接材料预算、直接人工预算和制造费用预算的基础上进行。(　　)

(8) 预计资产负债表是经营预算的一项重要内容。(　　)

(9) 固定预算就是定期预算，是以不变的会计期间作为预算期的一种预算编制用的。（　　）

(10) 销售预算是编制全面预算的关键和起点。（　　）

实务训练

假设天泉公司生产和销售一种产品，有关资料如下：

(1) 2020 年度第 1 至第 4 季度预计销售额分别为：1 000 件、1 500 件、2 000 件和1 500件，销售单价为 75 元；在各季度销售收入中，40%可于当季收到现金，其余 60%将于下一季度收到现金。

(2) 季末预计的产成品存货占次季度销售量的 10%，年末预计产成品存货为 110 件。

(3) 单位产品材料用量为 2 千克，每千克单价 5 元，季末预计材料存货占次季生产用量的 20%，年末预计材料存货为 460 千克；各季度采购的材料中，50%于当季支付现金，其余 50%可于下一季度支付现金。

(4) 假定生产单位产品需用直接人工工时 5 小时，每小时的工资率为 4 元。

(5) 在制造费用中，变动制造费用分别为间接工资 12 000 元，间接材料 18 000 元，维修费 8 000 元，水电费 15 000 元，润滑材料 7 100 元；固定性制造费用分别为维修费 14 000 元，折旧 15 000 元，管理人员工资 25 000 元，保险费 4 000 元，财产税 2 000 元。

(6) 销售与管理费用分别为：

变动费用：销售人员工资 22 000 元，广告费 5 500 元，文具纸张费 2 500 元。

固定费用：行政人员工资 30 000 元，保险费 8 000 元，财产税 4 000 元。

要求：根据上述资料，编制该公司 2020 年度的全面预算，包括销售预算、生产预算、直接材料预算、直接人工预算、制造费用预算、销售及管理费用预算。

第九单元　成本控制

导学目标

通过本单元教学，学生应该理解什么是标准成本以及如何制定标准成本；掌握各种成本差异的计算和原因分析；掌握成本差异的账务处理。

导学案例

彼得·德鲁克在《成果管理》一书中指出："成本不是独立存在的。它总是为成果而发生的，至少是在目的上。因此，重要的不是成本的绝对水平，而是付出的努力与成果之比。无论付出的努力有多么省钱或有效率，如果没有成果，它不是成本，而是浪费。如果它自始至终都不能产生成果，它从一开始就是不合理的浪费。"我们读这段话，就像大多数会计师凭空想象地认为，收入必然与成本相配比，然后，成本会创造收入，而且大多数会计报表也是以这样的假设为基础的。但是，这种循环不是一个闭环的回路。收入显而易见地产生于成本支出的资金。但是，在经营的过程中，任何企业都不可能做到不浪费它所付出的努力——就像任何机器在运转的过程中都不可能没有摩擦损失一样。因此，就像摩擦可以减少一样，企业坚持不懈地开展成本分析和成本控制，引导其付出的努力转变为创造收入的活动，企业的绩效和成本绩效就可以大幅提高。如果没有成本分析和成本控制，成本往往不由自主地分配给什么也创造不出来的活动，分配给完全碌碌无为的活动。

标准成本是早期管理会计的主要支柱之一。在美国，为了提高工人的劳动生产率，许多工厂首先改革了工资制度和成本计算方法，以预先设定的科学标准为基础，发展奖励计件工资制度，采用标准人工成本的概念。在此之后，又把标准人工成本概念引申到标准材料成本和标准制造费用等。最初的标准成本是独立于会计系统之外的一种计算工作。1919 年，美国全国成本会计师协会成立，对推广标准成本起了很大的作用。1920～1930 年，美国会计学界经过长期争论，把标准成本纳入了会计系统，从此出现了真正的标准成本会计制度。

所以，成本控制对于企业来说，至关重要！下面就让我们一起来学习如何进行成本控制和分析吧！

第一讲　标准成本概述

【知识要点】

一、标准成本

标准成本是事先制定的，在正常生产经营条件下可以实现的，作为控制成本开支，评价实际成本、衡量工作效率的依据和尺度的一种目标成本。准确地讲，有两种含义：一种是指单位产品的标准成本，它是根据产品的标准消耗量和标准单价计算出来的，即单位产品标准成本＝单位产品标准消耗量×标准单价，它又被称为成本标准。另一种含义是指实际产量的标准成本，它是根据实际产品产量和成本标准计算出来的，即标准成本＝实际产量×单位产品标准成本。

二、标准成本的分类

标准成本是事先制定的、经过努力能达到的目标成本。根据标准成本达到的难易程度和修订频率，可把标准成本分为以下几种。

1. 理想标准成本

这类标准成本是根据最少的耗用量、最低的价格水平和可能实现的最高生产经营能力的利用程度等条件而制定的，也就是在排除一切失误、浪费和耽搁的基础上制定的。由于这类标准成本要求过高，不考虑在生产中可能发生的上述实际情况，如果用它们来计算成本的话，就会挫伤职工的生产积极性。因此，这种标准成本在实际工作中很少采用。

2. 基本标准成本

这类标准成本是根据正常的耗用水平、正常的价格和正常的生产经营能力利用程度而制定的。也就是根据过去一段时期实际成本的平均值，剔除其中生产经营活动中的异常因素，并考虑今后的变动趋势而制定的。在国内外经济形势稳定的条件下，可以使用基本标准成本。但由于它几年制定一次并保持不变，因此，随着科学技术的日益发展，劳动生产率不断提高，原有标准成本将逐渐过时，难以在成本管理中发挥应有的作用。

3. 现实标准成本

它是根据企业最可能发生的生产要素耗用量、生产要素价格和生产经营能力利用程度而制定的。由于这种标准成本包含企业一时还不能避免的某些不应有的低效、失误和超量消耗，因此，它是一种经过努力可以达到的既先进又合理、最切实可行而且接近实际的成本，因而被广泛采用。

三、标准成本法

标准成本法是一种会计信息系统和成本控制系统，是指通过制定标准成本，将标准成本与实际成本进行比较获得成本差异，并对成本差异的形成原因进行分析，就重大的差异事项及时采取措施纠正，从而达到成本控制目标的一种成本控制系统。

(一) 标准成本法的作用

(1) 便于企业编制预算和进行预算控制。

(2) 可以有效地控制成本支出。

(3) 可以帮助企业进行产品的价格预测和决策。

(4) 可以简化成本核算的账务处理工作。

(5) 可以简化存货的计价以及成本核算的账务处理工作。

(二) 标准成本法的特点

(1) 标准成本法计算各种产品的标准成本,不计算各种产品的实际成本。

(2) 实际成本和标准成本发生的各种差异,分别设置各种差异成本账户进行归集,以便对成本进行日常控制和考核。

(3) 可以与变动成本法相结合,达到成本管理和控制的目的。

(三) 标准成本法的适用范围

(1) 标准成本法适用于产品品种较少的大批量生产企业,而单件、批量小和试制性生产的企业较少使用。

(2) 标准成本法可以简化存货核算的工作量,对于存货品种变动不大的企业尤为适用。

(3) 标准成本法的关键在于标准成本的制定。标准成本制定的合理性和可行性,要求有高水平的技术人员和健全的管理制度。

第二讲　标准成本的制定

【知识要点】

标准成本法的关键是标准成本的制定,标准成本是成本控制的目标和衡量实际成本的依据。标准成本一般由会计部门会同采购部门、技术部门和其他有关经营管理部门,在对企业生产经营的具体条件进行分析研究的基础上共同制定的。

产品的成本标准,包括料、工、费三项。其计算公式为:

产品的标准成本=标准直接材料成本+标准直接人工成本+标准总制造费用

所以,产品标准成本的制定通常按成本项目进行,通常包括直接材料标准成本的制定、直接人工标准成本的制定和制造费用标准成本的制定。

一、直接材料标准成本的制定

直接材料标准成本的制定包括直接材料用量标准的制定和直接材料价格标准的制定。

1. 直接材料用量标准的制定

直接材料用量标准是指在现有的生产技术条件下,生产单位产品所需要的材料数量,即材料的消耗定额。直接材料用料标准通常应根据企业产品的设计、生产工艺状况,并结合企业的经营管理水平,考虑降低材料消耗的可能等条件制定的。企业应为产品耗费不同的直接材料分别制定标准耗用量。

2. 直接材料价格标准的制定

直接材料价格标准是指采购部门根据产品的市价,结合最佳采购批量和最佳运输方式等其他影响价格的因素预先确定各种材料的单价,包括买价和运杂费等。

3. 直接材料标准成本的制定

根据材料用量标准和价格标准就可以确定直接材料的标准成本。其计算公式为:

直接材料标准成本=直接材料数量标准×直接材料价格标准

【技能操作】

【例 9-1】 天泉公司生产某种产品的主要原材料的耗用量标准和价格标准，如表 9-1 所示。试计算该产品直接材料的标准成本。

表 9-1　　原材料耗用量标准和价格标准

标　　准	甲　材　料
单位产品用量标准：	
主要材料用量	10 千克
辅助材料用量	6 千克
必要消耗	2 千克
价格标准：	
预计发票价格	6 元/千克
检验费	3 元/千克
正常损耗	1 元/千克

单位产品甲材料标准用量＝10＋6＋2＝18(千克)

甲材料标准单价＝6＋3＋1＝10(元/千克)

单位产品甲材料标准成本＝18×10＝180(元)

二、直接人工标准成本的制定

直接人工标准成本的制定包括直接人工的工时标准制定和工资率标准制定。

1. 直接人工的工时标准制定

工时标准是指在现有的生产技术条件下，生产单位产品所需要的时间。这里的工时既可以是生产工时，也可以是机器工时。但在制定工时标准时，应考虑生产间歇和正常停工所用的时间。如果生产工艺比较复杂，可先制定零件的工时标准，再制定部件及产品的工时标准。

2. 工资率标准制定

在不同的工资制度下，工资率标准表现形式不同。在计件工资下，工资率标准就是在现有的生产技术水平下，生产单位产品所支付的计件单价；在计时工资下，工资率标准就是单位工时工资率标准。其计算公式为：

标准工资率＝标准工资总额÷标准总工时

3. 直接人工标准成本的制定

根据标准工时和小时标准工资率就可以确定产品的直接人工标准成本。其计算公式为：

直接人工标准成本＝工时标准×工资率标准

【技能操作】

【例 9-2】 天泉公司生产某种产品的直接人工用量标准和价格标准，如表 9-2 所示。试计算该产品直接人工的标准成本。

表 9-2 直接人工标准成本

标准	甲材料
标准工资率：	
每月总工时	5 000 小时
每月工资总额	4 000 元
单位产品工时：	
理想作业时间	1.2 小时
调整设备时间	0.6 小时
工作作息	0.2 小时

标准工资率＝4 000÷5 000＝0.8(元/小时)

单位产品工时合计＝1.2＋0.6＋0.2＝2(小时)

直接人工标准成本＝0.8×2＝1.6(元)

三、制造费用标准成本的制定

制造费用标准成本可分为变动制造费用标准成本和固定制造费用标准成本。

1. 变动制造费用标准成本

变动制造费用标准成本的制定与直接人工标准成本的制定相类似，除了工时标准的制定外，还包括标准变动制造费用分配率的制定。其计算公式为：

变动制造费用标准分配率＝变动制造费用预算总额÷标准总工时

变动制造费用预算总额可采用弹性预算的方式，按不同的生产活动水平分别确定。据此，可确定变动制造费用标准成本。其计算公式为：

变动制造费用标准成本＝工时标准×变动制造费用标准分配率

2. 固定制造费用标准成本

固定制造费用标准成本的制定与变动制造费用标准成本的制定基本相同，只不过固定制造费用的预算总额只能是预计某一生产水平下的费用总额，一旦计划确定不能随生产量变动而任意变动。其计算公式为：

固定制造费用标准分配率＝固定制造费用预算总额÷标准总工时

固定制造费用标准成本＝工时标准×固定制造费用标准分配率

【技能操作】

【例 9-3】 天泉公司生产某种产品的制造费用标准成本，如表 9-3 所示。

表 9-3 制造费用标准成本

项目	标准	备注
(1) 月标准总工时	24 000 小时	
(2) 标准变动制造费用总额	48 000 元	
(3) 标准变动制造费用分配率	2 元/小时	(2)÷(1)
(4) 单位产品工时标准	0.8 小时	

（续表）

项 目	标 准	备 注
(5) 变动制造费用标准成本	1.6 元	(3)×(4)
(6) 标准固定制造费用总额	528 000 元	
(7) 标准固定制造费用分配率	22 元/小时	(6)÷(1)
(8) 固定制造费用标准成本	17.6 元	(4)×(7)
(9) 单位产品制造费用标准成本	19.2 元	(5)+(8)

四、单位产品标准成本的计算

在按成本项目制定出标准成本后，就可计算单位产品的标准成本。单位产品标准成本的计算通常以填制标准成本卡的形式进行。单位产品标准成本卡，如表 9-4 所示。

表 9-4 **单位产品标准成本卡**

产品：甲 标准制定日期： 年 月 日

成本项目	用量标准	价格标准	单位标准成本
直接材料	16 千克	8 元/小时	128 元
直接人工	2 小时	0.5 元/小时	1 元
变动制造费用	0.8 小时	2 元/小时	1.6 元
固定制造费用	0.8 小时	22 元/小时	17.6 元
单位标准成本	148.2 元		

第三讲 成本差异分析

【知识要点】

一、成本差异的种类

产品的标准成本是一种预定的目标成本，是用来控制实际成本的。但在成本发生的具体过程中，由于种种原因，产品的实际成本与预定的标准成本会发生差额，这种差额称为成本差异。

根据形成的原因及性质，成本差异可具体分为以下不同差异。

(一) 价格差异与数量差异

对于直接材料、直接人工和变动制造费用而言，成本差异分为价格差异和数量差异两个部分。

1. 价格差异

价格差异是指实际价格脱离标准价格所产生的成本差异。价格差异在直接材料成本差异中称材料价格差异，在直接人工成本差异中称工资率差异，在变动制造费用成本差异中称变动制造费用预算差异。其基本计算公式为：

价格差异＝(实际价格－标准价格)×实际产量下的实际用量

＝价格差×实际产量下的实际用量

在计算直接材料价格差异时，价格是指直接材料的单价，用量是指直接材料的耗用量；在计算直接人工价格差异——工资率差异时，价格是指直接人工工资率，用量是指生产产品所需人工小时；在计算变动制造费用价格差异——变动制造费用预算差异时，价格是指变动制造费用分配率，用量是指生产产品所需人工小时。

2. 数量差

数量差异是指实际的单位耗用量脱离标准单位耗用量所产生的成本差异。数量差异在直接材料成本差量中称材料用量差异，在直接人工成本差异中称人工效率差异，在变动制造费用成本差异中称变动制造费用效率差异。其计算基本公式为：

数量差异＝标准价格×（实际产量下的实际用量－实际产量下的标准用量）
＝标准价格×实际产量下的用量差

在分别计算直接材料用量差异、直接人工效率差异和变动制造费用效率差异时，公式中的价格和用量与计算价格差异公式中的含义相同。

（二）预算差异与产量差异

固定制造费用成本差异可分为预算差异与产量差异。下面分别加以说明。

1. 预算差异

由于固定制造费用不随业务量的变动而变动，所以，只要实际发生的固定制造费用与固定制造费用预算额不同，就应该认为产生了固定制造费用成本差异。这种成本差异就是预算差异。

2. 产量差异

产量差异是指预算产量标准工时与实际产量标准工时不同所产生的成本差，可进一步分解为能力差异和效率差异。能力差异是指预算产量标准工时与实际产量实际工时不同所产生的成本差异。效率差异是指实际耗用总工时与实际产量应耗用的标准工时不同所产生的成本差异。

（三）有利差异与不利差异

成本差异按其数量特征，可分为有利差异与不利差异。有利差异是指因实际成本低于标准成本而形成的节约差。不利差异是指因实际成本高于标准成本而形成的超支差。

二、成本差异分析的原理

正如前面所述，我们进行成本差异分析就是找出产品的实际成本与标准成本之间的差额。如果该差额为正，是逆差，为不利差异，说明企业实际成本大于标准成本；如果该差额为负，是顺差，为有利差异，说明企业实际成本小于标准成本。企业对标准成本差异分析的目的就是发现问题，找出差异形成的原因和责任，进而采取相应的措施，消除不利差异，发展有利差异，实现对成本的有效控制，促进成本的降低，提高企业经济效益。

因为，各成本项目的标准成本是数量与价格两个因素相乘计算的结果，所以，标准成本差异的分析也同样应从数量和价格两个因素入手来进行分析。

三、成本差异的计算与分析

（一）直接材料标准成本差异的计算与分析

1. 材料数量差异和材料价格差异的计算与分析

直接材料标准成本差异是指直接材料实际成本与其标准成本的差异，它包括材料数量差异和材料价格差异两部分。直接材料成本差异、材料数量差异和价格差异的计算公式为：

直接材料成本差异 = $\sum$(实际用量×实际价格) − $\sum$(标准用量×标准价格)

材料数量差异 =(实际用量 − 标准用量)×标准价格

材料价格差异 =(实际价格 − 标准价格)×实际用量

计算结果如果是正数，表示超支，即逆差，为不利差异；如果为负数，则表示节约，即顺差，为有利差异。

【技能操作】

【例 9-4】 天泉公司甲产品本月实际产量为 160 件，各成本项目的用量及价格标准，如表 9-5 所示。其中，A 材料消耗定额为 9 千克，每千克标准价格为 30 元，实际单价为 30.5 元，B 材料消耗定额为 3 千克，每千克标准价格为 60 元，实际单价为 59.5 元。实际耗用 A 材料 1 600 千克，B 材料 475 千克。试计算和分析直接材料的标准成本差异。

表 9-5　　　　单位产品标准成本卡

产品：甲　　　　　　　　标准制定日期：　年　月　日

成本项目		用量标准	价格标准	单位标准成本
直接材料	A	9 千克	30 元	270 元
	B	3 千克	60 元	180 元
	小计	—	—	450 元
直接人工		5 小时	7 元	35 元
变动制造费用		5 小时	5 元	25 元
固定制造费用		5 小时	6 元	30 元
单位标准成本		540		

直接材料标准成本差异计算如下：

根据已知：实际耗用 A 材料 1 600 千克，B 材料 475 千克，A 材料实际单价为 30.5 元，B 材料实际单价为 59.5 元。所以直接材料实际成本如下：

直接材料的实际成本＝1 600×30.5＋475×59.5＝77 062.5(元)

甲产品本月实际产量为 160 件，A 材料消耗定额为 9 千克，每千克标准价格为 30 元；B 材料消耗定额为 3 千克，每千克标准价格为 60 元。所以直接材料标准成本如下：

直接材料的标准成本＝160×9×30＋160×3×60＝72 000(元)

直接材料成本差异＝77 062.5－72 000＝5 062.5(元)(超支差)

下面进一步分析差异的原因：

材料数量差异＝(实际用量－标准用量)×标准价格

材料价格差异＝(实际价格－标准价格)×实际用量

A 材料数量差异＝(1 600－160×9)×30＝4 800(元)(超支差)

B 材料数量差异＝(475－160×3)×60＝－300(元)(节约差)

A 材料价格差异＝(30.5－30)×1 600＝800(元)(超支差)

B 材料价格差异＝(59.5－60)×475＝－237.5(元)(节约差)

差异合计＝4 800＋800－300－237.5＝5 062.50(元)

上述计算结果说明，该企业直接材料成本超支 5 062.50 元，其中，A 材料数量差异超支

4 800 元，材料价格差异超支 800 元，两者都为逆差，是不利差异。应分别由生产单位和采购部门进一步寻找原因，落实责任，并提出改进意见；B 材料数量差异节约 300 元，为材料价格差异节约 237.50 元，两者都为顺差，是有利差异，同样，应分别由生产单位和采购部门进一步寻找原因，积累经验。

影响材料数量差异的因素有很多，如操作疏忽造成废品或废料增加、工人用料不精心、工人操作技术进步而节省材料、新工人上岗造成多用料、机器或工具不适用造成用料增加等。有时多用料并非生产部门的责任，如采购材料质量低劣、规格不行合要求也会使材料用量加大；又如工艺变更、新产品投产、检验过严等也会出现数量差异。因此，要进行具体分析找出原因，才能明确责任。

材料价格差异除价格本身的波动外，可能还会由于采购批量、采购地点、交货方式和数量折扣等因素引起，一般应由采购部门负责。对于其他因素，应根据具体情况做进一步的分析。例如，应生产上的要求，对某项材料进行小批量的紧急订货，由于加急运输形成的不利差异，应由生产部门负责而不应由采购部门负责。

2. 材料结构差异和材料产出差异的计算与分析

除以上两种差异外，如果企业生产一种产品同时按照一定比例混合使用多种主要材料，并且实际混合比例与预定比例不同，也会产生差异，这种差异称为材料结构差异，也就是耗用多种材料品种结构变动所引起的差异。如果实际混合材料投入后的产出量与预定混合材料投入后的产出量不同，也会产生差异，这种差异称为材料产出差异。在这种情况下，材料价格差异仍可按前述方法计算。材料数量差异则应进一步区分为结构差异和产出差异，以利于正确找出差异原因和确定差异责任。这两种差异分别用公式表示如下：

$$\text{材料结构差异}=\sum(\text{实际用量}\times\text{标准价格})-\sum(\text{实际用量}\times\text{预定混合价格})$$

$$\text{材料产出差异}=\sum(\text{预定产出数量}-\text{实际产出数量})\times\text{单位产品预定混合价格}$$

【技能操作】

【例 9-5】 承[例 9-4]，天泉公司生产甲产品，同时耗用 A，B 两种材料，单位产品标准配方表资料，如表 9-6 所示。预计每 12 千克的混合材料可生产出甲产品 1 件，本月份实际耗用 A 材料 1 600 千克，B 材料 475 千克，生产出甲产品 160 件。

表 9-6　　单位产品标准配方表资料

材料名称	预定混合用量（千克）	价格标准（元/千克）	标准成本（元/件）	预定混合价格（元/千克）
A	9	30	270	
B	3	60	180	
合计	12		450	37.5

根据上述资料计算材料的结构差异、产出差异和价格差异如下：

直接材料数量差异＝A 材料数量差异＋B 材料数量差异

＝(1 600－160×9)×30＋(475－160×3)×60

＝4 500(元)

因为甲产品为A，B两种材料混合耗用生产，为进一步查找差异原因，可将数量差异进一步区分为结构差异和产出差异。

其中：材料结构差异$=\sum$(实际用量×标准价格)$-\sum$(实际用量×预定混合价格)

$=(1\ 600\times30+475\times60)-(1\ 600+475)\times37.5$

$=-1\ 312.5$(元)

材料产出差异$=\sum$(预定产出数量－实际产出数量)×单位产品预定混合价格

$=[(1\ 600+475)\div12-160]\times450=5\ 812.5$(元)

差异合计$=5\ 812.5-1\ 312.5=4\ 500$(元)

根据计算结果，直接材料价格差异与前面计算结果相同。

(二) 直接人工标准成本差异的计算和分析

直接人工成本差异包括直接人工效率差异和工资率差异。

直接人工效率差异是因实际耗用工时脱离标准而导致的成本差异，是实际工时和标准工时之间的差额与标准工资率的乘积，它等同于直接材料的数量差异。

工资率差异是每小时实际工资率和标准工资率之间的差额与实际工时之间的乘积，它等同于直接材料的价格差异。

直接人工的效率差异和工资率差异的计算公式如下：

直接人工效率差异＝(实际工时－标准工时)×标准工资率

直接人工工资效率差异＝(实际工资率－标准工资率)×实际工时

同理，计算结果为正，表示超支，是逆差，为不利差异；计算结果为负，表示节约是顺差，为有利差异。

【技能操作】

【例 9-6】 承[例 9-4]，甲产品的直接人工标准工时为每件 5 小时，每小时标准工资率为 7 元。实际耗用的工时为 700 小时，实际工资率为 8 元，则直接人工标准成本差异计算如下：

直接人工标准成本差异$=700\times8-160\times5\times7=0$(元)

其中直接人工效率差异$=(700-160\times5)\times7=-700$(元)

直接人工工资效率差异$=(8-7)\times700=700$(元)

根据计算结果，虽然总的标准成本差异为 0，但是，其中直接人工效率差异为节约 700 元，而直接人工工资率差异为超支 700 元，应查明原因，明确责任。

一般来说，直接人工的效率差异应由生产单位负责，因为其差异通常可能是由于材料或零件传递方法不当、工人技术不熟练、工作环境不良、使用工人的工种不符要求、工人经验不足、工人劳动情绪不佳、新工人上岗太多、机器或工具选用不当或故障较多、作业计划安排不当以及产量太少无法发挥批量节约优势等与生产活动相关的原因造成。但也不是绝对的，如果材料质量不好，也会影响生产效率。

直接人工工资率差异一般应由主管人事的部门负责，它通常与人事变动、工资制度和工资级别的调整有关；但如果是非生产工时造成的差异，如停工待料时间的工资、开会时间的工资等，仍由生产单位负责。

同理,与直接材料一样,也可继续进行人工结构差异分析,以便于深入分析差异原因,分清责任。

(三) 变动制造费用标准成本差异的计算与分析

变动制造费用标准成本差异包括变动制造费用效率差异和变动制造费用耗费差异。

变动制造费用效率差异是因实际耗用工时脱离标准工时而导致的成本差异,它是实际工时和标准工时之间的差额与标准费用分配率之间的乘积。

变动制造费用耗费差异是因变动制造费用实际耗费脱离标准而导致的成本差异,它是实际费用分配率和标准费用分配率之间的差额与实际工时之间的乘积。其计算公式为:

变动制造费用效率差异=(实际工时-标准工时)×标准费用分配率

变动制造费用耗费差异=(实际费用分配率-标准费用分配率)×实际工时

计算结果为正,表示超支,是逆差,为不利差异;计算结果为负,表示节约,是顺差,为有利差异。

【技能操作】

【例 9-7】 承[例 9-4],天泉公司本月甲产品实际发生的变动制造费用为 4 200 元,标准制造费用分配率为每小时 5 元,则变动制造费用成本差异计算如下:

变动制造费用标准成本差异=4 200-160×5×5=200(元)

其中:变动制造费用效率差异=(700-160×5)×45=-500(元)

变动制造费用耗费差异=(4 200÷700-5)×700=700(元)

根据计算结果,变动制造费用差异为不利差异 200 元,是由变动制造费用效率差异的有利差 500 元和变动制造费用耗费差异的不利差异 700 元引起的。

引起变动制造费用不利差异的原因可能是多方面的,如构成变动制造费用的各要素价格的上涨、间接材料价格的上涨和动力费用价格上涨等;或者是间接材料和人工的使用浪费以及动力和设备使用的浪费等。变动制造费用的效率差异是同变动费用的分配基础联系在一起的。所以,变动制造费用分配基础的选择非常重要,通常负责控制分配基础水平的部门应对变动制造费用的效率差异承担责任。

(四) 固定制造费用标准成本差异的计算与分析

由于固定制造费用相对固定,一般不随产量的变动而变动,产量的变动只会影响单位固定制造费用,这就是说,实际产量与实际生产能力规定的产量或计划产量的差异会对产品应负担的固定制造费用发生影响。所以,固定制造费用标准成本差异的分析方法与其他费用成本差异的分析方法有所不同。

固定制造费用成本差异一般包括固定制造费用产量差异和固定制造费用预算差异两部分。

固定制造费用产量差异又称除数差异,是指在固定费用预算不变的情况下,由于实际产量和计划产量不同而造成的差异,其差异的原因与现有生产能力的利用程度有关。

固定制造费用预算差异又称耗费差异,是指实际固定制造费用与预算固定制造费用的差异。固定制造费用产量差异和固定制造费用预算差异的计算公式为:

固定制造费用产量差异=固定制造费用预算-(实际产量×单位产品标准费用分配率)

固定制造费用预算差异=固定制造费用实际数-固定制造费用预算数

计算结果正数为超支,负数为节约。

也可以将上述产量差异进一步分解为能力差异和效率差异。能力差异是指实际工时未达到标准工时而形成的闲置生产能力差异；效率差异是指实际工时脱离标准工时而形成的工作效率差。其计算公式为：

固定制造费用能力差异＝(计划产量标准工时－实际产量实际工时)×标准费用分配率

固定制造费用效率差异＝(实际产量实际工时－实际产量标准工时)×标准费用分配率

固定制造费用差异计算公式中各项指标的计算，如表 9-7 所示。

表 9-7 固定制造费用差异计算公式中各项指标的计算

项　目	产　量	工　时	分 配 率
固定制造费用实际总额＝(1)×(2)×(3)	(1)实际产量	(2)实际工时/件	(3)实际分配率
固定制造费用预算总额＝(4)×(5)×(6)	(4)预算产量	(5)标准工时/件	(6)标准分配率
标准固定制造费用总额＝(1)×(5)×(6)	(1)实际产量	(5)标准工时/件	(6)标准分配率

这样对固定制造费用标准成本差异的分析就有两差异分析法和三差异分析法两种方法。

两差异分析法是指将固定制造费用差异分为预算差异和产量差异。

三差异分析法是指将固定制造费用差异分为预算差异、能力差异和效率差异。预算差异的计算方法与两差异分析法相同。不同的是将两差异分析法中的产量差异进一步分解为能力差异和效率差异。

【技能操作】

【例 9-8】 承[例 9-7]，天泉公司本月甲产品计划产量为 170 件，实际固定制造费为 5 600元，标准费用分配率为 6 元。其固定制造费用标准成本差异计算如下：

固定制造费用成本差异＝5 600－160×5×6＝800(元)

用两差异分析法分析如下：

固定制造费用产量差异＝170×5×6－160×5×6＝300(元)

固定制造费用预算差异＝5 600－170×5×6＝500(元)

用三差异分析法分析如下：

固定制造费用能力差异＝(170×5－700)×6＝900(元)

固定制造费用效率差异＝(700－160×5)×6＝－600(元)

固定制造费用预算差异＝5 600－170×5×6＝500(元)

计算表明，三差异分析法中的生产能力利用差异和效率差异之和等于两差异分析法中的产量差异。

造成固定制造费用成本差异的原因比较复杂。严格地说，企业高层经理人员、计划部门、生产部门、财务部门、设备管理部门、销售部门和职工教育部门等都可能负有一定的责任，涉及面很广，需要从全企业的角度考虑，综合加以解决。

造成固定制造费用预算差异的原因可能包括管理人员的增减，管理人员工资及相应职工福利费的调整，税率的变动，折旧方法的改变，维修费开支加大，职工培训费的增减，租赁费、保险费的调整，各项公共事业费增加等。预算差异的责任应由有关的责任部门负责，如固定资产折旧费用发生变化应由财务部门负责，修理费用的开支变化应由设备维修部门负责；其他有关费用可根据实际情况确定责任归属。但有些费用（如水电费调价等）属不可控因素，不应由某个部门来承担责任。

造成固定制造费用能力差异的原因可能包括订货增减；产品定价调整；原实际生产能力过剩，市场容纳不下；原材料、燃料、动力供应不足；产品结构调整；机械设备故障频繁，停工修理增多；人员技术水平有限，不能充分发挥设备能力等。

能力差异是由于现有生产能力未充分利用而造成的差异，难以简单地确定责任的归属。为分清各部门应承担的责任，应根据实际情况加以分析，分别由计划部门、生产部门、采购部门和销售部门等承担相应的责任。

第四讲　成本差异的账务处理

【知识要点】

在标准成本法的会计核算体系中，对产品的标准成本和成本差异应分别进行核算。对于日常生产经营活动中计算出来的成本差异，一方面，要编制有关成本差异分析报告；另一方面，要进行核算和反映，即在有关成本差异总账和明细账中登记。

一、账户设置

成本差异核算使用的账户既可以按大的成本项目设置，又可以按具体成本差异的内容设置。在变动成本法下，按具体差异设置的账户应包括“直接材料用量差异”“直接材料价格差异”“直接人工效率差异”“直接人工工资率差异”“变动制造费用耗费差异”“变动制造费用效率差异”“固定制造费用预算差异”和“固定制造费用产量差异”（或“固定制造费用预算差异”“固定制造费用能力差异”和“固定制造费用效率差异”）等。

这些成本差异账户的借方登记超支差异，贷方登记节约差异和差异转销额（超支用蓝字，节约用红字）。

二、账务处理程序

（一）登记各项标准成本账户

对于日常发生的各项实际成本，都应当将其分离为标准成本和成本差异两部分，并以标准成本分别登记“原材料”“生产成本”“库存商品”和“主营业务成本”等各有关成本账户。

（二）登记各项成本差异账户

对于实际成本脱离标准成本而形成的各项成本差异，应当按照其不同的类别，分别登记各有关的成本差异账户。对超支差异应借记有关差异账户，节约差异则贷记相应账户。为了便于考核，各成本差异账户还可以按照其责任部门设置有关的明细账，分别记录各部门的各项成本差异数额。

（三）期末处理各项成本差异

各差异账户的累计发生额反映了本期成本控制业绩情况。在月末或年末，必须对这些成本差异进行相应处理，将这些账户的余额分配调整至相关账户。成本差异的处理方法有结转本期损益法和调整销货成本与存货成本法两种。

1. 结转本期损益法

结转本期损益法是指将本期发生的各项成本差异全部计入损益表，由本期收入补偿，视同于销售成本的一种成本差异处理方法。这种方法的依据是本期差异应体现本期成本控制的业绩，要在本期利润上予以反映。其优点是比较简单，能使当期经营成果与成本控制的业绩直接挂钩，但当标准成本过于陈旧或实际成本水平波动幅度过大时，就会因差异额过高而导致当期利润及存货成本水平失真。西方应用标准成本控制法的企业多数采用结转本期损益法。

2. 调整销货成本与存货成本法

按照这种方法，在会计期末将成本差异按比例分配至销货成本和存货。采用这种方法的依据是税法和会计原则均要求以实际成本反映存货成本和销货成本。本期发生的成本差异，应由存货和销货成本共同负担。当然，这样进行差异的分配计算会增加一些工作量而且将这些费用计入存货成本也不一定合理。例如，生产能力闲置差异是一种损失，并不能在未来换取收益，作为资产计入存货成本明显不合理，不如作为期间费用在当期进入损益汇总。

成本差异处理的方法选择，要考虑许多因素，包括差异的类型（材料、人工或制造费用）、大小、原因和时间（如季节性变动引起的非常性差异）等。因此，可以对各种成本差异采用不同的处理方法，如材料价格差异多采用调整销货成本与存货成本法，闲置能量差异多采用结转本期损益法，其他差异则可因具体企业情况而定。值得注意的是，差异处理的方法要保持历史的一致性，以便使成本数据保持可比性，并防止信息使用人发生误解。

三、账务处理实例

仍以天泉公司为例，对本月甲产品的各种成本差异进行归集并编制相关会计分录：

（1）直接材料成本差异的处理。

借：生产成本——甲产品	72 000.00	
直接材料数量差异	4 500.00	
直接材料价格差异	5 62.50	
贷：原材料		77 062.50

记入“生产成本”账户借方的是直接材料的标准成本，记入“原材料”账户贷方的是原材料的实际成本。由于数量差异和价格差异都是超支差异，所以，记入两差异账户的借方。如果企业的材料成本差异单独核算，该笔分录只记录直接材料数量差异，那么，原材料则应记录计划成本。

（2）直接人工成本差异的处理。

借：生产成本——甲产品	5 600	
直接人工工资率差异	700	
贷：直接人工效率差异		700
应付职工薪酬		5 600

原理同上。

（3）变动制造费用差异的处理。

借：制造费用——变动制造费用	4 000	
变动制造费用耗费差异	700	
贷：变动制造费用效率差异		500
原材料、应付职工薪酬等		4 200

原理同上。

(4) 固定制造费用差异的处理。

借：制造费用——固定制造费用	4 800	
固定制造费用产量差异	300	
固定制造费用预算差异	500	
贷：原材料、应付职工薪酬等		5 600

或

借：制造费用——固定制造费用	4 800	
固定制造费用效率差异	2 880	
固定制造费用预算差异	500	
贷：固定制造费用能力差异		2 580
原材料、应付职工薪酬等		5 600

原理同上。

(5) 将“制造费用”账户结转到“生产成本”账户。

借：生产成本	8 800	
贷：制造费用—变动制造费用		4 000
制造费用—固定制造费用		4 800

(6) 假设本月生产的甲产品全部完工。

借：库存商品	86 400	
贷：生产成本		86 400

(7) 将全部标准成本差异转入本月“主营业务成本”账户。

借：主营业务成本	6 062.50	
贷：直接材料数量差异		4 500.00
直接材料价格差异		562.5.00
直接人工工资率差异		700.00
直接人工效率差异		(700.00)
变动制造费用耗费差异		700.00
变动制造费用效率差异		(500.00)
固定制造费用产量差异		300.00
固定制造费用预算差异		500.00

通过这项结转分录，月末各成本差异账户均无余额。将成本差异账户的余额全部转入“主营业务成本”账户，虽然核算上比较简单，但如果差异较大，就会对当月的利润影响较大，并且会影响在产品和产成品计价的准确性，可以将其按标准成本的比例在当月在产品、库存商品和销售商品之间进行分配。

单元测试

1. 单项选择题

(1) 某公司生产单一产品，实行标准成本管理。每件产品的标准工时为 3 小时，固定制造费用的标准成本为 6 元，企业生产能力为每月生产产品 400 件。7 月份该公司实际生产产品 350 件，发生固定制造成本 2 250 元，实际工时为 1 100 小时。根据上述数据计算，7 月份该公司固定制造费用效率差异为(　　)元。

A. 100　　B. 150　　C. 200　　D. 300

(2) 由于特定成本项目的实际价格水平与标准价格水平不一致而导致的成本差异称为(　　)。

A. 价格差异　　B. 数量差异　　C. 效率差异　　D. 正差异

(3) 在标准成本控制系统中，成本差异是指一定时期内生产一定数量的产品所发生的(　　)。

A. 实际成本与标准成本之差　　B. 实际成本与计划成本之差

C. 预算成本与标准成本之差　　D. 预算成本与实际成本之差

(4) 下列各项中，不属于导致材料价格差异原因的是(　　)。

A. 未按照经济采购批量进货　　B. 不必要的快速运输方式

C. 违反合同被罚款　　D. 操作技术改进而节省材料

(5) 下列关于标准成本的说法中，不正确的是(　　)。

A. 理想标准成本不能作为考核的依据

B. 在标准成本系统中，广泛使用现行标准成本

C. 现行标准成本可以成为评价实际成本的依据

D. 基本标准成本不宜用来直接评价工作效率和成本控制的有效性

(6) 下列关于期末标准成本差异的处理中，错误的是(　　)。

A. 结转本期损益法下，本期差异全部由本期损益负担

B. 结转成本差异的时间可以是月末，也可以是年末

C. 调整销货成本与存货法下，本期差异按比例分配给已销产品成本和存货成本

D. 调整销货成本与存货法下，本期差异按比例分配给期末在产品成本和存货成本

(7) 会计期末采用结转本期损益法对成本差异进行处理时，将本期发生的各种成本差异全部计入(　　)。

A. 月末存货成本　　B. 本年利润　　C. 管理费用　　D. 生产成本

(8) 某产品的变动制造费用标准成本为：工时消耗 4 小时，每小时分配率 6 元。本月生产产品 300 件，实际使用工时 1 500 小时，实际发生变动制造费用 12 000 元。则变动制造费用效率差异为(　　)元。

A. 1 800　　B. 1 650　　C. 1 440　　D. 1 760

(9) 下列各项中，属于标准成本控制系统前提和关键的是(　　)。

A. 标准成本的制定　　B. 成本差异的计算

C. 成本差异的分析　　D. 成本差异的账务处理

(10) 直接人工小时工资率差异属于(　　)。

A. 用量差异　　B. 价格差异　　C. 能力差异　　D. 效率差异

2. 多项选择题

(1) 下列各项中，属于标准成本控制系统构成内容的有(　　)。

A. 标准成本的制定　　B. 成本差异的计算与分析

C. 成本差异的账务处理　　D. 成本差异的分配

(2) 人工工时耗用量标准即直接生产工人生产单位产品所需要的标准工时，主要内容包括(　　)。

A. 对产品的直接加工工时　　B. 必要的间歇和停工工时

C. 不可避免的废品耗用工时　　D. 生产中的材料必要消耗

(3) 下列各项中，能够导致出现材料价格差异的原因有(　　)。

A. 材料质量差，废料过多

B. 材料采购计划编制不准确

C. 材料调拨价格或市场价格的变动

D. 因临时紧急进货，使买价和运输费上升

(4) 在标准成本系统中，可将变动制造费用成本差异分解为(　　)。

A. 耗费差异　　B. 预算差异　　C. 开支差异　　D. 效率差异

(5) 按照三差异法，可将固定制造费用成本差异分解为(　　)。

A. 开支差异　　B. 生产能力差异　　C. 预算差异　　D. 效率差异

(6) 在制定标准成本时，可选择的标准成本包括(　　)。

A. 理想标准成本　　B. 正常标准成本　　C. 现实标准成本　　D. 平均标准成本

(7) 人工成本差异包括(　　)。

A. 价格差异　　B. 工资率差异　　C. 人工效率差异　　D. 数量差异

(8) 影响直接人工工资率差异的原因有(　　)。

A. 工人工资结构　　B. 工资水平　　C. 劳动生产率　　D. 设备完好程度

(9) 影响直接人工用量差异的因素有(　　)。

A. 工人工资结构　　B. 工人劳动生产率　　C. 工人工资水平　　D. 设备完好程度

(10) 影响直接材料耗用量差异的因素有(　　)。

A. 材料质量　　B. 设备完好程度

C. 废品率的高低　　D. 工人技术熟练程度

3. 判断题

(1) 标准成本就是理想成本。(　　)

(2) 在标准成本控制系统中，成本超支差应记入成本差异账户的贷方。(　　)

(3) 理想的标准成本是现有条件下最理想的成本最低水平，在实际工作中被广泛采用。(　　)

(4) 在标准成本控制系统中，计算价格差异的用量基础是实际产量下的标准耗用量。(　　)

(5) 实际成本大于标准成本时称为有利差异。(　　)

(6) 只要严格贯彻执行节约性原则，就能使成本控制真正发挥效益。(　　)

(7) 标准成本的制定既包括产品制造成本，又包括期间成本。(　　)

(8) 在通常情况下，制定材料用量标准时，应按各种材料分别计算，各种材料的规格由产品设计部门制定，用量标准由生产部门制定。(　　)

(9) 用成本差异分析方法中的两差异分析法将固定制造费用分为耗费差异和能力差异。(　　)

(10) 成本差异是指产品实际成本与标准成本的差额，凡是实际成本小于标准成本的差额即为有利差异。(　　)

实务训练

1. 天泉公司生产甲产品需使用一种直接材料A，本期生产甲产品1 000件，耗用A材料9 000千克，A材料的实际价格为200元/千克。假设A材料计划价格为210元/千克，单位甲产品标准用量为10千克。

要求：

(1) 计算A材料的价格差异。

(2) 计算A材料的数量差异。

(3) 计算A材料的成本差异。

2. 天泉公司生产甲产品，甲产品直接人工标准成本相关资料如下：月标准总工时20 000小时，月标准总工资400 000元，单位产品工时用量标准2小时/件。假设实际生产甲产品10 000件，实际耗用总工时25 000小时，实际应付直接人工工资550 000元。

要求：

(1) 计算乙产品标准工资率和直接人工标准成本。

(2) 计算乙产品直接人工成本差异、直接人工工资率差异和直接人工效率差异。

3. 天泉公司生产一种产品，其变动制造费用的标准成本为24元/件(3小时/件×8元/小时)。本期实际产量1 300件，发生实际工时4 100小时，变动制造费用31 160元。

要求：

(1) 计算变动制造费用的成本差异。

(2) 计算变动制造费用的效率差异。

(3) 计算变动制造费用的分配率差异。

(4) 如果固定制造费用的总差异是2 000元，生产能力利用差异是−1 500元，效率差异是500元，计算固定制造费用的预算差异。

第十单元　责任会计

导学目标

通过本单元教学，学生应该了解责任会计的产生及基本内容；掌握责任中心的划分及各责任中心的业绩评价指标；掌握内部转移价格的类型。

导学案例

绩效评价是指企业依照预先确定的标准和一定的评价程序，运用科学的评价方法，按照评价的内容和标准，对评价对象的工作能力和工作业绩进行考核和评价。

在实务中，大多数企业的绩效评价由人力资源部门负责。那么，会计师在绩效评价中又起到什么作用呢？如果会计师参与到绩效评价中，人力资源部门是否会认为会计师在抢自己的饭碗？

企业的首要职能是追求经济绩效——经济绩效的标准，显然不是由人力资源部来制定，而需要会计师来确定。会计师参与企业的绩效评价，并不是说要去执行具体的评价活动，如编制、发放和回收评价的表格等。而是说，会计师要参与制定绩效评价的政策和制度，尤其是与财务有关的内容，如责任中心的确定、绩效指标与标准的确定等。同时，在具体评价中，给人力资源部门提供相关的经济绩效的结果。并在绩效评价的基础上，对下一步管理提出改进方案，这才是管理会计的价值所在！

下面就让我们一起进入责任会计部分的学习吧！

第一讲　责任会计概述

【知识要点】

一、责任会计的产生与发展

责任会计最早产生于19世纪末20世纪初。这一时期，西方资本主义经济迅速发展，企业组织规模不断扩大，成本会计得到了充分的发展，其标志是以泰罗的“科学管理理论”为基础的标准成本制度的出现。管理科学理论的出现使责任会计体系得到进一步完善。责任会计在理论和方法上的成熟,则是在20世纪40年代以后。第二次世界大战后,企业的规模以前所未有的速度发展,出现了越来越多的股份公司、跨行业公司和跨国公司。传统的管理模式已不适用或者效率低下。这样一来,责任会计受到人们的普遍重视,其方法也被不断改进并最终形成了现代管理会计中的责任会计。责任会计在制定企业的总体目标和各级管理部门目标的过程中,能够运用先进的科学理论和科学工具,使影响企业目标的各种因素达到最优组合,使责任考评科学化和合理化,从而进一步调动企业内部各级管理部门的积极性。

二、责任会计

责任会计是指以企业内部责任单位为主体,以责、权、利相统一的制度为基础,以分权为前提,以责任预算为控制目标的一种内部控制制度。这种使责、权、利有机结合起来的办法是保证实现企业总体目标的有效措施,能够最大限度地提高企业效益和企业竞争力。

企业在预测分析与决策分析的基础上编制了全面预算,为企业在预算期间生产经营活动的各个方面规定了总的目标和任务。为保证这些目标和任务的实现,必须将全面预算中确定的指标按照企业内部管理系统的各个责任中心进行分解,形成"责任预算",使各个责任中心明确自己的目标和任务。全面预算通过责任预算得到落实和具体化,而责任预算的评价与考核则通过责任会计来进行。

三、责任会计的内容与作用

责任会计是一种管理制度,是管理会计的一个子系统。它是在分权管理的条件下,为适应经济责任制的要求,在企业内部建立若干责任单位,并对其分工负责的经济活动,进行规划与控制的一整套专门制度。其要点就在于利用会计信息对各分权单位的业绩进行计量、控制与考核。

(一) 责任会计的基本内容

责任会计一般包括以下内容。

1. 划分责任中心,明确权责范围

根据企业内部各部门生产经营活动的特点和管理的需要,将它们划分为若干个责任中心,规定每一个责任中心的权责范围。

2. 分解奋斗目标,编制责任预算

将企业全面预算所确定的奋斗目标和任务进行层层分解,落实到每一个责任中心,形成责任预算,并作为今后控制和评价它们的经济活动的主要依据。

3. 计量实际成果,考评工作业绩

对各责任中心日常经济活动进行记录、计算,及时分析经济责任指标的实际完成情况与责任预算的差异,定期编制业绩报告,考评工作业绩,提供信息反馈,控制和调节它们的经营活动,以保证企业总目标的实现。

(二) 责任会计的作用

1. 便于落实经济责任

企业责任会计制度的建立,使各级经营机构不仅在业务上承担了一定的经济责任,而且使他们有了各自的预算或标准成本,这样就便于分析各级人员的实际工作成绩,把他们的工作成绩与预算的差异进行分析比较,分清经济责任的归属。这为进一步改变企业长期缺乏主动性和活力、职工缺乏积极性和责任感的被动局面创造了极为有利的条件。

2. 有利于企业总目标的实现

按责任会计制度要求，企业必须定期编制责任报告，而责任报告内容采用链条形式，即以企业最低管理层次为起点，按级向上汇编，直至最高管理层次。这样各种数据环环相扣，逐级汇总，形成一条“责任链条”，为企业完成总体目标创造有利条件。

3. 有利于加强成本控制

责任会计制度的一项重要内容就是建立了一套完整的记录、计算和积累有关责任成本的核算，加强对可控成本的控制。

4. 便于及时反馈经济信息

实行责任会计，可以使业务部门及有关责任者及时了解其责任履行情况，检查是否达到目标，及时进行信息反馈，总结经验，及时发现和解决生产经营过程中的问题，以达到或超过预期目的。

5. 便于把企业的全面经济核算引向深入

责任会计强调责任中心，在各个责任中心之间发生产品或劳务的转移时，要依据企业内部制订的内部转移价格，它不仅可以衡量各部门经济责任的完成情况，而且，像市场上的物价直接影响人们的消费行为一样，内部转移价格的高低，会对各部门的工作态度产生重大影响，因此，可以利用这一价格杠杆，来调节企业的生产活动，提高劳动效率。经济核算的目的是为了加强经营管理，提高各级负责人的责任心，以提高整个企业的盈利水平，提高企业的经济效益。

6. 有利于打破集权型的经济管理体制

建立责任会计制度的目的之一是下放管理权限，使企业各级机构能有权处理自己的业务，并在企业总目标得到保证的基础上，完成各自的目标。这种分权管理、民主管理是历史的必然趋势。

第二讲　成本中心

【知识要点】

一、成本中心概述

（一）成本中心的概念

成本中心是其责任者只对成本或费用负责的责任中心，它不会形成可以用货币计量的收入，因而，不对收入、利润或投资负责。成本中心一般包括负责产品生产的生产部门、劳务提供部门及给予一定费用指标的管理部门。

成本中心的范围最广，只要有成本费用发生的地方，都可以建立成本中心，从而在企业形成逐级控制、层层负责的成本中心体系。例如，企业内的每一个分公司、分厂和车间都是成本中心，而它们又是由各该单位下面的若干工段、班组甚至个人的许多小的成本中心组成。

（二）成本中心的特征

1. 成本中心只考评成本费用而不考评收益

一般情况下，成本中心不能形成真正意义上的收入，故只需衡量投入，而不衡量产出这是成本中心的首要特点。

2. 成本中心只对可控成本承担责任

成本中心所发生的各项成本，对成本中心来说，有些是可以控制的，即可控成本；有些是无法控制的，即不可控成本。

可控成本是指成本中心真正能够控制和调节的、受其经营活动和业务工作直接影响的有关成本，它是衡量和考核成本中心工作业绩的主要依据；不可控成本则是成本中心无法控制和调节的，不受其经营活动和业务工作直接影响的成本。

具体来说，可控成本必须同时具备以下三个条件：

(1) 成本中心能够预见其发生——可预见性。

(2) 成本中心能够计量其发生额——可计量性。

(3) 成本中心能够调节与控制其耗费——可调控性。

凡是不能同时具备以上三个条件的，称为不可控成本，不在成本中心的责任范围内。也就是说，只有可控成本才是成本中心应当负责的成本，即责任成本。

需要注意的是，可控成本与不可控成本是相对而言的，某项成本对某一个责任中心而言是不可控成本，而对另一个责任中心而言则可能是可控成本，如存货的采购成本，对于生产部门是不可控成本，但对供应部门来说，则是可控成本，某项成本对低层的责任中心而言是不可控成本，但在较高层的责任中心则可能为可控成本，如制造费用中的固定制造费用对生产班组虽属于不可控成本，但对制造车间来说则是可控的。

3. 成本中心只对责任成本进行考核和控制

责任成本是对成本中心进行考核的主要内容，与传统产品成本的概念有着本质的区别。两者的主要区别在于：

(1) 成本计算的对象不同。责任成本以责任中心作为成本计算对象，而产品成本则是以产品作为成本计算对象。

(2) 成本计算的原则不同。责任成本的计算原则是"谁负责，谁承担"，而产品成本以"谁受益，谁承担"为计算原则，产品成本包括了从事产品生产的各个责任中心为生产产品而发生的成本，其中，既包括各责任中心的可控成本，也包括各责任中心的不可控成本。就责任成本和产品成本的联系来说，两者在性质上是相同的，均为企业在生产经营过程中的资源耗费。就某一时期来说，整个企业的产品总成本与整个企业的责任成本总和是相等的。

(3) 成本计算的目的和用途不同。产品成本的计算目的是反映产品成本计划的执行情况，是实施经济核算制的重要手段；责任成本计算的目的是为了评价和考核责任预算的执行情况，是控制生产耗费和贯彻内部经济责任制的重要手段。

尽管产品成本与责任成本存在以上几个方面的区别，但是，就任何企业的一定时期来说，它的产品总成本与各责任单位的全部责任成本总和应当是相等的。这就是两者的主要联系。

(三) 成本中心的分类

成本中心可分为标准成本中心和费用中心两种类型。

1. 标准成本中心

标准成本中心又称技术性成本中心，是指所生产的产品稳定而明确。通过技术分析可以相对可靠地估计出单位产品所需要投入量的责任中心。标准成本中心的典型代表是制造业工厂、车间、工段和班组等。

2. 费用中心

费用中心又称酌量性成本中心，是指那些产出物不能用财务指标来衡量，或者投入和产出之间没有密切关系的成本中心。费用中心包括一般行政管理部门，如会计、人事劳资和计划等部门。

二、业绩评价与考核

(一) 标准成本中的评价与考核

标准成本中心的评价与考核指标，是既定产品质量和数量条件下的标准成本。标准成本中心不对生产能力的利用程度负责，只对既定产量的投入量承担责任。因为，标准成本中心不需要做出价格决策、产量决策或产品结构决策，这些决策是由上级管理部门做出，或授权给销货单位做出。标准成本中心的设备和技术决策，通常由职能管理部门做出，而不是由成本中心的管理人员自己决定。值得强调的是，标准成本中心必须按规定的质量、时间标准和计划来进行生产，在保证产品质量和数量的前提下考核其成本，这个要求是“硬性”的，很少有伸缩余地。

1. 建立标准成本中心的条件

任何一种重复性经营都可以建立标准成本中心，只要这种经营能够定义和计量产品的实际数量(不一定是货币计量)，并且能够说明投入量和产出量之间的函数关系。在制造业中，对于某种产品而言，原材料、直接人工和辅料消耗都可以确定标准数量和标准价格，因此，标准成本中心在制造业中是普遍存在的。

2. 标准成本中心的考核指标

标准成本中心的考核指标通常包括效率、质量、时间和可控成本。一般来讲，标准成本中心的管理者对于该中心业务活动水平的变动并不负责，他们只对其控制范围内的工作效率承担责任，效率是通过单位投入的产出量来衡量。

如果产品没有达到指定的质量标准，或者没有按照计划生产，则标准成本中心就会对企业内其他单位的经营产生不利影响。因此，对于所有的标准成本中心而言，都有必要确定质量和时间标准，并要求管理人员生产时予以遵守。

标准成本中心业绩评价的核心是成本的多少，其责任成本为该中心的各项可控成本之和。

成本中心的考核指标主要采用绝对指标和相对指标，包括成本(费用)变动额和变动率两个指标。其计算公式分别为：

成本(费用)变动额＝实际责任成本(费用)－预算责任成本(费用)

成本(费用)变动率＝成本(费用)变动额÷预算责任成本(费用)×100%

【技能操作】

【例 10-1】 天泉公司内部一车间为成本中心，生产A产品，预算产量6 000件，单位成本100元；实际产量7 000件，单位成本95元。分别计算该成本中心的成本变动额和变动率。

成本变动额＝实际责任成本－预算责任成本

＝95×7 000－100×7 000

＝－35 000(元)

成本变动率＝成本变动额÷预算责任成本×100%

＝－35 000÷(100×7 000)×100%

＝－5%

根据计算结果表明，该成本中心的成本降低额为35 000元，降低率为5%。

(二) 费用中心的评价与考核

费用中心的成本控制，通常使用费用预算来考核评价。决定费用中心预算水平有赖于了解情况的专业人员的判断，上级主管人员应信任费用中心的经理，并与他们密切配合，通过协商确定适当的预算水平。在考核预算完成情况时，要利用有经验的专业人员对该费用中心的工作质量和服务水平做出有根据的判断，才能对费用中心的控制业绩做出客观评价。

通常来讲，企业通过编制费用预算，用监控资源消耗数量的方式来控制部门的耗费资金、人力和设备等，此外，还可以考察企业在某一个职能上的支出是否与本行业中其他同类型企业的支出相近。

三、责任报告

成本中心编制的责任报告又称业绩报告，责任报告一般按其可控成本的各明细项目分别列示预算数、实际数和差异数，对于不可控成本可以不列示，或作为参考资料列出，以便有关人员和管理层了解该成本中心的成本消耗全貌。其中成本差异数是评价与考核成本中心经营业绩的重要依据。

当实际数大于预算数，称为不利差异，表示超支或逆差；当实际数小于预算数，称为有利差异，表示节约或顺差。然而，这仅是表面现象，责任报告应对成本差异形成的原因和责任进行剖析，充分发挥信息的反馈作用，从而有助于各个成本中心及时采取有效措施，巩固成绩，改进不足，促使其可控成本的不断降低。

成本中心的责任报告按成本中心的层次编写，并且从最底层的成本中心自下而上逐级编制，直至最高管理层。其中，除最底层的成本中心之外，各级成本中心的责任成本都应包括下级转来的责任成本和本身的可控成本。成本中心责任报告的基本内容和一般格式，如表10-1所示。

表 10-1　　××成本中心(车间)业绩报告　　单位:元

项　目	预　算	实　际	差　异
下属单位转来的责任成本			
甲工段	10 000	10 500	500
乙工段	12 000	12 400	400
小计	22 000	22 900	900
本车间可控成本			
间接材料	5 000	4 500	(500)
间接人工	2 500	2 400	(100)
管理人员薪金	3 000	2 800	(200)
设备维修费	1 500	1 600	100
物料费	500	600	100
小计	12 500	11 900	(600)
本车间责任成本合计	34 500	34 800	300
本车间不可控成本			
房屋租金	—	2 000	—

（续表）

项　　目	预　算	实　际	差　异
固定资产折旧费	—	4 000	—
其他分配费用	—	2 500	—
小计	—	8 500	—
总计	34 500	43 300	300

第三讲　利润中心

【知识要点】

一、利润中心概述

（一）利润中心的概念

利润中心是指既能控制成本又能控制收入的责任中心。由于利润等于收入减成本和费用，所以利润中心实际上就是对利润负责的责任中心。这类责任中心往往处于企业中较高的层次，一般是指有产品或劳务生产经营决策权的部门，如分厂、分公司以及有独立经营权的各部门等。利润中心的权力和责任都大于成本中心。

（二）利润中心的类型

按照收入来源不同，利润中心可分为自然利润中心和人为利润中心两类。

1. 自然利润中心

自然利润中心是指能直接与外界发生经营业务往来，获得业务收入，并独立核算盈亏的责任单位。这类利润中心主要是企业内部管理层次较高、具有独立收入来源的分公司、下属工厂等。

2. 人为利润中心

人为利润中心是为明确划分责任中心的经济责任，考评其经营业绩而人为设立的，是指为企业内部各责任中心提供产品和劳务，按企业内部转移价格进行独立核算的责任中心。人为利润中心不能直接对外销售其产品和劳务。这类利润中心主要是企业中为其他责任中心提供产品或半成品的生产部门，或为其他责任中心提供劳务的动力、维修等部门。

显然，当企业为各责任中心相互提供的产品、半成品或劳务规定了内部转移价格后，大多数成本中心可转化为人为利润中心。此时，各责任中心之间虽然没有现金结算，但在会计账务处理上，供应方应视同收入，受益方应视同成本或费用，因而，也就可以对供求双方的业绩进行考评。

二、业绩评价与考核

对利润中心的评价与考核的指标主要是利润，其次还包括非财务指标，如生产率、市场地位、产品质量、职工态度、社会责任、短期目标和长期目标的平衡等。在评价利润中心业绩时，有四种评价指标可供选择，即边际贡献、可控边际贡献、部门边际贡献和税前部门利润。其计算公式分别为：

边际贡献＝部门销售收入总额－部门变动成本总额
可控边际贡献＝边际贡献－部门可控固定成本
部门边际贡献＝可控边际贡献－部门不可控固定成本
税前部门利润＝部门边际贡献－分配的公司管理费用

【技能操作】

【例 10-2】 天泉公司某部门的相关数据资料，如表 10-2 所示，部门的利润表，如表 10-3 所示。

表 10-2　天泉公司某部门相关数据资料　单位:元

项　目	金　额
部门销售收入	45 000
已销商品变动成本和变动销售费用	28 000
部门可控固定间接费用	2 600
部门不可控固定间接费用	3 500
分配的公司管理费用	3 300

表 10-3　天泉公司某部门利润表　单位:元

收入	45 000
变动成本	28 000
(1) 边际贡献	17 000
可控固定成本	2 600
(2) 可控边际贡献	14 400
不可控固定成本	3 500
(3) 部门边际贡献	10 900
公司管理费用	3 300
(4) 部门税前利润	7 600

(1) 以边际贡献 17 000 元作为业绩评价依据不够全面。部门经理至少可以控制一些固定成本，并且在固定成本和变动成本的划分上有一定的选择余地。以边际献为评价依据，可能导致部门经理尽可能多支出固定成本以减少变动成本支出，尽管这样做并不能降低总成本。因此，业绩评价时至少应包括可控制的固定成本。

(2) 以可控边际贡献 14 400 元作为业绩评价依据可能是最好的，它反映了部门经理在其权限和控制范围内有效使用资源的能力。部门经理可控制收入，以及变动成本和部分固定成本，因而可以对可控边际贡献承担责任。

(3) 以部门边际贡献 10 900 元作为业绩评价依据，可能更适合评价该部门对企业利润和管理费用的贡献，而不适合于对部门经理的评价。如果要决定该部门的取舍，部门边际贡献是具有重要意义的信息。如果要评价部门经理的业绩，由于有一部分固定成本是过去最高管理阶层投资决策的结果，现在的部门经理已很难改变，部门边际贡献则超出了经理人员的控制范围。

(4) 以税前部门利润 7 600 元作为业绩评价的依据通常是不合适的，公司总部的管理费用是部门经理无法控制的成本，出于分配公司管理费用而引起部门利润的不利变化，不能由部门经理负责。不仅如此，分配给各部门的管理费用的计算方法常常是任意的，与部门本身的活动和分配来的管理费用高低并无因果关系。普遍采用的销售百分比、资产百分比和工资百分比等，会使其他部门分配基数的变化影响本部门分配管理费用的数额。

许多企业把所有的总部管理费用分配给下属部门，其目的是提醒部门经理注意各部门提供的边际贡献必须抵补总部的管理费用，否则企业作为一个整体就不会盈利。其实，通过给每个部门建立一个期望能达到的可控边际贡献标准，可以更好地达到上述目的。这样部门经理可集中精力增加收入并降低可控制成本，而不必在分析那些他们不可控的分配来的管理费用上花费精力。

三、责任报告

利润中心编制责任报告的依据是其成本预算、销售预算和它们的实际执行情况，并计算两者的差异。责任报告应列示销售收入、变动成本、边际贡献、固定成本和税前净利的实际数、预算数和差异数。其中差异数是评价和考核利润中心经营业绩的重要依据。当销售收入、边际贡献和税前净利的实际数大于预算数，为有利差异；反之，为不利差异。当变动成本和固定成本的实际数大于预算数，为不利差异；反之，为有利差异。责任报告还应对各种差异形成的原因做出科学的分析和说明。利润中心的责任报告的基本内容和一般格式，如表 10-4 所示。

表 10-4　天泉公司利润中心(分厂)的责任报告　单位:元

项　目	预　算	实　际	差　异
销售收入	250 000	265 000	15 000
变动成本			
变动生产成本	60 000	61 000	1 000
变动销售成本	40 000	42 000	2 000
变动管理费用	10 000	9 500	(500)
小计	110 000	112 500	2 500
边际贡献	140 000	152 500	12 500
期间成本			
固定制造费用	58 000	59 000	1 000
固定销售费用	11 000	12 000	1 000
固定管理费用	3 000	3 500	500
小计	72 000	74 500	2 500
税前利润	68 000	78 000	10 000

第四讲　投 资 中 心

【知识要点】

一、投资中心概述

（一）投资中心的概念

投资中心是指既对成本、收入和利润负责，又对资金及其利用效益负责的责任中心。这类责任中心不仅在产品和销售上享有较大的经营自主权，而且能够相对独立地运用其所掌握的资金，如大型集团公司下面的分公司、子公司等。投资中心的责任对象必须是其能影响和控制的成本、收入、利润和资金。

（二）投资中心与利润中心的区别

由于投资的目的是为了获取利润，因而，投资中心同时也是利润中心，但两者又有区别。投资中心拥有投资决策权，即能够相对独立地运用其所掌握的资金，有权购置和处理固定资产，扩大或缩小生产能力；而利润中心没有投资决策权，它是在企业确定投资方向后进行的具体经营。另外，考核利润中心业绩时，不联系投资多少占用资产的多少，即不进行投入产出的比较，而在考核投资中心的业绩时，必须将所获得的利润与所占用的资产进行比较。

投资中心是分权管理模式的最突出表现，它在责任中心中处于最高层次，具有最大的经营决策权，也承担着最大的责任。在组织形式上，成本中心基本上不是独立法人，利润中心可以是也可以不是独立法人，但投资中心基本上都是独立法人。

二、业绩评价与考核

由于投资中心不仅要对成本、收入和利润负责，而且要对资金的利用效益负责，因此，对投资中心的考核内容不仅包括投资中心的成本、收入和利润，而且还包括资金利用效益。通常，对投资中心的考核采用投资报酬率和剩余收益两项指标。

（一）投资报酬率

投资报酬率又称投资利润率，是指投资中心所获得的利润与投资额之间的比率。其计算公式为：

$$投资报酬率=经营利润\div经营资产\times100\%$$

或

$$投资报酬率=\frac{经营利润}{销售收入}\times\frac{销售收入}{经营资产}\times100\%=销售利润率\times资产周转率$$

上式中，利润是指息税前的营业利润，经营资产是指经营中占用的固定资产和流动资产的平均余额。

投资报酬率是目前许多公司十分偏爱的评价投资中心业绩的指标。它具有如下优点：

（1）投资报酬率能反映投资中心的综合盈利能力。投资报酬率由三项指标构成，即收入、成本和投资。提高投资报酬率可以通过增收节支，也可以通过减少投入资本来实现。

（2）投资报酬率具有横向可比性。作为效益指标，投资报酬率体现了资本的获利能力，在剔除了因投资额不同而导致的利润差异的不可比因素后，有利于判断各投资中心经营业绩的优劣。

(3) 投资报酬率可以作为选择投资机会的依据，这样有利于调整资本流量和存量，优化资源配置。

(4) 以投资报酬率作为评价投资中心业绩的指标，有利于正确引导投资中心的管理行为，避免短期行为。因为这一指标反映了投资中心运用资产并使资产增值的能力，资产运用的任何不当行为都将降低投资报酬率。所以，以此作为评价投资中心业绩的尺度，将促使各投资中心用活闲置资产，合理确定存货，加强对应收账款及固定资产的管理，及时处理变质、过时的库存商品等。

【技能操作】

【例 10-3】 假定天泉公司下属的甲、乙两个分公司均为投资中心。报告期甲分公司的经营资产平均余额为 1 000 000 元，利润为 230 000 元；乙分公司的经营资产平均余额为 1 500 000元，利润为 270 000 元。甲、乙分公司的投资报酬率分别为多少？

$$甲分公司的投资报酬率=230\ 000\div 1\ 000\ 000\times 100\%=23\%$$

$$乙分公司的投资报酬率=270\ 000\div 1\ 500\ 000\times 100\%=18\%$$

这两个分公司的经济效益单从利润绝对数看，乙分公司要比甲分公司好，但从投资报酬率来看恰恰相反。显然，甲分公司的经营业绩优于乙分公司。

投资报酬率作为评价指标的不足之处是使投资中心缺乏全局观念。各投资中心为达到较高的投资报酬率，可能不愿接受获利较低的投资项目，尽管这种项目可能对整个企业是有利的。

【技能操作】

【例 10-4】 承[例 10-3]企业要求甲分公司计划期生产某种新产品，该产品的预计投资额是 200 000 元，预计年利润将增加 44 000 元，生产新产品后甲分公司计划期的预计投资报酬率为多少？

$$甲分公司计划期投资报酬率=\frac{230\ 000+44\ 000}{1\ 000\ 000+200\ 000}\times 100\%\doteq 22.83\%$$

由于生产新产品，甲分公司的投资报酬率将下降到 22.83%。若用投资报酬率指标评价业绩，则说明甲分公司的经营业绩下降。甲分公司当然不会接受这一新的投资项目。但该投资项目的投资报酬率达到 22%(44 000÷200 000×100%)高于企业平均的投资报酬率 20% $\left(\frac{230\ 000+270\ 000}{1\ 000\ 000+1\ 500\ 000}\times 100\%\right)$，显然，接受该投资项目将会提高整个企业的投资报酬率，因而，从企业全局来看，该投资项目还是有利的。

(二) 剩余收益

为了使各投资中心的局部目标与企业的总体目标保持一致，克服投资报酬率考核投资中心业绩的局限性，还可采用剩余收益作为考核指标。

剩余收益是指投资中心获得的利润扣减其最低投资收益后的余额。其计算公式为：

$$剩余收益=利润-(投资额\times 预期最低投资收益率)$$

这里的预期最低投资收益率，是指企业各投资中心的平均报酬率或整个企业的预期报酬率。这一指标的含义是指只要投资收益超过平均或预期的报酬额，就对企业和投资中心都有利。利用剩余收益指标来考核投资中心的业绩，不仅具有投资报酬率指标同样的优点，而且克服了投资报酬率指标的缺陷。

【技能操作】

【例 10-5】 承[例 10-4],企业改用剩余收益指标考核投资中心的业绩,企业各投资中心的平均报酬率为 20%,则甲分公司接受生产新产品的剩余收益为多少?

生产新产品的剩余收益=44 000-200 000×20%=4 000(元)

计算结果表明,甲分公司接受该项目,企业所得到的投资报酬率将超过 20%,而且甲分公司可以增加剩余收益 4 000 元,此时甲分公司就愿意接受该项目了。可见,利用剩余收益指标考核投资中心的业绩,将使企业整体利益和投资中心的局部利益达到一致。

当然,上面的情况并非说明采用剩余收益作为考核指标一定比投资报酬率好,要视具体情况而定。当资金比较宽裕时,一般采用剩余收益,因为资金较难找到市场,只要有利可图即可。而当资金比较短缺时,应尽可能充分利用资金,将其投入到最有利的项目中去,即投资报酬率最高的项目,以求获得尽可能多的报酬。

三、责任报告

投资中心的业绩评价同样以其责任报告为依据。投资中心责任报告的一部分内容同利润中心相似,即列示成本、收入和利润的预算数、实际数、差异数,此外,还要列出经营资产、销售利润率、资产周转率、投资报酬率以及剩余收益的预算数和实际数,以便对投资中心的业绩做出全面的评价。投资中心的业绩报告格式,如表 10-5 所示。

表 10-5 天泉公司投资中心(分公司)的责任报告 单位:元

项 目	预 算	实 际	差 异
销售收入①	840 000	800 000	40 000(U)
变动成本			
变动生产成本	500 000	480 000	20 000(F)
变动销售管理成本	90 000	100 000	10 000(U)
边际贡献	250 000	220 000	30 000(U)
固定成本			
固定制造费用	120 000	120 000	0
固定销售管理费用	80 000	52 000	28 000(F)
营业利润②	50 000	48 000	2 000(U)
经营资产平均占用额③	100 000	100 000	0
销售利润率④=②÷①	5.95%	6%	0.05%(F)
投资报酬率⑤=②÷③	50%	48%	2%(U)
预期投资报酬率(30%)⑥			
应取得报酬额⑦=③×⑥	30 000	30 000	0
剩余收益⑧=②-⑦	20 000	18 000	2 000(U)

注:实际成本低于标准成本的节约额称为有利差异,一般用 F 表示。
实际成本高于标准成本的超支额称为不利差异,一般用 U 表示。
而收入、边际贡献、利润、投资报酬率等指标的评价与之相反。

第五讲 内部转移价格

【知识要点】

一、内部转移价格概述

内部转移价格又称内部结算价格，是企业内部各责任中心之间提供产品和劳务的价格，它在企业内部起到利益再分配的作用。合理制定转移价格有助于分清责任，有助于调动各方面的积极性。

如果一个责任中心的产出是另一个责任中心的投入，那么，合理制定转移价格对于正确评价相关责任中心的经营业绩就显得十分重要。转移价格定高了，卖方责任中心的利润就会增加，而买方责任中心的利润就相应减少；反之，亦然。转移价格制定得不合理，就会损害一方或几方的利益，打击企业内部的积极性。

（一）制定转移价格的基本原则

转移价格在企业内部起利益再分配的作用。合理制定转移价格有助于分清责任，有助于调动各方面的积极性。基于责任会计目的，制定转移价格应遵循以下基本原则。

1. 目标一致

它是指应尽可能做到各责任中心负责人在追求本部门利益最大化的同时实现企业整体利益最大化。

2. 公平合理

它是指不应使任何责任中心以损害其他责任中心的利益来换取自身的利益。

3. 评价与激励相结合

它是指制定的转移价格不但应提供合理的评价基准，而且应赋予责任中心负责人一定的经营自主权。

（二）内部转移价格的作用

制定内部转移价格的作用主要表现在以下四个方面。

1. 有助于经济责任的合理落实

内部转移价格利用其调节手段，通过内部交易的形式在各责任中心之间调节彼此的收入和负担，使得各责任中心的经济责任合理，从而使这些经济责任易于落实。

2. 对责任中心的激励提供一个公正和易于使用的基础

要使物质利益起到鼓励先进和鞭策后进的作用，促进企业经济效益的提高，就必须联系责任来计算利益。责任明确合理，计算利益才能公平有效。内部转移价格提供了反映责任中心综合成果的内部利润额，也便于具体利益的计算和分配。

3. 使企业资源得到最佳利用

制定内部转移价格，再结合最优化生产计划，可使企业资源得到最佳利用，使企业整体取得最好的经济效益。

4. 为制定和调整新产品价格提供决策资料

内部转移价格还为制定新产品价格和今后调整产成品的外部销售价格等工作提供了重要的决策资料。

(三) 内部转移价格的制定方法

1. 以成本为基础制定内部转移价格

以成本为基础制定内部转移价格就是以产品或劳务的成本为基础而制定的内部转移价格。由于产品成本的形式有多种,如实际成本、标准成本和变动成本等,成本转移价格也有多种不同形式,其中用途较为广泛的成本转移价格有以下几种:

(1) 以实际成本作为内部转移价格。以中间产品生产时发生的完全生产成本作为其内部转移价格,便于利用财务会计信息,核算简单。但这种价格作为一种内部价格不能划清各责任中心之间的经济责任,不能有效引导供需双方作出有利于企业的明智决策。因为提供产品或劳务的责任中心通过这种转移价格将其在成本控制上的失误转嫁给另一个责任中心,从而使接受产品或劳务的责任中心承担不受其控制、由其他责任中心造成的低效率上的责任。因此,这种价格方式缺乏激励作用,不利于加强成本管理。一般来说,实际成本法主要适用于各成本中心之间相互转移产品或劳务时价格的确定。

(2) 以变动成本作为内部转移价格。以变动成本作为内部转移价格,适用于采用变动成本法计算产品成本的成本中心之间的往来结算。这种方法的优点是符合成本习性,能够揭示成本与产量的关系,便于考核各责任中心的经营业绩,有利于生产经营决策。但是产品成本中不含固定生产成本,不能反映劳动生产率的变动对单位固定生产成本的影响,从而不利于发挥各责任中心增加产量的积极性。

(3) 以标准成本作为内部转移价格。以产品(半成品)或劳务的标准成本作为内部转移价格,适应于成本中心产品(半成品)的转移。其优点是将管理和核算工作结合起来,可以避免销售部门的缺陷转嫁,有利于正确评价成本中心的工作绩效,能调动供需双方降低成本的积极性,而且计算简便,克服了实际成本的不足,符合责任会计的基本原则。

2. 按市场价格制定转移价格

市场价格是指以市场价作为提供产品或劳务的内部转移价格。这种方法适用于中间产品存在完全竞争的情况,适用于独立核算的利润中心。由于各责任中心将产品或劳务提供给企业内部和外部,都采用相同的市场价格,比较客观公正,不会偏袒任何一方,最能体现责任中心的基本要求。因此,市场价格被认为是制定内部转移价格的最好基础。

以市场价格作为内部转移价格,但并不意味着两者相等。由于是内部转移,卖方可以节约一定的销售费用、广告费和运输费等,因此,买方往往要求内部转移价格低于市场价格。同时还要注意,有些产品或劳务是专门为企业内部生产和提供的,即没有外部市场,因而,没有现成的市场价格,其内部转移价格的制定就无法以此为基础。

3. 按协商价格制定转移价格

协商价格是指各责任中心相互提供产品或劳务,以正常的市价为基础,共同协商确定的,买卖双方都愿意接受的价格作为内部转移价格。一般情况下,协商价格低于市场价格。这种方法可以兼顾买卖双方的利益并得到双方的认可,使价格具有一定的弹性,但在协商时容易使双方争执不休,讨价还价,造成各责任中心之间的矛盾。

4. 按双重价格制定转移价格

双重价格是指买卖双方分别采用不同的价格作为内部转移价格。如果卖方提供的产品或劳务的成本高于市场价格,而买方又有权向市场购买所需的半成品或劳务时,若以成本作为内部转移价格,则买方必定转向外部进货,由此造成卖方生产能力的闲置,使卖方和企业的整体利益都受损失。根据目标一致性原则,买卖双方应分别按不同的价格,即卖方以成本作为“出售”价格，而买方以变动成本或市场价格作为“购入”价格，这样既保证买卖双方的利益，又不至于损害企业整体利益。这种方法一般适用于中间产品有外部市场、卖方的生产能力不受限制且变动成本低于市场价格的责任中心。

二、内部转移价格的应用

实行责任会计，必须分别考核各责任中心的经营业绩，为了分清各责任中心的经济责任，以控制和考核其业绩，需要对各责任中心之间的所有业务往来，包括互相提供产品或劳务，按照合理的内部转移价格进行内部结算和责任结转，这是实行责任会计的基本要求。

（一）内部结算

企业内部各责任中心之间发生的经济往来，需要按照一定的结算方式进行内部结算。从控制的观点出发，各种内部结算方式的主要作用是以正规化的信息传递手段，及时向发生业务往来的双方和有关管理部门传递有关业务的反馈信息，从而有助于控制过程顺利进行。按照内部对象不同，通常采用以下的结算方式。

1. 内部支票结算方式

内部支票结算方式是指当企业发生业务往来时，由付款单位以签发内部银行支票的方式，通知内部银行从其账户中支付款项的结算方式。该方式包括签发支票、收受支票和银行转账三个环节。签发支票就是由付款单位根据有关原始凭证或业务活动证明签发内部银行支票，直接交付收款单位；收受支票就是收款单位经审核无误后接受付款单位的支票；银行转账就是银行根据收款单位送达的内部银行支票进行划拨转账，将款项由付款单位的存款账户转入收款单位的存款账户。

采用这种结算方式能够使发生业务联系的双方及时结清款项，避免由于产品质量和价格等原因在结算过程中发生纠纷，影响责任中心正常的资金运转；企业管理当局可以通过内部银行等机构及时了解业务的执行情况，从而有助于发现问题和解决问题；能够在货币资金集中在企业总部的条件下，以价值形式鲜明地反映内部各责任中心经济活动的来龙去脉，使责任单位有货币收支的真实感，从而有助于利用价值规律的作用，加强企业内部的管理控制。

2. 转账通知单结算方式

转账通知单结算方式是指收款单位向付款单位提供产品或劳务后，签发转账通知单，并附有关原始凭证，通知企业内部结算中心将转账通知单转给付款单位，发生业务往来的双方和企业结算中心则根据转账通知单分别记账的一种结算方式。

转账通知单结算方式适用于经常性的、质量与价格都较稳定的内部往来业务，如辅助生产车间向基本生产车间供汽、供水和供电等业务。采用这种结算方式手续简便，能及时反映经济业务的内部计价结算，但由于转账结算单是单向传递，结算双方不直接见面，各付款单位对结算业务的质量、数量和价格等发生异议时，就要往返交涉，误时间，且比较麻烦。

3. 内部货币结算方式

内部货币结算方式是指企业内部各责任单位之间的往来结算业务及向企业内部独立核算的责任单位拨付资金和经费，都运用企业发行的、限于企业内部流通的货币，如资金本票、流通券和资金券等直接进行结算的结算方式。

采用这种结算方式较内部银行支票结算方式更直观，更加形象化，更有真实感，能强化各责任中心的价值观念、核算观念和经济责任观念。但对内部货币的携带、保管和清点不太方便，特别是在内部结算业务量多、金额大的大型企业中运用可能容易发生差错。因此，一般情况下，小额零星往来业务可以内部货币结算，大宗业务以内部银行支票结算为主。

(二) 责任结转

责任结转是指在生产经营过程中，对于因不同原因造成的各种经济损失，由承担损失的责任中心对实际发生或发现损失的责任中心进行赔偿的账务处理过程。其目的是为了划清各责任中心的成本责任，使不应承担损失的责任中心在经济上得到合理补偿。进行责任结转的依据是各种准确的原始记录和合理的费用定额。在合理计算出损失金额后，应编制责任成本转账表，作为责任结转的依据。

责任结转的方式有直接的货币结算方式和内部银行转账的方式。前者是以内部货币直接支付给损失方，后者只是在内部银行所设立的账户之间划转。

各责任中心在往来结算和责任转账过程中，有时因意见不一致而发生一些责、权、利不协调的纠纷，为此，企业应建立内部仲裁机构，从企业整体利益出发来对这些纠纷做出裁决以保证各责任中心正常、合理行使权力，保证其权益不受侵犯。

单元测试

1. 单项选择题

(1) 成本中心控制和考核的内容是(　　)。

A. 责任成本　　B. 产品成本　　C. 直接成本　　D. 目标成本

(2) 下列项目中，不属于利润中心负责范围的是(　　)。

A. 成本　　B. 收入　　C. 利润　　D. 投资效果

(3) 产品在企业内部各责任中心之间销售，只能按照“内部转移价格”取得收入的利润中心是(　　)。

A. 责任中心　　B. 局部的利润中心

C. 自然的利润中心　　D. 人为的利润中心

(4) 对于任何一个成本中心来说，其责任成本应等于该中心的(　　)。

A. 产品成本　　B. 固定成本之和

C. 可控成本之和　　D. 不可控成本之和

(5) 投资中心的利润与其投资额的比率称为(　　)。

A. 投资报酬率　　B. 税前净利　　C. 内部报酬率　　D. 剩余收益

(6) 下列各项中，不属于利润中心应当拥有的权利的是(　　)。

A. 价格决策权　　B. 投资决策权　　C. 生产决策权　　D. 销售决策权

(7) 为了使部门经理在决算时与企业目标协调统一。应采用的评价指标为(　　)。

A. 销售利润率　　B. 剩余收益　　C. 投资报酬率　　D. 现金回收率

(8) 下列项目中，通常具有法人资格的责任中心是(　　)。

A. 投资中心　　B. 利润中心　　C. 成本中心　　D. 费用中心

(9) 某轮胎厂是某汽车公司的一个投资中心，该厂预计 2020 年投资 600 万元，预计净收益增加 120 万元，如果该公司的平均报酬率为 20%，则该厂这项投资的剩余收益为(　　)万元。

A. 150　　B. 105　　C. 45　　D. 0

(10) 既对成本负责，又对收入负责的责任中心、被称为(　　)。

A. 成本中心　　B. 利润中心　　C. 投资中心　　D. 责任中心

2. 多项选择题

(1) 下列各项中，属于成本中心类型的有(　　)。

A. 产品成本中心　　B. 酌量性成本中心

C. 销售成本中心　　D. 技术性成本中心

(2) 下列各项中，属于可控成本满足的条件有(　　)。

A. 可以落实责任　　B. 可以计量　　C. 可以施加影响　　D. 可以预计

(3) 下列各项中，能够揭示责任成本与产品成本主要区别的表述有(　　)。

A. 成本的特性不同　　B. 归依和分配的对象不同

C. 分配的原则不同　　D. 核算的基础条件不同

(4) 下列各项指标中，属于成本中心考核范畴的有(　　)。

A. 责任成本总额　　B. 责任成本变动额

C. 责任成本变动率　　D. 变动成本变动额

(5) 下列各项指标中，属于利润中心考核范畴的有(　　)。

A. 人为利润总额　　B. 利润率

C. 贡献边际总额　　D. 负责人可控利润总额

(6) 下列各项指标中，属于考核投资中心投资效果的有(　　)。

A. 责任成本　　B. 剩余收益　　C. 贡献边际　　D. 投资利润率

(7) 下列各项表达式中，其计算结果等于投资利润率指标的有(　　)。

A. 总资产周转率×销售利润率

B. 总资产周转率×销售成本率

C. 销售成本率×成本费用利润率

D. 总资产周转率×销售成本率×成本费用利润率

(8) 利润中心分为(　　)。

A. 自然利润中心　　B. 人为利润中心　　C. 实际利润中心　　D. 预算利润中心

(9) 成本中心可以包括(　　)。

A. 车间　　B. 个人　　C. 工段　　D. 分厂

(10) 投资中心必须对(　　)负责。

A. 利润　　B. 收入　　C. 成本　　D. 投入的资金

3. 判断题

(1) 剩余收益指标的优点是可以使投资中心的业绩评价与企业目标协一致。　　(　　)

(2) 在成本中心、利润中心和投资中心中，成本中心是最基本的中心，它仅对成本负责。　　(　　)

(3) 成本中心没有对外销售权。其工作成果不会形成可以用货币计量的收入。　　(　　)

(4) 在一定的时空条件下，可控成本与不可控成本可以实现相互转化。　　(　　)

(5) 利润中心是企业责任中心的最高层次，也是决定企业经济效益高低的关键部门。　　(　　)

(6) 责任成本的核算原则是谁受益谁承担。 (　　)

(7) 只要制定出合理的内部转移价格，就可以将企业大多数生产半成品或提供劳务成本中心改造成自然利润中心。 (　　)

(8) 某项会导致个别投资中心的投资利润率提高的投资，不一定会使整个企业的投资利润率提高；某项会导致个别投资中心的剩余收益指标提高的投资，则定会使整个企业的剩余收益提高。 (　　)

(9) 责任成本与产品成本内容、确认原则都是相同的。 (　　)

(10) 以市场价格为基础制定的内部转移价格一般高于市场价格。 (　　)

实务训练

天泉公司加权平均投资利润率为 18%，其所属 A 投资中心的经营资产平均余额为 400 万元，利润为 100 万元。现该投资中心有一投资项目，投资额为 50 万元，预计投资利润率为 20%。若该公司要求的最低投资报率为其加权平均投资利润率。

要求：

(1) 如果不考虑投资项目，计算 A 投资中心目前的投资利润率。

(2) 如果按投资利润率来衡量，A 投资中心是否愿意接受这一投资项目？

(3) 计算投资项目的剩余收益。

(4) 如果按剩余收益来衡量，A 投资中心应否接受这一投资项目？

附表一　复利终值系数表

期数	1%	2%	3%	4%	5%	6%	7%	8%	9%	10%	11%	12%	13%	14%	15%
1	1.01	1.02	1.03	1.04	1.05	1.06	1.07	1.08	1.09	1.1	1.11	1.12	1.13	1.14	1.15
2	1.0201	1.0404	1.0609	1.0816	1.1025	1.1236	1.1449	1.1664	1.1881	1.21	1.2321	1.2544	1.2769	1.2996	1.3225
3	1.0303	1.0612	1.0927	1.1249	1.1576	1.191	1.225	1.2597	1.295	1.331	1.3676	1.4049	1.4429	1.4815	1.5209
4	1.0406	1.0824	1.1255	1.1699	1.2155	1.2625	1.3108	1.3605	1.4116	1.4641	1.5181	1.5735	1.6305	1.689	1.749
5	1.051	1.1041	1.1593	1.2167	1.2763	1.3382	1.4026	1.4693	1.5386	1.6105	1.6851	1.7623	1.8424	1.9254	2.0114
6	1.0615	1.1262	1.1941	1.2653	1.3401	1.4185	1.5007	1.5869	1.6771	1.7716	1.8704	1.9738	2.082	2.195	2.3131
7	1.0721	1.1487	1.2299	1.3159	1.4071	1.5036	1.6058	1.7138	1.828	1.9487	2.0762	2.2107	2.3526	2.5023	2.66
8	1.0829	1.1717	1.2668	1.3686	1.4775	1.5938	1.7182	1.8509	1.9926	2.1436	2.3045	2.476	2.6584	2.8526	3.059
9	1.0937	1.1951	1.3048	1.4233	1.5513	1.6895	1.8385	1.999	2.1719	2.3579	2.558	2.7731	3.004	3.2519	3.5179
10	1.1046	1.219	1.3439	1.4802	1.6289	1.7908	1.9672	2.1589	2.3674	2.5937	2.8394	3.1058	3.3946	3.7072	4.0456
11	1.1157	1.2434	1.3842	1.5395	1.7103	1.8983	2.1049	2.3316	2.5804	2.8531	3.1518	3.4786	3.8359	4.2262	4.6524
12	1.1268	1.2682	1.4258	1.601	1.7959	2.0122	2.2522	2.5182	2.8127	3.1384	3.4985	3.896	4.3345	4.8179	5.3503
13	1.1381	1.2936	1.4685	1.6651	1.8856	2.1329	2.4098	2.7196	3.0658	3.4523	3.8833	4.3635	4.898	5.4924	6.1528
14	1.1495	1.3195	1.5126	1.7317	1.9799	2.2609	2.5785	2.9372	3.3417	3.7975	4.3104	4.8871	5.5348	6.2613	7.0757
15	1.161	1.3459	1.558	1.8009	2.0789	2.3966	2.759	3.1722	3.6425	4.1772	4.7846	5.4736	6.2543	7.1379	8.1371
16	1.1726	1.3728	1.6047	1.873	2.1829	2.5404	2.9522	3.4259	3.9703	4.595	5.3109	6.1304	7.0673	8.1372	9.3576
17	1.1843	1.4002	1.6528	1.9479	2.292	2.6928	3.1588	3.7	4.3276	5.0545	5.8951	6.866	7.9861	9.2765	10.7613
18	1.1961	1.4282	1.7024	2.0258	2.4066	2.8543	3.3799	3.996	4.7171	5.5599	6.5436	7.69	9.0243	10.5752	12.3755
19	1.2081	1.4568	1.7535	2.1068	2.527	3.0256	3.6165	4.3157	5.1417	6.1159	7.2633	8.6128	10.1974	12.0557	14.2318
20	1.2202	1.4859	1.8061	2.1911	2.6533	3.2071	3.8697	4.661	5.6044	6.7275	8.0623	9.6463	11.5231	13.7435	16.3665
21	1.2324	1.5157	1.8603	2.2788	2.786	3.3996	4.1406	5.0338	6.1088	7.4002	8.9492	10.8038	13.0211	15.6676	18.8215
22	1.2447	1.546	1.9161	2.3699	2.9253	3.6035	4.4304	5.4365	6.6586	8.1403	9.9336	12.1003	14.7138	17.861	21.6447
23	1.2572	1.5769	1.9736	2.4647	3.0715	3.8197	4.7405	5.8715	7.2579	8.9543	11.0263	13.5523	16.6266	20.3616	24.8915
24	1.2697	1.6084	2.0328	2.5633	3.2251	4.0489	5.0724	6.3412	7.9111	9.8497	12.2392	15.1786	18.7881	23.2122	28.6252
25	1.2824	1.6406	2.0938	2.6658	3.3864	4.2919	5.4274	6.8485	8.6231	10.8347	13.5855	17.0001	21.2305	26.4619	32.919
26	1.2953	1.6734	2.1566	2.7725	3.5557	4.5494	5.8074	7.3964	9.3992	11.9182	15.0799	19.0401	23.9905	30.1666	37.8568
27	1.3082	1.7069	2.2213	2.8834	3.7335	4.8223	6.2139	7.9881	10.2451	13.11	16.7387	21.3249	27.1093	34.3899	43.5353
28	1.3213	1.741	2.2879	2.9987	3.9201	5.1117	6.6488	8.6271	11.1671	14.421	18.5799	23.8839	30.6335	39.2045	50.0656
29	1.3345	1.7758	2.3566	3.1187	4.1161	5.4184	7.1143	9.3173	12.1722	15.8631	20.6237	26.7499	34.6158	44.6931	57.5755
30	1.3478	1.8114	2.4273	3.2434	4.3219	5.7435	7.6123	10.0627	13.2677	17.4494	22.8923	29.9599	39.1159	50.9502	66.2118

（续表）

期数	16%	17%	18%	19%	20%	21%	22%	23%	24%	25%	26%	27%	28%	29%	30%
1	1.16	1.17	1.18	1.19	1.2	1.21	1.22	1.23	1.24	1.25	1.26	1.27	1.28	1.29	1.3
2	1.3456	1.3689	1.3924	1.4161	1.44	1.4641	1.4884	1.5129	1.5376	1.5625	1.5876	1.6129	1.6384	1.6641	1.69
3	1.5609	1.6016	1.643	1.6852	1.728	1.7716	1.8158	1.8609	1.9066	1.9531	2.0004	2.0484	2.0972	2.1467	2.197
4	1.8106	1.8739	1.9388	2.0053	2.0736	2.1436	2.2153	2.2889	2.3642	2.4414	2.5205	2.6014	2.6844	2.7692	2.8561
5	2.1003	2.1924	2.2878	2.3864	2.4883	2.5937	2.7027	2.8153	2.9316	3.0518	3.1758	3.3038	3.436	3.5723	3.7129
6	2.4364	2.5652	2.6996	2.8398	2.986	3.1384	3.2973	3.4628	3.6352	3.8147	4.0015	4.1959	4.398	4.6083	4.8268
7	2.8262	3.0012	3.1855	3.3793	3.5832	3.7975	4.0227	4.2593	4.5077	4.7684	5.0419	5.3288	5.6295	5.9447	6.2749
8	3.2784	3.5115	3.7589	4.0214	4.2998	4.595	4.9077	5.2389	5.5895	5.9605	6.3528	6.7675	7.2058	7.6686	8.1573
9	3.803	4.1084	4.4355	4.7854	5.1598	5.5599	5.9874	6.4439	6.931	7.4506	8.0045	8.5948	9.2234	9.8925	10.6045
10	4.4114	4.8068	5.2338	5.6947	6.1917	6.7275	7.3046	7.9259	8.5944	9.3132	10.0857	10.9153	11.8059	12.7614	13.7858
11	5.1173	5.624	6.1759	6.7767	7.4301	8.1403	8.9117	9.7489	10.6571	11.6415	12.708	13.8625	15.1116	16.4622	17.9216
12	5.936	6.5801	7.2876	8.0642	8.9161	9.8497	10.8722	11.9912	13.2148	14.5519	16.012	17.6053	19.3428	21.2362	23.2981
13	6.8858	7.6987	8.5994	9.5964	10.6993	11.9182	13.2641	14.7491	16.3863	18.1899	20.1752	22.3588	24.7588	27.3947	30.2875
14	7.9875	9.0075	10.1472	11.4198	12.8392	14.421	16.1822	18.1414	20.3191	22.7374	25.4207	28.3957	31.6913	35.3391	39.3738
15	9.2655	10.5387	11.9737	13.5895	15.407	17.4494	19.7423	22.314	25.1956	28.4217	32.0301	36.0625	40.5648	45.5875	51.1859
16	10.748	12.3303	14.129	16.1715	18.4884	21.1138	24.0856	27.4462	31.2426	35.5271	40.3579	45.7994	51.923	58.8079	66.5417
17	12.4677	14.4265	16.6722	19.2441	22.1861	25.5477	29.3844	33.7588	38.7408	44.4089	50.851	58.1652	66.4614	75.8621	86.5042
18	14.4625	16.879	19.6733	22.9005	26.6233	30.9127	35.849	41.5233	48.0386	55.5112	64.0722	73.8698	85.0706	97.8622	112.4554
19	16.7765	19.7484	23.2144	27.2516	31.948	37.4043	43.7358	51.0737	59.5679	69.3889	80.731	93.8147	108.8904	126.2422	146.192
20	19.4608	23.1056	27.393	32.4294	38.3376	45.2593	53.3576	62.8206	73.8641	86.7362	101.7211	119.1446	139.3797	162.8524	190.0496
21	22.5745	27.0336	32.3238	38.591	46.0051	54.7637	65.0963	77.2694	91.5915	108.4202	128.1685	151.3137	178.406	210.0796	247.0645
22	26.1864	31.6293	38.1421	45.9233	55.2061	66.2641	79.4175	95.0413	113.5735	135.5253	161.4924	192.1683	228.3596	271.0027	321.1839
23	30.3762	37.0062	45.0076	54.6487	66.2474	80.1795	96.8894	116.9008	140.8312	169.4066	203.4804	244.0538	292.3003	349.5935	417.5391
24	35.2364	43.2973	53.109	65.032	79.4968	97.0172	118.205	143.788	174.6306	211.7582	256.3853	309.9483	374.1444	450.9756	542.8008
25	40.8742	50.6578	62.6686	77.3881	95.3962	117.3909	144.2101	176.8593	216.542	264.6978	323.0454	393.6344	478.9049	581.7585	705.641
26	47.4141	59.2697	73.949	92.0918	114.4755	142.0429	175.9364	217.5369	268.5121	330.8722	407.0373	499.9157	612.9982	750.4685	917.3333
27	55.0004	69.3455	87.2598	109.5893	137.3706	171.8719	214.6424	267.5704	332.955	413.5903	512.867	634.8929	784.6377	968.1044	1192.5333
28	63.8004	81.1342	102.9666	130.4112	164.8447	207.9651	261.8637	329.1115	412.8642	516.9879	646.2124	806.314	1004.3363	1248.8546	1550.2933
29	74.0085	94.9271	121.5005	155.1893	197.8136	251.6377	319.4737	404.8072	511.9516	646.2349	814.2276	1024.0187	1285.5504	1611.0225	2015.3813
30	85.8499	111.0647	143.3706	184.6753	237.3763	304.4816	389.7579	497.9129	634.8199	807.7936	1025.9267	1300.5038	1645.5046	2078.219	2619.9956

附表二　复利现值系数表

期数	1%	2%	3%	4%	5%	6%	7%	8%	9%	10%	11%	12%	13%	14%	15%
1	0.9901	0.9804	0.9709	0.9615	0.9524	0.9434	0.9346	0.9259	0.9174	0.9091	0.9009	0.8929	0.885	0.8772	0.8696
2	0.9803	0.9612	0.9426	0.9246	0.907	0.89	0.8734	0.8573	0.8417	0.8264	0.8116	0.7972	0.7831	0.7695	0.7561
3	0.9706	0.9423	0.9151	0.889	0.8638	0.8396	0.8163	0.7938	0.7722	0.7513	0.7312	0.7118	0.6931	0.675	0.6575
4	0.961	0.9238	0.8885	0.8548	0.8227	0.7921	0.7629	0.735	0.7084	0.683	0.6587	0.6355	0.6133	0.5921	0.5718
5	0.9515	0.9057	0.8626	0.8219	0.7835	0.7473	0.713	0.6806	0.6499	0.6209	0.5935	0.5674	0.5428	0.5194	0.4972
6	0.942	0.888	0.8375	0.7903	0.7462	0.705	0.6663	0.6302	0.5963	0.5645	0.5346	0.5066	0.4803	0.4556	0.4323
7	0.9327	0.8706	0.8131	0.7599	0.7107	0.6651	0.6227	0.5835	0.547	0.5132	0.4817	0.4523	0.4251	0.3996	0.3759
8	0.9235	0.8535	0.7894	0.7307	0.6768	0.6274	0.582	0.5403	0.5019	0.4665	0.4339	0.4039	0.3762	0.3506	0.3269
9	0.9143	0.8368	0.7664	0.7026	0.6446	0.5919	0.5439	0.5002	0.4604	0.4241	0.3909	0.3606	0.3329	0.3075	0.2843
10	0.9053	0.8203	0.7441	0.6756	0.6139	0.5584	0.5083	0.4632	0.4224	0.3855	0.3522	0.322	0.2946	0.2697	0.2472
11	0.8963	0.8043	0.7224	0.6496	0.5847	0.5268	0.4751	0.4289	0.3875	0.3505	0.3173	0.2875	0.2607	0.2366	0.2149
12	0.8874	0.7885	0.7014	0.6246	0.5568	0.497	0.444	0.3971	0.3555	0.3186	0.2858	0.2567	0.2307	0.2076	0.1869
13	0.8787	0.773	0.681	0.6006	0.5303	0.4688	0.415	0.3677	0.3262	0.2897	0.2575	0.2292	0.2042	0.1821	0.1625
14	0.87	0.7579	0.6611	0.5775	0.5051	0.4423	0.3878	0.3405	0.2992	0.2633	0.232	0.2046	0.1807	0.1597	0.1413
15	0.8613	0.743	0.6419	0.5553	0.481	0.4173	0.3624	0.3152	0.2745	0.2394	0.209	0.1827	0.1599	0.1401	0.1229
16	0.8528	0.7284	0.6232	0.5339	0.4581	0.3936	0.3387	0.2919	0.2519	0.2176	0.1883	0.1631	0.1415	0.1229	0.1069
17	0.8444	0.7142	0.605	0.5134	0.4363	0.3714	0.3166	0.2703	0.2311	0.1978	0.1696	0.1456	0.1252	0.1078	0.0929
18	0.836	0.7002	0.5874	0.4936	0.4155	0.3503	0.2959	0.2502	0.212	0.1799	0.1528	0.13	0.1108	0.0946	0.0808
19	0.8277	0.6864	0.5703	0.4746	0.3957	0.3305	0.2765	0.2317	0.1945	0.1635	0.1377	0.1161	0.0981	0.0829	0.0703
20	0.8195	0.673	0.5537	0.4564	0.3769	0.3118	0.2584	0.2145	0.1784	0.1486	0.124	0.1037	0.0868	0.0728	0.0611
21	0.8114	0.6598	0.5375	0.4388	0.3589	0.2942	0.2415	0.1987	0.1637	0.1351	0.1117	0.0926	0.0768	0.0638	0.0531
22	0.8034	0.6468	0.5219	0.422	0.3418	0.2775	0.2257	0.1839	0.1502	0.1228	0.1007	0.0826	0.068	0.056	0.0462
23	0.7954	0.6342	0.5067	0.4057	0.3256	0.2618	0.2109	0.1703	0.1378	0.1117	0.0907	0.0738	0.0601	0.0491	0.0402
24	0.7876	0.6217	0.4919	0.3901	0.3101	0.247	0.1971	0.1577	0.1264	0.1015	0.0817	0.0659	0.0532	0.0431	0.0349
25	0.7798	0.6095	0.4776	0.3751	0.2953	0.233	0.1842	0.146	0.116	0.0923	0.0736	0.0588	0.0471	0.0378	0.0304
26	0.772	0.5976	0.4637	0.3607	0.2812	0.2198	0.1722	0.1352	0.1064	0.0839	0.0663	0.0525	0.0417	0.0331	0.0264
27	0.7644	0.5859	0.4502	0.3468	0.2678	0.2074	0.1609	0.1252	0.0976	0.0763	0.0597	0.0469	0.0369	0.0291	0.023
28	0.7568	0.5744	0.4371	0.3335	0.2551	0.1956	0.1504	0.1159	0.0895	0.0693	0.0538	0.0419	0.0326	0.0255	0.02
29	0.7493	0.5631	0.4243	0.3207	0.2429	0.1846	0.1406	0.1073	0.0822	0.063	0.0485	0.0374	0.0289	0.0224	0.0174
30	0.7419	0.5521	0.412	0.3083	0.2314	0.1741	0.1314	0.0994	0.0754	0.0573	0.0437	0.0334	0.0256	0.0196	0.0151

（续表）

期数	16%	17%	18%	19%	20%	21%	22%	23%	24%	25%	26%	27%	28%	29%	30%
1	0.8621	0.8547	0.8475	0.8403	0.8333	0.8264	0.8197	0.813	0.8065	0.8	0.7937	0.7874	0.7813	0.7752	0.7692
2	0.7432	0.7305	0.7182	0.7062	0.6944	0.683	0.6719	0.661	0.6504	0.64	0.6299	0.62	0.6104	0.6009	0.5917
3	0.6407	0.6244	0.6086	0.5934	0.5787	0.5645	0.5507	0.5374	0.5245	0.512	0.4999	0.4882	0.4768	0.4658	0.4552
4	0.5523	0.5337	0.5158	0.4987	0.4823	0.4665	0.4514	0.4369	0.423	0.4096	0.3968	0.3844	0.3725	0.3611	0.3501
5	0.4761	0.4561	0.4371	0.419	0.4019	0.3855	0.37	0.3552	0.3411	0.3277	0.3149	0.3027	0.291	0.2799	0.2693
6	0.4104	0.3898	0.3704	0.3521	0.3349	0.3186	0.3033	0.2888	0.2751	0.2621	0.2499	0.2383	0.2274	0.217	0.2072
7	0.3538	0.3332	0.3139	0.2959	0.2791	0.2633	0.2486	0.2348	0.2218	0.2097	0.1983	0.1877	0.1776	0.1682	0.1594
8	0.305	0.2848	0.266	0.2487	0.2326	0.2176	0.2038	0.1909	0.1789	0.1678	0.1574	0.1478	0.1388	0.1304	0.1226
9	0.263	0.2434	0.2255	0.209	0.1938	0.1799	0.167	0.1552	0.1443	0.1342	0.1249	0.1164	0.1084	0.1011	0.0943
10	0.2267	0.208	0.1911	0.1756	0.1615	0.1486	0.1369	0.1262	0.1164	0.1074	0.0992	0.0916	0.0847	0.0784	0.0725
11	0.1954	0.1778	0.1619	0.1476	0.1346	0.1228	0.1122	0.1026	0.0938	0.0859	0.0787	0.0721	0.0662	0.0607	0.0558
12	0.1685	0.152	0.1372	0.124	0.1122	0.1015	0.092	0.0834	0.0757	0.0687	0.0625	0.0568	0.0517	0.0471	0.0429
13	0.1452	0.1299	0.1163	0.1042	0.0935	0.0839	0.0754	0.0678	0.061	0.055	0.0496	0.0447	0.0404	0.0365	0.033
14	0.1252	0.111	0.0985	0.0876	0.0779	0.0693	0.0618	0.0551	0.0492	0.044	0.0393	0.0352	0.0316	0.0283	0.0254
15	0.1079	0.0949	0.0835	0.0736	0.0649	0.0573	0.0507	0.0448	0.0397	0.0352	0.0312	0.0277	0.0247	0.0219	0.0195
16	0.093	0.0811	0.0708	0.0618	0.0541	0.0474	0.0415	0.0364	0.032	0.0281	0.0248	0.0218	0.0193	0.017	0.015
17	0.0802	0.0693	0.06	0.052	0.0451	0.0391	0.034	0.0296	0.0258	0.0225	0.0197	0.0172	0.015	0.0132	0.0116
18	0.0691	0.0592	0.0508	0.0437	0.0376	0.0323	0.0279	0.0241	0.0208	0.018	0.0156	0.0135	0.0118	0.0102	0.0089
19	0.0596	0.0506	0.0431	0.0367	0.0313	0.0267	0.0229	0.0196	0.0168	0.0144	0.0124	0.0107	0.0092	0.0079	0.0068
20	0.0514	0.0433	0.0365	0.0308	0.0261	0.0221	0.0187	0.0159	0.0135	0.0115	0.0098	0.0084	0.0072	0.0061	0.0053
21	0.0443	0.037	0.0309	0.0259	0.0217	0.0183	0.0154	0.0129	0.0109	0.0092	0.0078	0.0066	0.0056	0.0048	0.004
22	0.0382	0.0316	0.0262	0.0218	0.0181	0.0151	0.0126	0.0105	0.0088	0.0074	0.0062	0.0052	0.0044	0.0037	0.0031
23	0.0329	0.027	0.0222	0.0183	0.0151	0.0125	0.0103	0.0086	0.0071	0.0059	0.0049	0.0041	0.0034	0.0029	0.0024
24	0.0284	0.0231	0.0188	0.0154	0.0126	0.0103	0.0085	0.007	0.0057	0.0047	0.0039	0.0032	0.0027	0.0022	0.0018
25	0.0245	0.0197	0.016	0.0129	0.0105	0.0085	0.0069	0.0057	0.0046	0.0038	0.0031	0.0025	0.0021	0.0017	0.0014
26	0.0211	0.0169	0.0135	0.0109	0.0087	0.007	0.0057	0.0046	0.0037	0.003	0.0025	0.002	0.0016	0.0013	0.0011
27	0.0182	0.0144	0.0115	0.0091	0.0073	0.0058	0.0047	0.0037	0.003	0.0024	0.0019	0.0016	0.0013	0.001	0.0008
28	0.0157	0.0123	0.0097	0.0077	0.0061	0.0048	0.0038	0.003	0.0024	0.0019	0.0015	0.0012	0.001	0.0008	0.0006
29	0.0135	0.0105	0.0082	0.0064	0.0051	0.004	0.0031	0.0025	0.002	0.0015	0.0012	0.001	0.0008	0.0006	0.0005
30	0.0116	0.009	0.007	0.0054	0.0042	0.0033	0.0026	0.002	0.0016	0.0012	0.001	0.0008	0.0006	0.0005	0.0004

附表三　年金终值系数表

期数	1%	2%	3%	4%	5%	6%	7%	8%	9%	10%	11%	12%	13%	14%	15%
1	1	1	1	1	1	1	1	1	1	1	1	1	1	1	1
2	2.01	2.02	2.03	2.04	2.05	2.06	2.07	2.08	2.09	2.1	2.11	2.12	2.13	2.14	2.15
3	3.0301	3.0604	3.0909	3.1216	3.1525	3.1836	3.2149	3.2464	3.2781	3.31	3.3421	3.3744	3.4069	3.4396	3.4725
4	4.0604	4.1216	4.1836	4.2465	4.3101	4.3746	4.4399	4.5061	4.5731	4.641	4.7097	4.7793	4.8498	4.9211	4.9934
5	5.101	5.204	5.3091	5.4163	5.5256	5.6371	5.7507	5.8666	5.9847	6.1051	6.2278	6.3528	6.4803	6.6101	6.7424
6	6.152	6.3081	6.4684	6.633	6.8019	6.9753	7.1533	7.3359	7.5233	7.7156	7.9129	8.1152	8.3227	8.5355	8.7537
7	7.2135	7.4343	7.6625	7.8983	8.142	8.3938	8.654	8.9228	9.2004	9.4872	9.7833	10.089	10.4047	10.7305	11.0668
8	8.2857	8.583	8.8923	9.2142	9.5491	9.8975	10.2598	10.6366	11.0285	11.4359	11.8594	12.2997	12.7573	13.2328	13.7268
9	9.3685	9.7546	10.1591	10.5828	11.0266	11.4913	11.978	12.4876	13.021	13.5795	14.164	14.7757	15.4157	16.0853	16.7858
10	10.4622	10.9497	11.4639	12.0061	12.5779	13.1808	13.8164	14.4866	15.1929	15.9374	16.722	17.5487	18.4197	19.3373	20.3037
11	11.5668	12.1687	12.8078	13.4864	14.2068	14.9716	15.7836	16.6455	17.5603	18.5312	19.5614	20.6546	21.8143	23.0445	24.3493
12	12.6825	13.4121	14.192	15.0258	15.9171	16.8699	17.8885	18.9771	20.1407	21.3843	22.7132	24.1331	25.6502	27.2707	29.0017
13	13.8093	14.6803	15.6178	16.6268	17.713	18.8821	20.1406	21.4953	22.9534	24.5227	26.2116	28.0291	29.9847	32.0887	34.3519
14	14.9474	15.9739	17.0863	18.2919	19.5986	21.0151	22.5505	24.2149	26.0192	27.975	30.0949	32.3926	34.8827	37.5811	40.5047
15	16.0969	17.2934	18.5989	20.0236	21.5786	23.276	25.129	27.1521	29.3609	31.7725	34.4054	37.2797	40.4175	43.8424	47.5804
16	17.2579	18.6393	20.1569	21.8245	23.6575	25.6725	27.8881	30.3243	33.0034	35.9497	39.1899	42.7533	46.6717	50.9804	55.7175
17	18.4304	20.0121	21.7616	23.6975	25.8404	28.2129	30.8402	33.7502	36.9737	40.5447	44.5008	48.8837	53.7391	59.1176	65.0751
18	19.6147	21.4123	23.4144	25.6454	28.1324	30.9057	33.999	37.4502	41.3013	45.5992	50.3959	55.7497	61.7251	68.3941	75.8364
19	20.8109	22.8406	25.1169	27.6712	30.539	33.76	37.379	41.4463	46.0185	51.1591	56.9395	63.4397	70.7494	78.9692	88.2118
20	22.019	24.2974	26.8704	29.7781	33.066	36.7856	40.9955	45.762	51.1601	57.275	64.2028	72.0524	80.9468	91.0249	102.4436
21	23.2392	25.7833	28.6765	31.9692	35.7193	39.9927	44.8652	50.4229	56.7645	64.0025	72.2651	81.6987	92.4699	104.7684	118.8101
22	24.4716	27.299	30.5368	34.248	38.5052	43.3923	49.0057	55.4568	62.8733	71.4027	81.2143	92.5026	105.491	120.436	137.6316
23	25.7163	28.845	32.4529	36.6179	41.4305	46.9958	53.4361	60.8933	69.5319	79.543	91.1479	104.6029	120.2048	138.297	159.2764
24	26.9735	30.4219	34.4265	39.0826	44.502	50.8156	58.1767	66.7648	76.7898	88.4973	102.1742	118.1552	136.8315	158.6586	184.1678
25	28.2432	32.0303	36.4593	41.6459	47.7271	54.8645	63.249	73.1059	84.7009	98.3471	114.4133	133.3339	155.6196	181.8708	212.793
26	29.5256	33.6709	38.553	44.3117	51.1135	59.1564	68.6765	79.9544	93.324	109.1818	127.9988	150.3339	176.8501	208.3327	245.712
27	30.8209	35.3443	40.7096	47.0842	54.6691	63.7058	74.4838	87.3508	102.7231	121.0999	143.0786	169.374	200.8406	238.4993	283.5688
28	32.1291	37.0512	42.9309	49.9676	58.4026	68.5281	80.6977	95.3388	112.9682	134.2099	159.8173	190.6989	227.9499	272.8892	327.1041
29	33.4504	38.7922	45.2189	52.9663	62.3227	73.6398	87.3465	103.9659	124.1354	148.6309	178.3972	214.5828	258.5834	312.0937	377.1697
30	34.7849	40.5681	47.5754	56.0849	66.4388	79.0582	94.4608	113.2832	136.3075	164.494	199.0209	241.3327	293.1992	356.7868	434.7451

（续表）

期数	16%	17%	18%	19%	20%	21%	22%	23%	24%	25%	26%	27%	28%	29%	30%
1	1	1	1	1	1	1	1	1	1	1	1	1	1	1	1
2	2.16	2.17	2.18	2.19	2.2	2.21	2.22	2.23	2.24	2.25	2.26	2.27	2.28	2.29	2.3
3	3.5056	3.5389	3.5724	3.6061	3.64	3.6741	3.7084	3.7429	3.7776	3.8125	3.8476	3.8829	3.9184	3.9541	3.99
4	5.0665	5.1405	5.2154	5.2913	5.368	5.4457	5.5242	5.6038	5.6842	5.7656	5.848	5.9313	6.0156	6.1008	6.187
5	6.8771	7.0144	7.1542	7.2966	7.4416	7.5892	7.7396	7.8926	8.0484	8.207	8.3684	8.5327	8.6999	8.87	9.0431
6	8.9775	9.2068	9.442	9.683	9.9299	10.183	10.4423	10.7079	10.9801	11.2588	11.5442	11.8366	12.1359	12.4423	12.756
7	11.4139	11.772	12.1415	12.5227	12.9159	13.3214	13.7396	14.1708	14.6153	15.0735	15.5458	16.0324	16.5339	17.0506	17.5828
8	14.2401	14.7733	15.327	15.902	16.4991	17.1189	17.7623	18.43	19.1229	19.8419	20.5876	21.3612	22.1634	22.9953	23.8577
9	17.5185	18.2847	19.0859	19.9234	20.7989	21.7139	22.67	23.669	24.7125	25.8023	26.9404	28.1287	29.3692	30.6639	32.015
10	21.3215	22.3931	23.5213	24.7089	25.9587	27.2738	28.6574	30.1128	31.6434	33.2529	34.9449	36.7235	38.5926	40.5564	42.6195
11	25.7329	27.1999	28.7551	30.4035	32.1504	34.0013	35.962	38.0388	40.2379	42.5661	45.0306	47.6388	50.3985	53.3178	56.4053
12	30.8502	32.8239	34.9311	37.1802	39.5805	42.1416	44.8737	47.7877	50.895	54.2077	57.7386	61.5013	65.51	69.78	74.327
13	36.7862	39.404	42.2187	45.2445	48.4966	51.9913	55.7459	59.7788	64.1097	68.7596	73.7506	79.1066	84.8529	91.0161	97.625
14	43.672	47.1027	50.818	54.8409	59.1959	63.9095	69.01	74.528	80.4961	86.9495	93.9258	101.4654	109.6117	118.4108	127.9125
15	51.6595	56.1101	60.9653	66.2607	72.0351	78.3305	85.1922	92.6694	100.8151	109.6868	119.3465	129.8611	141.3029	153.75	167.2863
16	60.925	66.6488	72.939	79.8502	87.4421	95.7799	104.9345	114.9834	126.0108	138.1085	151.3766	165.9236	181.8677	199.3374	218.4722
17	71.673	78.9792	87.068	96.0218	105.9306	116.8937	129.0201	142.4295	157.2534	173.6357	191.7345	211.723	233.7907	258.1453	285.0139
18	84.1407	93.4056	103.7403	115.2659	128.1167	142.4413	158.4045	176.1883	195.9942	218.0446	242.5855	269.8882	300.2521	334.0074	371.518
19	98.6032	110.2846	123.4135	138.1664	154.74	173.354	194.2535	217.7116	244.0328	273.5558	306.6577	343.758	385.3227	431.8696	483.9734
20	115.3797	130.0329	146.628	165.418	186.688	210.7584	237.9893	268.7853	303.6006	342.9447	387.3887	437.5726	494.2131	558.1118	630.1655
21	134.8405	153.1385	174.021	197.8474	225.0256	256.0176	291.3469	331.6059	377.4648	429.6809	489.1098	556.7173	633.5927	720.9642	820.2151
22	157.415	180.1721	206.3448	236.4385	271.0307	310.7813	356.4432	408.8753	469.0563	538.1011	617.2783	708.0309	811.9987	931.0438	1067.2796
23	183.6014	211.8013	244.4868	282.3618	326.2369	377.0454	435.8607	503.9166	582.6298	673.6264	778.7707	900.1993	1040.3583	1202.0465	1388.4635
24	213.9776	248.8076	289.4945	337.0105	392.4842	457.2249	532.7501	620.8174	723.461	843.0329	982.2511	1144.2531	1332.6586	1551.64	1806.0026
25	249.214	292.1049	342.6035	402.0425	471.9811	554.2422	650.9551	764.6054	898.0916	1054.7912	1238.6363	1454.2014	1706.8031	2002.6156	2348.8033
26	290.0883	342.7627	405.2721	479.4306	567.3773	671.633	795.1653	941.4647	1114.6336	1319.489	1561.6818	1847.8358	2185.7079	2584.3741	3054.4443
27	337.5024	402.0323	479.2211	571.5224	681.8528	813.6759	971.1016	1159.0016	1383.1457	1650.3612	1968.7191	2347.7515	2798.7061	3334.8426	3971.7776
28	392.5028	471.3778	566.4809	681.1116	819.2233	985.5479	1185.744	1426.5719	1716.1007	2063.9515	2481.586	2982.6444	3583.3438	4302.947	5164.3109
29	456.3032	552.5121	669.4475	811.5228	984.068	1193.5129	1447.6077	1755.6835	2128.9648	2580.9394	3127.7984	3788.9583	4587.6801	5551.8016	6714.6042
30	530.3117	647.4391	790.948	966.7122	1181.8816	1445.1507	1767.0813	2160.4907	2640.9164	3227.1743	3942.026	4812.9771	5873.2306	7162.8241	8729.9855

附表四 年金现值系数表

期数	1%	2%	3%	4%	5%	6%	7%	8%	9%	10%	11%	12%	13%	14%	15%
1	0.9901	0.9804	0.9709	0.9615	0.9524	0.9434	0.9346	0.9259	0.9174	0.9091	0.9009	0.8929	0.885	0.8772	0.8696
2	1.9704	1.9416	1.9135	1.8861	1.8594	1.8334	1.808	1.7833	1.7591	1.7355	1.7125	1.6901	1.6681	1.6467	1.6257
3	2.941	2.8839	2.8286	2.7751	2.7232	2.673	2.6243	2.5771	2.5313	2.4869	2.4437	2.4018	2.3612	2.3216	2.2832
4	3.902	3.8077	3.7171	3.6299	3.546	3.4651	3.3872	3.3121	3.2397	3.1699	3.1024	3.0373	2.9745	2.9137	2.855
5	4.8534	4.7135	4.5797	4.4518	4.3295	4.2124	4.1002	3.9927	3.8897	3.7908	3.6959	3.6048	3.5172	3.4331	3.3522
6	5.7955	5.6014	5.4172	5.2421	5.0757	4.9173	4.7665	4.6229	4.4859	4.3553	4.2305	4.1114	3.9975	3.8887	3.7845
7	6.7282	6.472	6.2303	6.0021	5.7864	5.5824	5.3893	5.2064	5.033	4.8684	4.7122	4.5638	4.4226	4.2883	4.1604
8	7.6517	7.3255	7.0197	6.7327	6.4632	6.2098	5.9713	5.7466	5.5348	5.3349	5.1461	4.9676	4.7988	4.6389	4.4873
9	8.566	8.1622	7.7861	7.4353	7.1078	6.8017	6.5152	6.2469	5.9952	5.759	5.537	5.3282	5.1317	4.9464	4.7716
10	9.4713	8.9826	8.5302	8.1109	7.7217	7.3601	7.0236	6.7101	6.4177	6.1446	5.8892	5.6502	5.4262	5.2161	5.0188
11	10.3676	9.7868	9.2526	8.7605	8.3064	7.8869	7.4987	7.139	6.8052	6.4951	6.2065	5.9377	5.6869	5.4527	5.2337
12	11.2551	10.5753	9.954	9.3851	8.8633	8.3838	7.9427	7.5361	7.1607	6.8137	6.4924	6.1944	5.9176	5.6603	5.4206
13	12.1337	11.3484	10.635	9.9856	9.3936	8.8527	8.3577	7.9038	7.4869	7.1034	6.7499	6.4235	6.1218	5.8424	5.5831
14	13.0037	12.1062	11.2961	10.5631	9.8986	9.295	8.7455	8.2442	7.7862	7.3667	6.9819	6.6282	6.3025	6.0021	5.7245
15	13.8651	12.8493	11.9379	11.1184	10.3797	9.7122	9.1079	8.5595	8.0607	7.6061	7.1909	6.8109	6.4624	6.1422	5.8474
16	14.7179	13.5777	12.5611	11.6523	10.8378	10.1059	9.4466	8.8514	8.3126	7.8237	7.3792	6.974	6.6039	6.2651	5.9542
17	15.5623	14.2919	13.1661	12.1657	11.2741	10.4773	9.7632	9.1216	8.5436	8.0216	7.5488	7.1196	6.7291	6.3729	6.0472
18	16.3983	14.992	13.7535	12.6593	11.6896	10.8276	10.0591	9.3719	8.7556	8.2014	7.7016	7.2497	6.8399	6.4674	6.128
19	17.226	15.6785	14.3238	13.1339	12.0853	11.1581	10.3356	9.6036	8.9501	8.3649	7.8393	7.3658	6.938	6.5504	6.1982
20	18.0456	16.3514	14.8775	13.5903	12.4622	11.4699	10.594	9.8181	9.1285	8.5136	7.9633	7.4694	7.0248	6.6231	6.2593
21	18.857	17.0112	15.415	14.0292	12.8212	11.7641	10.8355	10.0168	9.2922	8.6487	8.0751	7.562	7.1016	6.687	6.3125
22	19.6604	17.658	15.9369	14.4511	13.163	12.0416	11.0612	10.2007	9.4424	8.7715	8.1757	7.6446	7.1695	6.7429	6.3587
23	20.4558	18.2922	16.4436	14.8568	13.4886	12.3034	11.2722	10.3711	9.5802	8.8832	8.2664	7.7184	7.2297	6.7921	6.3988
24	21.2434	18.9139	16.9355	15.247	13.7986	12.5504	11.4693	10.5288	9.7066	8.9847	8.3481	7.7843	7.2829	6.8351	6.4338
25	22.0232	19.5235	17.4131	15.6221	14.0939	12.7834	11.6536	10.6748	9.8226	9.077	8.4217	7.8431	7.33	6.8729	6.4641
26	22.7952	20.121	17.8768	15.9828	14.3752	13.0032	11.8258	10.81	9.929	9.1609	8.4881	7.8957	7.3717	6.9061	6.4906
27	23.5596	20.7069	18.327	16.3296	14.643	13.2105	11.9867	10.9352	10.0266	9.2372	8.5478	7.9426	7.4086	6.9352	6.5135
28	24.3164	21.2813	18.7641	16.6631	14.8981	13.4062	12.1371	11.0511	10.1161	9.3066	8.6016	7.9844	7.4412	6.9607	6.5335
29	25.0658	21.8444	19.1885	16.9837	15.1411	13.5907	12.2777	11.1584	10.1983	9.3696	8.6501	8.0218	7.4701	6.983	6.5509
30	25.8077	22.3965	19.6004	17.292	15.3725	13.7648	12.409	11.2578	10.2737	9.4269	8.6938	8.0552	7.4957	7.0027	6.566

（续表）

期数	16%	17%	18%	19%	20%	21%	22%	23%	24%	25%	26%	27%	28%	29%	30%
1	0.8621	0.8547	0.8475	0.8403	0.8333	0.8264	0.8197	0.813	0.8065	0.8	0.7937	0.7874	0.7813	0.7752	0.7692
2	1.6052	1.5852	1.5656	1.5465	1.5278	1.5095	1.4915	1.474	1.4568	1.44	1.4235	1.4074	1.3916	1.3761	1.3609
3	2.2459	2.2096	2.1743	2.1399	2.1065	2.0739	2.0422	2.0114	1.9813	1.952	1.9234	1.8956	1.8684	1.842	1.8161
4	2.7982	2.7432	2.6901	2.6386	2.5887	2.5404	2.4936	2.4483	2.4043	2.3616	2.3202	2.28	2.241	2.2031	2.1662
5	3.2743	3.1993	3.1272	3.0576	2.9906	2.926	2.8636	2.8035	2.7454	2.6893	2.6351	2.5827	2.532	2.483	2.4356
6	3.6847	3.5892	3.4976	3.4098	3.3255	3.2446	3.1669	3.0923	3.0205	2.9514	2.885	2.821	2.7594	2.7	2.6427
7	4.0386	3.9224	3.8115	3.7057	3.6046	3.5079	3.4155	3.327	3.2423	3.1611	3.0833	3.0087	2.937	2.8682	2.8021
8	4.3436	4.2072	4.0776	3.9544	3.8372	3.7256	3.6193	3.5179	3.4212	3.3289	3.2407	3.1564	3.0758	2.9986	2.9247
9	4.6065	4.4506	4.303	4.1633	4.031	3.9054	3.7863	3.6731	3.5655	3.4631	3.3657	3.2728	3.1842	3.0997	3.019
10	4.8332	4.6586	4.4941	4.3389	4.1925	4.0541	3.9232	3.7993	3.6819	3.5705	3.4648	3.3644	3.2689	3.1781	3.0915
11	5.0286	4.8364	4.656	4.4865	4.3271	4.1769	4.0354	3.9018	3.7757	3.6564	3.5435	3.4365	3.3351	3.2388	3.1473
12	5.1971	4.9884	4.7932	4.6105	4.4392	4.2784	4.1274	3.9852	3.8514	3.7251	3.6059	3.4933	3.3868	3.2859	3.1903
13	5.3423	5.1183	4.9095	4.7147	4.5327	4.3624	4.2028	4.053	3.9124	3.7801	3.6555	3.5381	3.4272	3.3224	3.2233
14	5.4675	5.2293	5.0081	4.8023	4.6106	4.4317	4.2646	4.1082	3.9616	3.8241	3.6949	3.5733	3.4587	3.3507	3.2487
15	5.5755	5.3242	5.0916	4.8759	4.6755	4.489	4.3152	4.153	4.0013	3.8593	3.7261	3.601	3.4834	3.3726	3.2682
16	5.6685	5.4053	5.1624	4.9377	4.7296	4.5364	4.3567	4.1894	4.0333	3.8874	3.7509	3.6228	3.5026	3.3896	3.2832
17	5.7487	5.4746	5.2223	4.9897	4.7746	4.5755	4.3908	4.219	4.0591	3.9099	3.7705	3.64	3.5177	3.4028	3.2948
18	5.8178	5.5339	5.2732	5.0333	4.8122	4.6079	4.4187	4.2431	4.0799	3.9279	3.7861	3.6536	3.5294	3.413	3.3037
19	5.8775	5.5845	5.3162	5.07	4.8435	4.6346	4.4415	4.2627	4.0967	3.9424	3.7985	3.6642	3.5386	3.421	3.3105
20	5.9288	5.6278	5.3527	5.1009	4.8696	4.6567	4.4603	4.2786	4.1103	3.9539	3.8083	3.6726	3.5458	3.4271	3.3158
21	5.9731	5.6648	5.3837	5.1268	4.8913	4.675	4.4756	4.2916	4.1212	3.9631	3.8161	3.6792	3.5514	3.4319	3.3198
22	6.0113	5.6964	5.4099	5.1486	4.9094	4.69	4.4882	4.3021	4.13	3.9705	3.8223	3.6844	3.5558	3.4356	3.323
23	6.0442	5.7234	5.4321	5.1668	4.9245	4.7025	4.4985	4.3106	4.1371	3.9764	3.8273	3.6885	3.5592	3.4384	3.3254
24	6.0726	5.7465	5.4509	5.1822	4.9371	4.7128	4.507	4.3176	4.1428	3.9811	3.8312	3.6918	3.5619	3.4406	3.3272
25	6.0971	5.7662	5.4669	5.1951	4.9476	4.7213	4.5139	4.3232	4.1474	3.9849	3.8342	3.6943	3.564	3.4423	3.3286
26	6.1182	5.7831	5.4804	5.206	4.9563	4.7284	4.5196	4.3278	4.1511	3.9879	3.8367	3.6963	3.5656	3.4437	3.3297
27	6.1364	5.7975	5.4919	5.2151	4.9636	4.7342	4.5243	4.3316	4.1542	3.9903	3.8387	3.6979	3.5669	3.4447	3.3305
28	6.152	5.8099	5.5016	5.2228	4.9697	4.739	4.5281	4.3346	4.1566	3.9923	3.8402	3.6991	3.5679	3.4455	3.3312
29	6.1656	5.8204	5.5098	5.2292	4.9747	4.743	4.5312	4.3371	4.1585	3.9938	3.8414	3.7001	3.5687	3.4461	3.3317
30	6.1772	5.8294	5.5168	5.2347	4.9789	4.7463	4.5338	4.3391	4.1601	3.995	3.8424	3.7009	3.5693	3.4466	3.3321

参考答案

第一单元　导　入

【单元测试】

1. 单项选择题

(1) B　(2) B　(3) C　(4) C　(5) B

2. 多项选择题

(1) BCD　(2) ABCD　(3) ABCD　(4) ABC　(5) ABCD

3. 判断题

(1) ×　(2) ×　(3) ×　(4) ×　(5) √

【实务训练】

(1) 错误。管理会计与财务会计的职能不同,财务会计的职能是核算和监督,而管理会计的职能是为决策提供可靠信息。

(2) 错误。管理会计和财务会计是现代会计的两大分支,分别服务于企业内部管理的需要和外部决策的需要,两者既有联系又有区别。

(3) 错误。财务会计报表必须在规定的日期进行上报,但管理会计信息的提供有其独特的时间特征,即不必拘泥时间的限制。管理会计信息服务于企业内部,根据内部管理的需要,当在经营管理中发现需要管理会计解决的问题,就可提出管理会计报告。

(4) 正确。

(5) 错误。管理会计服务于企业内部,根据内部管理的需要提供,不受会计法规的约束。

(6) 正确。管理会计服务于企业内部的经营管理,无论是制定计划、编制预算、成本确定、成本计算还是成本控制,都是以企业经营管理为出发点,围绕管理理念进行的。

第二单元　成本性态分析

【单元测试】

1. 单项选择题

(1) C　(2) A　(3) B　(4) B　(5) C　(6) A　(7) C　(8) C　(9) C　(10) A

2. 多项选择题

(1) AC　(2) ABC　(3) BCD　(4) AC　(5) AC　(6) ABC　(7) ABD　(8) AC　(9) ABC　(10) ABC

3. 判断题

(1) √　(2) ×　(3) √　(4) √　(5) ×　(6) √　(7) √　(8) ×　(9) ×　(10) ×

【实务训练】

$b=\frac{7\ 250-4\ 250}{1\ 800-900}=3.33$

$a=y_{高}-bx_{高}=1\ 250$

$y=1\ 250+3.33x$

当产量为1 700件时：$y=1\ 250+3.33\times1\ 700=6\ 911$(元)

第三单元 变动成本法

【单元测试】

1. 单项选择题

(1) B (2) D (3) D (4) B (5) B (6) C (7) B (8) B (9) B (10) C

2. 多项选择题

(1) AB (2) ABC (3) ABC (4) AC (5) ABCD (6) ABC (7) BD (8) AB (9) ACD (10) ABC

3. 判断题

(1) √ (2) √ (3) × (4) √ (5) √ (6) √ (7) √ (8) √ (9) √ (10) √

【实务训练】

1. 解：变动成本法：

单位产品成本＝10＋12＋8＝30(元)

完全成本法：

单位产品成本＝10＋12＋8＋20＝50(元)

2. 解：

A企业：变动成本＝50 000－10 000－10 000＝30 000(元)

销售量＝(50 000－30 000)÷4＝5 000(件)

B企业：销售收入＝3×8 000＋40 000＝64 000(元)

固定成本＝3×8 000－9 000＝15 000(元)

C企业：单位边际贡献＝边际贡献÷销售量＝(81 000－45 000)÷9 000＝4(元/件)

税前利润＝81 000－45 000－20 000＝16 000(元)

D企业：变动成本＝45 000－18 000－(－3 000)＝30 000(元)

单位贡献边际＝(45 000－30 000)÷3 000＝5(元/件)

产销情况资料

企 业	销 量	销售收入	变动成本	单位贡献边际	固定成本	税前利润
A	5 000	50 000	30 000	4	10 000	10 000
B	8 000	64 000	40 000	3	15 000	9 000
C	9 000	81 000	45 000	4	20 000	16 000
D	3 000	45 000	30 000	5	18 000	－3 000

3. 解：变动成本法：

(1) 单位产品成本＝10＋5＋7＝22(元)

(2) 期间成本＝4 000＋4×600＋1 000＝7 400(元)

(3) 销货成本＝22×600＝13 200(元)

(4) 边际贡献＝40×600－(22×600＋4×600)＝8 400(元)

税前利润＝8 400－(4 000＋1 000)＝3 400(元)

完全成本法：

(1) 单位产品成本＝22＋4 000÷1 000＝26(元)

(2) 期间成本＝4×600＋1 000＝3 400(元)

(3) 销货成本＝26×600＝15 600(元)

(4) 税前利润＝40×600－15 600－3 400＝5 000(元)

第四单元　本量利分析

【单元测试】

1. 单项选择题

(1) A　(2) B　(3) D　(4) A　(5) B　(6) D　(7) C　(8) B　(9) C　(10) C　(11) A　(12) B

(7) 解析：

保利额＝(固定成本＋目标利润)÷(1－变动成本率)＝(800＋2 000)÷(1－30%)＝4 000(万元)

保本量＝保利额÷单价＝4 000÷800＝5(万)

(11) 解析：

$$保本量=\frac{固定成本}{单价-单位变动成本}=\frac{60\ 000}{120-45}=800$$

根据

$$安全边际率=60\%=\frac{正常销量-800}{正常销量}$$

求得

销量＝2 000

2. 多项选择题

(1) ABCD　(2) ABC　(3) AB　(4) AB　(5) ABC　(6) ABCD　(7) CD　(8) BCD　(9) ABD　(10) ABCD

(7) 解析：

$$\downarrow 保本量=\frac{固定成本}{\uparrow 单价-单位变动成本}=\frac{固定成本}{单位边际贡献}$$

$$\downarrow 保本量=\frac{固定成本+目标利润}{\uparrow 单价-单位变动成本}$$

$$\downarrow 变动成本率=1-边际贡献率=\frac{单位变动成本}{单价\uparrow}$$

$$\uparrow 边际贡献率=\frac{单价-单位变动成本}{单价}=1-\frac{单位变动成本}{单价\uparrow}\downarrow$$

3. 判断题

(1) ×　(2) √　(3) √　(4) √　(5) √　(6) √　(7) ×　(8) √　(9) √　(10) ×

(9) 解析：

利润率＝安全边际率×边际贡献率

【实务训练】

1. 解：

(1) 保本点销售量＝450÷(30－21)＝50(件)

(2) 销售量＝(180＋450)÷(30－21)＝70(件)

2. 解：

(1) 保本点销售量＝60 000÷(80－50)＝2 000(件)

保本点作业率＝2 000÷4 000×100％＝50％

(2) 安全边际量＝4 000－2 000＝2 000(件)

安全边际率＝1－保本点作业率＝1－50％＝50％

3. 解：

甲产品的销售比重＝2 000×60÷200 000×100％＝60％

乙产品的销售比重＝500×30÷200 000×100％＝7.5％

丙产品的销售比重＝1 000×65÷200 000×100％＝32.5％

甲产品的边际贡献率＝(2 000－1 600)÷2 000×100％＝20％

乙产品的边际贡献率＝(500－300)÷500×100％＝40％

丙产品的边际贡献率＝(1 000－700)÷1 000×100％＝30％

加权平均边际贡献率＝20％×60％＋40％×7.5％＋30％×32.5％＝24.75％

综合保本额＝19 800÷24.75％＝80 000(元)

甲产品保本量＝80 000×60％÷2 000＝24(元)

乙产品保本量＝80 000×7.5％÷500＝12(元)

丙产品保本量＝80 000×32.5％÷1 000＝26(元)

4. 解：

(1) (50 000×15)÷(1－50％)＝1 500 000(元)

1 500 000÷50 000＝30(元/件)

保本量＝50 000×(1－20％)＝40 000(件)

保本额＝40 000×30＝1 200 000(元)

(2) 固定成本＝15×40 000＝600 000(元)

税前利润＝1 500 000－15×50 000－600 000＝150 000(元)

5. 解：

$$甲公司的经营杠杆系数=\frac{(10\ 000-1\ 000)\times 100}{(10\ 000-1\ 000)\times 100-700\ 000}=\frac{900\ 000}{200\ 000}=4.5$$

$$乙公司的经营杠杆系数=\frac{(10\ 000-6\ 000)\times 100}{(10\ 000-6\ 000)\times 100-200\ 000}=\frac{400\ 000}{200\ 000}=2$$

第五单元　预 测 分 析

【单元测试】

1. 单项选择题

(1) B　(2) C　(3) A　(4) C　(5) D　(6) D　(7) B　(8) A　(9) C　(10) B

(2) 解析：目标利润＝基期利润×(1＋经营杠杆系数×销售变动率)＝10×(1＋1.4×15％)＝12.1(万元)

(4) 解析：F_{10}＝0.6×600＋0.4×630＝360＋252＝612(千克)

2. 多项选择题

(1) AD　(2) BCD　(3) AB　(4) ABC　(5) ABCD

3. 判断题

(1) ×　(2) ×　(3) ×　(4) ×　(5) √　(6) ×　(7) ×　(8) √　(9) ×　(10) ×

【实务训练】

1. 解：

$$(1)\ 7月份销售预测量=\frac{24+23+28+25+26+27}{6}=25.5(万元)$$

(2) 7 月份销售预测量$=\dfrac{(24\times1+23\times2+28\times3+25\times4+26\times5+27\times6)}{1+2+3+4+5+6}=26$(万元)

(3) 7 月份的销售量$=27\times0.6+(1-0.6)\times27.9=27.36$(万元)

2. 解:

(1) 高低点法:根据资料,得最高点(400, 388 000)和最低点(200, 240 000)

因此有:$b=\dfrac{388\ 000-240\ 000}{400-200}=740\quad a=388\ 000-740\times400=92\ 000$

于是得到预测模型:$y=92\ 000+740x$

预计 2020 年的总成本:$y=92\ 000+740\times425=406\ 500$(元)

单位成本$=406\ 500\div425=956.47$(元)

(2) 加权平均法

设权重分别为 1, 2, 3, 4, 5

$$a=\frac{86\ 000\times1+88\ 000\times2+90\ 000\times3+89\ 000\times4+92\ 000\times5}{1+2+3+4+5}=89\ 866.67(\text{元})$$

$$b=\frac{756\times1+760\times2+750\times3+725\times4+740\times5}{1+2+3+4+5}=741.73$$

于是总成本模型为:$y=89\ 866.67+741.73x$

2020 年预计总成本$=89\ 860.67+741.73\times425=405\ 101.92$(元)

单位成本$=405\ 101.92\div425=953.18$(元)

3. 解:

销售量预计增长率$=(25\ 000-20\ 000)\div20\ 000\times100\%=25\%$

目标利润=基期销售利润×(1+销售额预计增长比率)$=12\ 000\times(1+25\%)=15\ 000$(元)

4. 解:

2015 年度资产、负债与销售收入的关系比例

资　　产	期末余额		百分比%	负债及所有者权益	期末余额		百分比%
货币资金	30	敏感性项目	5	应付账款	72	敏感性项目	12
应收账款	96	敏感性项目	16	应交税费	48	敏感性项目	8
存货	120	敏感性项目	20	长期借款	152		
固定资产(净值)	192	敏感性项目	32	实收资本	180		
无形资产	50			未分配利润	36		
资产总计	488			负债与所有者权益合计	488		
合　计			73	合　计			20

因销售额增长而需追加的资金量=(资产销售百分比−负债销售百分比)×新增销售额$=(73\%-20\%)\times(800-600)=106$(万元)

折旧未使用的余额=提取的折旧额−计划期更新改造后的余额$=40\times(1-65\%)=14$(万元)

计划期留存收益=预计销售额×计划期销售净利率×(1−股利发放率)$=800\times(24/600)\times(1-12/24)=32\times0.5=16$(万元)

计划期的零星资金需要量=10 万元

因销售增长需要追加的资金=增长的销售额需追加的资金−折旧未使用的金额−计划期留存收益+零星资金需要量$=106-14-16+10=86$(万元)

第六单元 短期经营决策分析

【单元测试】

1. 单项选择题

(1) D (2) B (3) C (4) D (5) C (6) D (7) C (8) A (9) C (10) B

2. 多项选择题

(1) CD (2) ABC (3) ABC (4) AC (5) ABCD (6) CD (7) ABCD (8) AB (9) BC (10) AD

3. 判断题

(1) × (2) √ (3) × (4) × (5) √ (6) √ (7) × (8) × (9) × (10) √

【实务训练】

1. 解：

不应停产。根据资料可以知道，C 产品亏损 6 万元。但 C 产品的边际贡献为 90 000 元，大于零，所以 C 产品不应该停产。如果 C 产品停产，C 产品负担的 150 000 元的固定成本就要转加给 A 和 B 两种产品，即整个公司的固定成本总额不会改变，而全公司的边际贡献会减少 90 000 元，结果会使整个公司的利润减少 90 000 元。

2. 解：

自制和外购方案的预期收入是相同的，只需比较两种方案的成本。其相关成本计算表如下：

成本计算表 单位：元

项 目	自 制	外 购
变动成本	18 000×(30+20+8)=1 044 000	18 000×60=1 080 000
相关成本合计	1 044 000	1 080 000

根据计算结果，自制方案的成本比较低，所以应选择自制方案。

3. 解：

采用差量分析法决策分析。

决策分析表 单位：元

项 目	深加工为乙产成品	直接出售甲半成品	差异额
相关收入	10 000×80=800 000	10 000×46=460 000	340 000
相关成本合计	310 000	0	310 000
其中：增量成本	10 000×23=230 000	0	
专属成本	80 000	0	
差量损益			30 000

根据计算结果，深加工为乙产成品比直接出售甲半成品多获利润 30 000 元，所以应深加工为乙产成品。

4. 解：

A 产品贡献边际=(15−5)×[30 000×(1−80%)÷2]=30 000(元)

B 产品贡献边际=(25−15)×[30 000×(1−80%)÷3]=20 000(元)

C 产品剩余贡献边际=(35−20)×[30 000×(1−80%)÷5]−2 000=16 000(元)

因 A 产品的贡献毛益最大，为 30 000 元，故应生产 A 产品。

5. 解：

由于B零件的需用量是不确定的，所以只能采用成本平衡点分析法。

$$B零件成本平衡点业务量=\frac{44\ 000-20\ 000}{50-38}=2\ 000(件)$$

当B零件的需用量在2 000件时，自制方案和外购方案的成本是相等的；当B零件的需用量在2 000件以下时，应选用外购方案；当B零件的需用量在2 000件以上时，应选用自制方案。

6.

(1) 分析：

首先，追加订货量等于剩余生产能力。

其次，剩余生产能力无法转移。

再次，追加订货不需要追加专属成本。

最后，追加订货的单价225元大于该产品的单位变动成本210元，可以接受追加订货。

(2) 特殊订货的甲产品款式上有些特殊要求，需租用一台专用设备，租金总额为1 000元。问是否接受该项订货。

解：对接受订货和拒绝追加订货两个方案采用差量分析法，具体计算分析见下表。

计算分析 单位：元

项　　目	接受追加订货	拒绝追加订货	差 异 额
相关收入	225×1 500=337 500	0	337 500
相关成本合计	316 000	0	316 000
其中：增量成本	1 500×210=315 000	0	
专属成本	1 000	0	
差量损益			21 500

从计算分析可以看出，接受追加订货比拒绝订货可多获利润21 500元，所以应接受订货。

(3) 在(2)的基础上，客户要订货1 700件，企业若接受订货，将减少正常销量200件，问应否接受该项订货。

解：采用差量分析法进行决策，见下表。

决策分析 单位：元

项　　目	接受追加订货	拒绝追加订货	差 异 额
相关收入	1 700×225=382 500	0	382 500
相关成本合计	375 000	0	375 000
其中：增量成本	1 500×210=315 000	0	
机会成本	200×300=60 000	0	
差量损益			7 500

从计算分析可以看出，接受追加订货将使利润增加7 500元，所以应接受追加订货。

(4) 在(2)的基础上，客户要订货1 700件，企业若接受订货，将减少正常销量200件，若不接受追加订货，剩余生产能力可以转移，对外出租可获得租金收入8 000元，问应否接受该项订货。

解：采用差量分析法进行决策，见下表。

决策分析　　单位:元

项　　目	接受追加订货	拒绝追加订货	差 异 额
相关收入	1 700×225=382 500	0	382 500
相关成本合计	383 000	0	383 000
其中:增量成本	1 500×210=315 000	0	
机会成本	200×300+8 000=68 000	0	
差量损益			−500

从计算分析可以看出,接受追加订货将减少获利500元,所以应拒绝接受追加订货。

7. 解:(1) 经济进货批量(Q^*)$=\sqrt{\frac{2\times 6\,000\times 30}{9}}=200$(件)

(2) 相关最低总成本($T(Q^*)$)=200×9=1 800(元)

(3) 经济订货批量平均占用资金=(200÷2)×15=1 500(元)

(4) 最佳订货批次(N^*)$=\frac{6\,000}{200}=30$(次)

第七单元　长期投资决策分析

【单元测试】

1. 单项选择题

(1) C　(2) D　(3) D　(4) A　(5) D　(6) C　(7) B　(8) A　(9) A　(10) C

2. 多项选择题

(1) ABCD　(2) AB　(3) ACD　(4) ABCD　(5) AC　(6) ACD　(7) AC　(8) AB　(9) ACD　(10) ABC

3. 判断题

(1) ×　(2) ×　(3) ×　(4) ×　(5) ×　(6) ×　(7) ×　(8) ×　(9) ×　(10) √

【实务训练】

1. 解:

(1) 1 000×(1+10%×5)=1 500(元)

(2) 1 000×$(1+10\%)^5$=1 610.51(元)

2. 解:

(1) 折旧额=(300−0)÷5=60

$NCF(0)=-300$

$NCF(1\sim5)=50+60=110$

(2) 净现值=−300+110×(P/A, 10%, 5)=116.99

NPV 大于0,方案可行。

3. 解:

(1) $NCF(0)=-200$(万元)

$NCF(1\sim4)=40+(200-20)\div5=76$

$NCF(5)=40+(200-20)\div5+20=96$

(2) 静态投资回收期=200÷76=2.63(年)

(3) 投资利润率=40/200×100%=20%

(4) 净现值=76×3.790 8+200×10%×0.620 9−200=100.52

4. 解：

(1) $NCF(0)$＝固定资产投资差额＝60 000－150 000＝－90 000

更新设备折旧差额＝90 000÷5＝18 000

经营期差额成本＝增加付现成本＋差额折旧＝18 000

经营期差额净利润＝(增加收入－差额成本)×(1－40%)＝(28 000＋2 000－18 000)×(1－40%)＝7 200

经营期每年净现金流量 $NCF(1\sim5)$＝差额净利润＋差额折旧＝7 200＋18 000＝25 200

(2) 25 200×$(P/A, IRR, 5)$＝90 000，故$(P/A, IRR, 5)$＝3.57

插值法：查表知$(P/A, 14\%, 5)$＝3.433 1

$(P/A, 12\%, 5)$＝3.604 8

故 IRR＝12.41%

(3) 折现率为12%时应采用更新设备方案；折现率为14%时应采用旧设备。

第八单元　全 面 预 算

【单元测试】

1. 单项选择题

(1) B　(2) C　(3) D　(4) B　(5) C　(6) D　(7) A　(8) A　(9) B　(10) C

2. 多项选择题

(1) ABD　(2) CD　(3) CD　(4) BD　(5) AB　(6) BD　(7) ABC　(8) ABD　(9) ABCD　(10) CD

3. 判断题

(1) ×　(2) ×　(3) √　(4) ×　(5) ×　(6) ×　(7) √　(8) ×　(9) ×　(10) √

【实务训练】

解：

第一步，根据上述资料，首先编制销售预算，即根据各季度预计销售量分别乘以销售单价确定各季度的预计销售收入以及预计全年总收入，如表所示。

销售预算

2020 年度　　　单位：元

	第 1 季度	第 2 季度	第 3 季度	第 4 季度	全年合计
预计销售量(件)①	1 000	1 500	2 000	1 500	6 000
单位售价 ②	75	75	75	75	75
销售收入③＝①×②	75 000	112 500	150 000	112 500	450 000

第二步，根据销售预算以及企业的收款条件编制预计现金收入计算表，如表所示。

预计现金收入计算表　　　单位：元

项　　目	第 1 季度	第 2 季度	第 3 季度	第 4 季度	全年合计
预计销售额(表 1)①	75 000	112 500	150 000	112 500	450 000
收到上季应收款②＝上季①×60%	24 000	45 000	67 500	90 000	226 500
收到本季销货款③＝①×40%	30 000	45 000	60 000	45 000	180 000
现金收入合计④＝②＋③	54 000	90 000	127 500	135 000	406 500

第三步，根据销售预算编制生产量预算，如表所示。

生产量预算

2020 年度 单位:件

项　　目	第 1 季度	第 2 季度	第 3 季度	第 4 季度	全年合计
预计销售量(表 1)①	1 000	1 500	2 000	1 500	6 000
加:预计期末存货②=下季①×10%	150	200	150	110	110
减:期初存货③=上季②	100	150	200	150	100
预计生产量④=①+②-③	1 050	1 550	1 950	1 460	6 010

第四步,根据生产量预算、单位产品材料用量、期初材料存货以及预计期末目标材料存货确定直接材料购买数量,如表所示。

直接材料采购数量预算

2020 年度 单位:千克

项　　目	第 1 季度	第 2 季度	第 3 季度	第 4 季度	全年合计
预计生产量(表 3)①	1 050	1 550	1 950	1 460	6 010
单位产品材料用量②	2	2	2	2	2
生产需用量③=①×②	2 100	3 100	3 900	2 920	12 020
加:预计期末存货④=下季③×20%	620	780	584	460	460
减:预计期初存货⑤=上季④	420	620	780	584	420
预计材料采购量⑥=③+④-⑤	2 300	3 260	3 704	2 796	12 060

第五步,根据直接材料采购数量预算、每千克材料单价以及企业的付款条件编制预计原材料现金支出计算表,如表所示。

预计现金支出 单位:元

项　　目	第 1 季度	第 2 季度	第 3 季度	第 4 季度	全年合计
预计材料采购量(千克)①	2 300	3 260	3 704	2 796	12 060
每千克单价②	5	5	5	5	5
预计材料采购额③=①×②	11 500	16 300	18 520	13 980	60 300
应付上季赊购款④=上季③×50%	6 000	5 750	8 150	9 260	29 160
应付本季赊购款⑤=③×50%	5 750	8 150	9 260	6 990	30 150
现金支出合计⑥=④+⑤	11 750	13 900	17 410	16 250	59 310

第六步,根据生产量预算、单位产品直接人工工时及小时工资率编制直接人工预算,如表所示。

直接人工预算

2020 年度 单位:元

项　　目	第 1 季度	第 2 季度	第 3 季度	第 4 季度	全年合计
预计生产量(表 3)①	1 050	1 550	1 950	1 460	6 010
单位产品直接人工工时(小时)②	5	5	5	5	5

（续表）

项　　目	第1季度	第2季度	第3季度	第4季度	全年合计
总工时（小时）③=①×②	5 250	7 750	9 750	7 300	30 050
小时工资率（元）④	4	4	4	4	4
各期直接工资（元）⑤=③×④	21 000	31 000	39 000	29 200	120 200

第七步，根据生产量预算、变动性制造费用分配率、固定性制造费用以及折旧的数据编制制造费用预算，并计算制造费用现金支出，如表所示。

制造费用预算

2020年度　　单位：元

项　　目	第1季度	第2季度	第3季度	第4季度	全年合计
预计生产量（件）（表3）①	1 050	1 550	1 950	1 460	6 010
变动性制造费用分配率 ②	10	10	10	10	10
变动制造费用现金支出③=①×②	10 500	15 500	19 500	14 600	60 100
固定制造费用④=60 000/4	15 000	15 000	15 000	15 000	60 000
制造费用合计	25 500	30 500	34 500	29 600	120 100
减：折旧⑤=15 000/4	3 750	3 750	3 750	3 750	15 000
现金支出合计⑥=③+④−⑤	21 750	26 750	30 750	25 850	105 100

变动制造费用合计数为：

间接工资 12 000+间接材料 18 000+维修费 8 000+水电费 15 000+润滑材料 7 100=60 100（元）

变动性制造费用分配率（单位变动性制造费用）=变动性制造费用合计÷生产量=60 100÷6 010=10（元/件）

固定性制造费用合计为：

维修 14 000+折旧 15 000+管理人员工资 25 000+保险费 4 000+财产税 2 000=60 000（元）

固定性制造费用以及折旧费用均按季度分摊。

第八步，根据单位直接材料成本、单位直接人工成本以及单位变动性制造费用计算单位产品成本，其中：

单位直接材料成本=单位产品材料用量×每千克材料单价

单位直接人工成本=单位产品人工工时×小时工资率

以变动成本为基础的单位产品成本为：

单位产品成本=单位直接材料成本+单位直接人工成本+单位变动性制造费用

根据单位产品成本以及期末产成品目标存货数量确定期末产成品存货成本，如表所示。

期末产成品存货预算

单位产品成本	
直接材料	单位产品材料用量2千克×每千克材料单价5元=10元
直接人工	单位产品人工工时5小时×小时工资率4元=20元
变动性制造费用	10元
合　计	40元
期末产成品存货	110件
期末产成品存货成本	4 400元

第九步，预计销售量、变动性销售与管理费用以及固定性销售与管理费用的有关数据编制销售与管理费用预算，如表所示。

销售与管理费用预算

2020 年度 单位：元

项　　目	第 1 季度	第 2 季度	第 3 季度	第 4 季度	全年合计
预计销售量(表 1)①	1 000	1 500	2 000	1 500	6 000
变动费用分配率②＝30 000/6 000	5	5	5	5	5
变动费用现金支出③＝①×②	5 000	7 500	10 000	7 500	30 000
固定费用现金支出④＝42 000÷4	10 500	10 500	10 500	10 500	42 000
现金支出合计⑤＝③＋④	15 500	18 000	20 500	18 000	72 000

变动性销售与管理费用合计数为：

销售人员工资 22 000＋广告费 5 500＋文具纸张费 2 500＝30 000(元)

变动性销售与管理费用随销售量变动而变动。

固定性销售与管理费用合计数为：

行政人员工资 30 000＋保险费 8 000＋财产税 4 000＝42 000(元)

固定性销售与管理费用按季度分摊。

第九单元　成 本 控 制

【单元测试】

1. 单项选择题

(1) D　(2) A　(3) A　(4) D　(5) B　(6) D　(7) B　(8) A　(9) A　(10) B

(1) 解析：(1 100－350×3)×6＝300

(8) 解析：(1 500－300×4)×6＝1 800

2. 多项选择题

(1) ABC　(2) ABC　(3) BCD　(4) AD　(5) BCD　(6) ABC　(7) BC　(8) AB　(9) BD　(10) ABCD

3. 判断题

(1) ×　(2) ×　(3) ×　(4) √　(5) ×　(6) ×　(7) ×　(8) √　(9) ×　(10) √

【实务训练】

1. 解：

价格差异＝(实际价格－标准价格)×实际数量

材料价格差异＝9 000×(200－210)＝－90 000(元)(有利差异)

数量差异＝(实际数量－标准数量)×标准价格

材料数量差异＝(9 000－1 000×10)×210＝－210 000(元)(有利差异)

材料成本差异＝实际成本－计划成本

材料成本差异＝9 000×200－1 000×10×210＝－300 000(元)(有利差异)

2. 解：

(1) 产品的标准工资率＝420 000/21 000＝20(元/小时)

产品直接人工标准成本＝20×2×10 000＝400 000(元)

(2) 产品直接人工成本差异＝550 000－400 000＝150 000(元)

产品直接人工工资率差异＝(550 000/25 000－20)×25 000＝50 000(元)

产品直接人工效率差异＝(25 000－2×10 000)×20＝100 000(元)

3. 解：

(1) 变动性制造费用成本差异＝31 160－1 300×24＝－40(元)

(2) 效率差异＝(4 100－1 300×3)×8＝＋1 600(元)

(3) 耗费差异＝(31 160/4 100－8)×4 100＝－1 640(元)

(4) 固定性制造费用预算差异＝2 000 －(－1 500＋500)＝3 000(元)

第十单元 责任会计

【单元测试】

1. 单项选择题

(1) A (2) D (3) D (4) C (5) A (6) B (7) B (8) A (9) D (10) B

2. 多项选择题

(1) BD (2) ABCD (3) BCD (4) ABC (5) CD (6) BD (7) AD (8) AB (9) ABCD (10) ABCD

3. 判断题

(1) √ (2) √ (3) √ (4) √ (5) × (6) × (7) × (8) √ (9) × (10) ×

【实务训练】

(1) 投资利润率＝100÷400×100％＝25％

(2) 因为投资项目的投资利润率为 20％小于 A 投资中心的投资利润率 25％，所以 A 投资中心不愿意接受这一投资项目。

(3) 剩余收益＝50×20％－50×18％＝1(万元)

(4) 由于该投资项目的剩余收益为 1 万元，大于零，所以 A 投资中心应接受这一投资项目。

参考文献

[1] 孟焰.管理会计学[M].北京：经济科学出版社，2015.
[2] 孙茂竹，文光伟，杨万贵.管理会计学[M].北京：中国人民大学出版社，2015.
[3] 张玉英.管理会计[M].北京：科学出版社，2005.
[4] 颜茂华.管理会计学[M].南京：南京大学出版社，2011.
[5] 许金叶.管理会计[M].北京：清华大学出版社，2012.
[6] 韩文连.管理会计学[M].北京：首都经济贸易大学出版社，2015.
[7] 周谦，彭浪.管理会计学[M].北京：华中科技大学出版社，2015.
[8] 张一贞.管理会计学[M].北京：中国财政经济出版社，2014.
[9] 王素霞，金春，陈小兰.管理会计学项目化教程[M].上海：上海交通大学出版社，2019
[10] 郭永清.管理会计实践[M].北京：机械工业出版社，2018.